U0399996

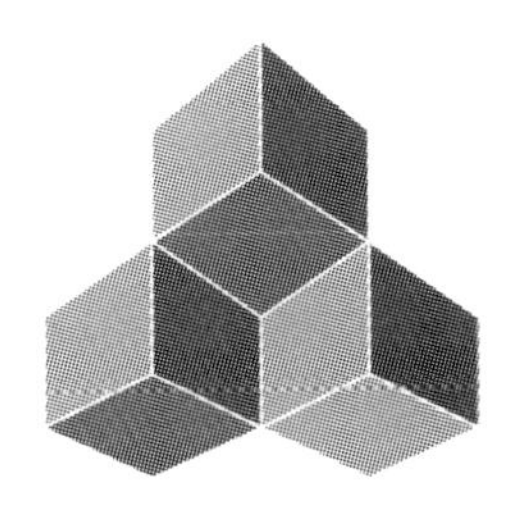

管理者特征、公司治理与财务决策

姜付秀◎著

北京大学出版社
PEKING UNIVERSITY PRESS

图书在版编目(CIP)数据

管理者特征、公司治理与财务决策/姜付秀著. —北京:北京大学出版社,2018.4
ISBN 978-7-301-29454-3

Ⅰ. ①管… Ⅱ. ①姜… Ⅲ. ①企业管理—研究 Ⅳ. ①F272

中国版本图书馆 CIP 数据核字(2018)第 068101 号

书　　名 管理者特征、公司治理与财务决策
GUANLIZHE TEZHENG、GONGSI ZHILI YU CAIWU JUECE
著作责任者 姜付秀　著
责 任 编 辑 黄炜婷
标 准 书 号 ISBN 978-7-301-29454-3
出 版 发 行 北京大学出版社
地　　址 北京市海淀区成府路 205 号　100871
网　　址 http://www.pup.cn
电 子 信 箱 em@pup.cn　　　QQ:552063295
新 浪 微 博 @北京大学出版社　@北京大学出版社经管图书
电　　话 邮购部 62752015　发行部 62750672　编辑部 62752926
印 刷 者 北京宏伟双华印刷有限公司
经 销 者 新华书店
730 毫米×1020 毫米　16 开本　17.25 印张　282 千字
2018 年 4 月第 1 版　2018 年 4 月第 1 次印刷
定　　价 48.00 元

目录

管理者特征篇

公司治理篇

导　　言

0.1　研究背景

作为企业战略决策主要的发起者和主导者，管理者对在其领导下所有的组织生产和管理活动产生巨大的影响。Carlsson and Karlsson(1970)、Vroom and Pahl(1971)的研究表明，年龄大的管理者倾向于采取风险较小的公司决策，说明企业的行为可能受到管理者背景特征的影响。因此，Hambrick and Mason(1984)指出，要研究企业家的认知基础和价值观，必须使用人口统计学的相关指标，如年龄、组织任期、职业背景、教育、性别、种族、社会经济背景、团队异质性等。因为企业家的认知基础是从其经历(包括背景和训练)演化而来，所以人口统计学特征是企业家品质的指示器(indicator)。相关的实证研究为高阶梯队理论提供了较为充分的证据支持。

首先，管理者的行为受到工作经历的影响。Dearborn and Simon(1958)在一次案例讨论中发现，虽然要求一组来自不同职业背景的管理者从公司整体视角分析和处理一个问题，但这些管理者仍然只是从自己的职业领域分析这个问题。Harhoff(1999)对德国企业高管团队的特征、创新策略和绩效之间的关系进行研究，发现高管团队成员的工作经历与企业销售增长率、劳动生产率存在显著的正相关性。Jensen and Zajac(2004)基于“财富 500 强”企业的研究发现，具有财务背景的首席执行官更倾向于多元化经营。

其次，教育可以影响人的认知方式和价值观，而认知方式与价值观对人的思维方式、行为方式等产生影响。同时，有关社会关系交往的研究发现，关系主体的学历越高，其社会交往参与度越高，交往对象的层次也越高。因此，高层管理人员的受教育程度会对企业行为和企业绩效产生影响。Hambrick and Mason(1984)的研究表明，高管学历水平与创新正相关；Kimberly and Evanisko(1981)、Bantel and Jackson(1989)的研究表明，高管学历越高，其对企业战略的变化越有利;进一步地,Hambrick et al. (1996)的研究发现,不论是在市场份额还是利润方面,管理层的受教育程度与组织绩效正相关。

再次,由于科学和工程领域更关注流程、创新与持续改进,因此具有科学、工程专业背景的高层管理者更能接受战略的改变,科学、工程专业背景成员多的高管团队更愿意采取产品多元化战略(Wiersema and Bantel,1992)。李华晶和张玉利(2006)发现,富有创新性的企业家或战略决策者往往拥有科研人员和技术专家的特质。

最后,企业家年龄代表着企业家的阅历和风险倾向,进而影响企业家的战略观点和战略选择(陈传明和孙俊华,2008)。随着年龄的增长,企业家的部分认知能力会下降,知识结构会老化,变通能力会减弱,而对改变的抵制倾向会增强,并且在做决策时的信心开始下降。因而,年龄大的管理者倾向于采取风险较小的决策,行为更保守(Hambrick and Mason,1984;Bantel and Jackson,1989;Wiersema and Bantel,1992)。相对而言,年轻的经理具有更强的适应能力、创新精神,企业战略更容易发生改变。例如,Tihanyi et al. (2000)的研究表明,平均年龄小的高层管理团队对于在复杂的环境下管理企业的自信心更强,更愿意推进企业的国际多元化经营。同时,年长企业家的精力可能更少、更难掌握新的观点、更难学习新的知识。尽管年长企业家试图寻找更多的信息、更准确地评价信息、花更多的时间进行决策,但企业家的年龄与整合信息的能力、决策的信心存在负相关关系(Taylor,1975)。

尽管已有文献从管理者特征的不同方面对企业行为和企业绩效进行了较充分的研究探讨,然而,仍旧存在很大的研究空间。例如,就CEO(首席执行官)的任命而言,已有文献主要从总体上关注了制造、营销、财务以及运营等不同经历的CEO占所有CEO比例的变化,强调公司内外部环境和CEO背景特征的匹配,在研究中更多地研究公司外部环境、公司战略和组织结构对任命包括财务等不同经历CEO概率的影响,而忽略了公司财务状况、公司治理等内部环境。进一步地,在中国特定的制度背景下,财务任职经历、外部工作经历对公司的信息披露和财务决策产生了什么影响,仍旧值得我们展开深入的研究。

管理者背景特征会影响公司行为,进而影响公司绩效。良好的公司治理机制可以充分发挥高管背景特征对公司的积极影响,而可能消除其对公司治理的不良影响。

首先,在世界范围内,大股东普遍存在。大股东如何发挥治理作用一直是学术界研究的重点。传统理论认为,大股东对经理人的监督是其发挥治理作用的主要机制。与小股东相比,由于持有较高比例的股权,大股东不存在监督经理人上的"搭便车"问题(Grossman and Hart,1980)。通过向管理层提交提案(Nesbitt,1994;Smith,1996;Huson,1997;Opler and Sokobin,1995;Wahal,1996;Gillan and Stark,2000)、与管理层协商谈判(Shleifer and Vishny,1986;McCahery et al.,2011)、向媒体披露不利于管理层的信息(McCahery et al.,2011)、更换管理层(Fama,1980;Jensen and Ruback,1983)等方式,大股东可以有效地发挥治理作用,减少股东与经理人之间的代理成本(Grossman and Hart,1988)。大股东不仅可以采用以上方式发挥公司治理作用,还可以以退出威胁约束经理人的自利行为(Admati and Pfleiderer,2009;Edmans,2009;Edmans and Manso,2011)。由于大股东对企业经营及财务状况拥有私有信息,如果经理人做出有损企业价值的行为,大股东就可以选择"用脚投票",卖出公司股票。而作为知情交易者,大股东的退出行为向市场传递了不利信号,从而对股票价格产生负面影响,这将直接损害持有较多公司股票的管理层的利益,甚至招致恶意收购行为的发生。因此,大股东这种潜在的退出威胁,能够约束经理人的机会主义行为。Bharath et al.(2013)和Edmans et al.(2013)对以上观点提供了有力的证据支持。

其次,最优契约理论认为,管理层薪酬契约是公司管理层与股东间代理问题的修正机制,提高薪酬与公司业绩间的敏感性、授予高管期权等可以缓解管理层与股东间的目标不一致,进而激励高管采取有利于股东价值最大化的行为和决策(Jensen and Murphy,1990;Murphy,1999)。公司通过与经理人签订基于激励的薪酬合同,奖赏其出色的表现和管理。例如,在公司业绩好时,可以给管理者提高工资、发奖金等,或者授予管理者股票或执行期权,从而使管理者的利益与股东的利益一致。基于激励视角的最优契约理论认为,公司董事会应设计管理层薪酬契约,以使高管拥有足够的动机最大化公司或者说股东价值。因此,有效的薪酬契约是对经理人代理问题的修正,可以使经理人与股东的利益趋于一致(Holmstrom,1979;Grossman and Hart,1983),进而降低代理成本,提高公司价值。诸多学者的实证研究结果表明,公司业绩与经理薪酬具有显著的正相关关系,经理薪酬对公司绩效有着直接的正向作用(Lewellen and Huntsman,

1970;Morck et al.,1988;林浚清等,2003;刘斌等,2003)。

再次,尽管合理的薪酬契约被认为是协调委托-代理关系的有效工具(Holmstrom,1979),但人们越来越认识到,负债可以约束经理人按照股东的利益行事(Jain,2006),合理的融资结构可以限制经理人追求私利的行为(Hart and Moore,1998)。负债融资不仅能使公司获得税收优惠(Modigliani and Miller,1963),还具有一定的治理效应,如减少经理人的自利行为(Grossman and Hart,1982)、减少自由现金流(Jensen,1986)、充当信息角色和管教角色(Harris and Raviv,1990)等,从而缓解股东与经理人之间的利益冲突。相关实证研究结果也表明,负债和公司价值存在显著的正相关关系(Denis and Denis,1993;McConnell and Servaes,1995)。也就是说,负债也是一项有效的公司治理机制。

又次,产品市场竞争被认为能够促进公司实施良好的公司治理机制,有效解决所有者和管理者之间的代理问题(Alchian,1950;Stigler,1958)。当公司面临激烈的产品市场竞争时,竞争压力将督促公司和管理者努力提升管理水平、推动公司创新、提高生产效率和生产力、降低产品成本,从而获得一定的竞争优势。如果管理者浪费资源,公司将丧失竞争优势,甚至导致破产清算(Schmidt,1997)。因此,公司管理者具有较强的动机获取竞争优势,避免被其他管理者取代。产品市场竞争在约束管理层行为方面的作用得到学者们较为一致的认同,甚至公司之间的竞争也可能是比公司控制权市场、机构监管更为有效的公司治理机制。学者们理论分析并实证检验了产品市场竞争发挥公司治理作用的机制,认为产品市场竞争通过竞争压力和破产清算威胁、降低管理层与股东间的信息不对称,以抑制管理层的机会主义行为、降低代理成本。同时,针对产品市场竞争所带来的多方面影响,学者们检验了产品市场竞争与公司治理的互动关系,发现两者呈现替代或互补的关系。

最后,投资者权益保护是近年来国内外理论界和实务界普遍关注的热点问题,在新兴资本市场国家,这更是一个焦点问题。在这些国家,由于相关法律法规不完善,更容易发生损害股东利益的行为。最近的研究表明,不同国家上市公司的股权集中度、资本市场的广度和深度、股利政策以及公司接近外部资本市场的能力等方面存在极大的差异,而不同国家之间的投资者(包括股东和债权人)能否得到法律保护、免受经理人和控股股东盘剥的差异,是造成以上差异的重要原因(La Porta et al.,1998)。La Porta et al. (1998)所开创的研究方法目前普遍被这一领域的学者采用。例如,Himmelberg et al.(2002)在研究股权结构、投资者权益保护与资本成本之间的关系时,采用La Porta et al.(1998)的研究方法,对不同的法律环境下投资者权益保护程度的差异所导致的不同国家公司资本成本的差异进行研究,得出在投资者保护较好的国家公司资本成本较低的研究结论。Bris and Cabolis(2005)也利用La Porta et al.(1998)所界定的投资者权益保护的概念,研究不同投资者保护情境下跨国并购的收益问题。他们对39个国家的506起并购案例进行的研究结果表明,如果并购方所在国家的投资者保护和会计准则很完善,那么相比本国并购,跨国并购将产生更高的并购溢价(merger premium)。

尽管学者从公司治理的不同方面对公司财务行为进行了较为深入的研究,然而作为现代公司的一个永恒话题,公司治理这一领域仍然具有很大的研究空间,尤其是基于中国特定制度背景的研究,对于丰富公司治理理论更是具有重要意义。例如,在中国等新兴资本市场国家,控股股东与中小股东的利益冲突是代理问题的典型表现(La Porta et al.,1998),在存在其他大股东的情形下,他们具有动机和能力去监督控股股东。他们的存在是否可以有效地约束控股股东的私利行为呢?通过哪种途径产生影响?在中国存在两类企业(国有企业和非国有企业),两类企业在目标、经营理念等方面存在诸多差异。那么,它们在经理激励等公司治理方面具有什么不同的特点呢?经理激励和负债作为两种不同的公司治理手段,两者之间存在什么关系呢?作为公司治理的产品市场竞争与公司内部治理之间的关系是怎样的?中国投资者保护的现状是什么?投资者保护对公司的财务行为产生什么影响?等等,这些问题都值得我们进一步地研究。

0.2 研究思路与研究基本框架

近年来,越来越多的公司倾向于聘请有财务任职经历的高管担任CEO。美国*CFO*杂志的一项调查问卷结果表明,*Fortune* 100公司的CEO有CFO经历的比重在2005年之前的10年时间里从12%增长到20%(Durfee,2005)。同时,Frank and Goyal(2007)的统计结果表明,对于标准普尔500、标准普尔中等市值400和标准普尔小市值600的公司来说,1993—2004年,有财务任职经历的CEO平均占比为22%。此外,Cullinan and Roush(2011)针对2001—2004年美国上市公司的研究发现,在新任命的 CEO 中,有财务任职经历的 CEO 的占比从《萨班斯法案》颁布前的 15.48%提高到《萨班斯法案》通过后的 33.33%。就中国上市公司而言,我们从 Wind 数据库的相关资料整理分析后发现,有财务任职经历的 CEO 的占比呈现先逐年上升后趋于稳定的态势:从 1995 年的 0.9%升至 2002 年的 5.71%,2003—2010 年均保持在 5%以上,2010 年更达到 6.59%。由此产生一个值得我们深思的问题:什么特征的公司更倾向于选择有财务任职经历的 CEO 呢?更进一步地,有财务任职经历的 CEO 对公司的资本结构及信息披露等财务决策产生了什么影响?对以上问题的回答可以使我们更好地了解公司选择有财务任职经历的 CEO 的动机,进而有利于对 CEO 的业绩表现进行合理、有针对性的评价。但是,从已有文献看,该问题并没有得到很好的回答,这构成本书第 1 章的内容。

既然越来越多的公司倾向于聘请有财务任职经历的 CEO,那么,这一倾向对公司的财务行为和信息披露行为产生了什么影响呢?Hitt and Tyler(1991)和Finkelstein and Hambrick(1996)认为,在某一领域长期任职的 CEO 由于有该领域的专业知识和选择性认知,更容易关注和解读该领域信息的变化并做出更合理的决策。一方面,长期贯彻"谨慎性"会计原则的任职经历使得有财务任职经历的 CEO 形成了稳健的做事风格,更能理解提供真实的盈利状况对降低公司和投资者之间信息不对称(Matsunaga and Yeung,2008)以及市场参与者对公司价值评估(Hutton and Stocken,2006)的重要性;另一方面,有财务任职经历的 CEO 具备该领域的专业知识和实践经验,更加了解公司盈余披露的运作方式,由于 CEO 要对公司的盈余披露负责,相对于无财务任职经历的 CEO 而言,有财务任职经历的 CEO 更愿意、更有能力提供公司较为真实的盈利状况。因此,有财务任职经历的 CEO 上任后会实施更为稳健的会计政策,降低公司的盈余管理水平。本书第 2 章针对 CEO 的财务任职经历对盈余管理的影响进行相关的研究。

资本结构决策是公司重要的财务决策之一。无疑,资本结构决策具有一定的专业性。首先,大多数理论研究以及针对实务界人士的问卷调查(如 Scott,1976;DeAngelo and Masulis,1980;Graham and Harvey,2001)结果表明,公司存在最优的资本结构。最优资本结构是负债收益和成本的权衡,调整自身的负债—权益比,使其达到最优水平,可以提高公司的价值。然而,在公司实务中,确定最大化公司价值的最优资本结构并不容易。其次,由于企业的内外部环境及其自身的经营、财务状况是在不断地变化的,公司会不可避免地偏离最优资本结构,而企业自身的最优资本结构也处于不断地变化之中,因此,公司会通过发行(或回购)股权或者债务来维持目标资本结构。然而,在不同的外部环境(如股票市场的牛市或熊市、宏观经济状况)和调整方式(如发行或回购、股权或债权)下,资本结构的调整成本存在较大的差异,CEO 必须根据当时的内外部条件做出合理的资本结构决策(Leary and Roberts, 2005; Byoun, 2008; Cook and Tang, 2010)。因此,无论是从静态角度的最优负债水平还是从动态角度的趋向目标调整来看,公司资本结构决策都颇具专业性。专业性的决策需要一定的专业知识和专业经历做支撑。由于任职经历的不同,CEO 所熟悉和擅长的领域也不尽相同。在某一领域长期任职的 CEO 具有该领域的专业知识和选择性认知,更容易关注和解读该领域信息的变化(Hitt and Tyler, 1991; Waller et al., 1995),能够更好地把握公司的决策时机并做出合理的决策。Graham et al. (2013)认为,有财务任职经历的 CEO 精通公司财务,他们不仅接受了专业的训练,长期的财务工作更使他们深刻地理解资本结构决策,不但能够领会运用债务融资给公司带来的价值,而且对这种方法能够更加应用自如。同时,有财务任职经历的 CEO 对资本市场运行有着深刻的了解,在工作过程中与投资者、银行等资金提供方建立了良好的关系,有条件进行更加合理的资本结构决策。因此,对 CEO 的财务任职经历与资本结构决策之间关系的研究是本书第 3 章的内容。

管理团队任期异质性会影响公司管理层的行为(Milliken and Martins, 1996; Mathieu et al., 2008)。已有文献表明,管理团队任期异质性会导致管理层之间的沟通障碍(Ancona and Caldwell, 1992)、降低团队的交流频率(Zenger and Lawrence, 1989)、减弱团队的凝聚力和融合力(Jackson et al., 1991; O'Reilly et al., 1993)。在某些情况下,高管团队任期异质性会造成团队成员之间的相互不信任和价值观差异(Katz, 1982),并导致管理层离职率上升(Wagner et al., 1984; Godthelp and Glunk, 2003; Boone et al., 2004),从而不利于公司做出创新性行为(O'Reilly and Sylvia, 1989)、适应性变革(O'Reilly et al., 1993)和提升公司绩效(Smith et al., 1994; Carpenter, 2002)。通过对已有文献的分析不难看出,学者在研究高管团队任期异质性使得团队成员之间交流频率下降和凝聚力减弱所导致的经济后果时,更多地关注其对公司造成的负面影响。我们认为，高管团队任期异质性是把“双刃剑”（Hambrick et al.，1996；Certo et al.，2006）。尽管高管团队任期异质性会造成团队成员之间的不信任和价值观的差异（Katz，1982），对于阻碍团队精诚合作以提升企业价值无疑具有负面影响，但是这种高管团队之间的“距离”对于抑制高管合谋做出损害股东利益和企业价值的行为可能具有积极作用。因此，我们选择对于 CEO 和 CFO 的任期交错是否有助于降低企业的盈余管理水平进行研究，以期为管理团队任期异质性影响公司管理层行为的命题提供进一步的证据支持，这构成本书第 4 章的内容。

众所周知，CEO 的来源无非是内部提拔或者外部“空降”两个渠道。对于哪种方式更有利于企业发展和业绩提升这一问题，无论是理论界还是学术界并没有取得一致意见。近年来，越来越多的上市公司倾向于聘请外部人担任 CEO。就中国上市公司而言，我们依据从 CSMAR 数据库提取的相关资料整理分析后发现，在 2002—2008 年中国上市公司发生的 CEO 变更事件中，接近 50%的新任 CEO 是公司外部人，而且外聘 CEO 的比例具有逐渐增长的趋势。由此产生一个值得我们深思的问题：什么特征的公司更倾向于外聘 CEO 呢？公司的聘任方式对公司绩效具有怎样的影响？对这些问题的回答可以使我们更好地了解公司外聘 CEO 的动机和任命决策的合理性，从而有利于对 CEO 的业绩表现进行更合理的评价，对公司聘任的实践与公司绩效的提高也有重要的启示意义。但是，从已有文献来看，这些问题并没有得到很好的回答，而第 5 章对此进行相应的探讨。

多个大股东、股权高度分散和一股独大是股权结构存在的三种均衡状态（Zwiebel，1995），并且无论是从中国还是从全世界范围来看，多个大股东的股权结构是一种普遍现象。就中国上市公司而言，拥有两个或两个以上持股比例超过 10%的大股东的样本占总样本的 30%。正因如此，探讨股权在多个大股东之间的配置状况及其所产生的经济后果显得尤为重要。虽然大股东之间可以相互监督，提升公司价值（Lehmann and Weigand，2000；Faccio et al.，2001），但是多个大股东的存在同样会导致大股东间的合谋，侵蚀中小股东的利益。Maury and Pajuste（2005）和 Laeven and Levine（2008）发现多个大股东之间存在合谋的证据。已有文献更多地基于第一类代理问题（股东与经理人的利益冲突）进行研究，但是，大股东对于中国上市公司的典型代理问题（控股股东的私利行为）产生何种影响及其相应的机理，相关文献并没有涉及。为此，第 6 章基于中国特定的制度背景,研究大股东的退出威胁对控股股东私利行为的影响。

尽管国有企业和非国有企业在企业目标等诸多方面存在较大差异,但是中国特定的制度背景和国有企业的一些固有特征,使得国有企业的经理激励契约并非较非国有企业更不看重企业的绩效表现。首先,国有企业具有提高企业经营业绩的显性要求,并且已经形成基于业绩对 CEO 进行考核的显性激励契约。相对而言,非国有企业较少提出明确的激励契约,至少包括投资者在内的外部人很少看到这种契约。其次,与非国有企业相比,国有企业受到更强的社会监督。例如,国有企业薪酬等负面信息的报道更容易受到媒体的关注(李培功和沈艺峰,2013),从而保证了绩效激励契约的有效性。再次,与非国有企业相比,国有企业攫取私有收益的动机较弱(Xu,2004;Jiang et al.,2010),更有利于绩效激励契约的实施。最后,非国有企业经理人身份的特殊性(如非国有企业的 CEO 可能是大股东本身、家族成员或者其他内部人),影响经理激励契约的拟定和有效实施。因此,相较于非国有企业,国有企业的激励契约可能更为注重企业业绩。第 7 章针对已有文献存在的诸多不足,对这一判断进行相应的实证检验。

既然经理激励和负债都可以影响企业价值,那么在决定企业价值上,经理薪酬激励与负债治理之间是什么关系?怎样的薪酬设计与负债水平最有利于企业实现价值最大化?很遗憾的是,长期以来,该问题并没有得到学者的足够关注。尽管在实践中,负债与经理人激励是相互依赖的,但学者在研究中往往将两者割裂开(Berkovitch et al.,2000)。例如,委托-代理理论研究经理人薪酬契约并没有考虑融资结构,而资本结构代理理论并没有明确考虑经理薪酬激励问题(Jensen and Meckling,1976; Mirrlees,1976; Holmstrom,1979; Grossman and Hart,1982)。尽管 Jain(2006)和 Berkovitch et al. (2000)从理论层面上讨论了经理激励和负债在影响企业价值方面的相互关系,但是在实证检验方面,我们还没有发现相关的文献对此问题展开研究。基于此,第 8 章以中国上市公司为样本尝试对此进行实证研究,以期对已有的理论文献提供一定的经验证据。

作为一项重要的外部控制机制,产品市场竞争能够有效地降低代理成本。那么,产品市场竞争与公司内部治理有着怎样的关系?关于这些问题,理论界一直存在很大的争议。早期研究认为,竞争能够挤出企业的一切无效率行为,由此能够完全解决委托-代理问题(Alchian,1950;Stigler,1958)。Jensen and Meckling(1976)则认为,消费、偷懒是管理层自己所享受的,与所有者毫不相干,因此竞争在解决代理问题方面不具有任何作用。同时，Aghion et al. (1995)基于新制度经济学理论模型的分析认为，竞争能够对企业和管理层产生财务压力，从而对公司治理形成替代作用；而 Holmström and Milgrom(1994)基于多任务委托-代理框架的分析结果则表明，在现有的各种管理层激励机制之间存在明显的互补关系。直到今天，这一问题仍然没有得到一致的结论。我们认为，公司治理具有丰富的理论内涵，根据主要机理，可以将现有内部治理机制划分为监督机制与激励机制两大类。例如，大股东治理和董事会治理主要是通过对管理层进行监督，从而减少信息不对称所导致的败德行为，属于监督机制；而激励合约的设计则通过货币或非货币的方式为管理层提供努力工作的动力，属于激励机制。在产品市场竞争的约束作用和信息效应下，监督机制、激励机制在与产品市场竞争联合约束管理层的代理成本方面所起的作用可能存在差异，而且在不同国家、同一国家的不同发展阶段可能存在极大的差异。因此，第 9 章以处于“转轨经济＋新兴市场”的中国上市公司为研究对象，从产品市场竞争与不同公司治理机制的相互关系入手，对这一问题展开深入研究。

在中国资本市场上，侵害股东尤其是小股东利益的行为屡屡发生，已成为制约中国资本市场及上市公司发展的重要问题。中国证券市场如何才能健康地发展、广大投资者的利益如何才能得到有效的保护，已经成为社会各界关注的焦点问题。对于上市公司而言，投资者权益保护方面存在的问题极大地影响了公司的发展。例如，近年来，中国上市公司股权融资的速度大幅下降，资本市场对上市公司的股票增发和配股行为持抵触态度，公司首次公开募股(IPO)的数量也急剧减少。我们认为，这些现象的出现与我国目前投资者权益保护较差是密切相关的。现实也一再地证明，只有在投资者权益受到高度重视的情况下，投资者才有意愿向公司提供资本，公司才能很便利、快捷、低成本地获得发展所需的资本。Himmelberg et al. (2002)的研究表明，投资者权益保护状况对公司的融资成本产生较大的影响。投资者权益保护得越好，公司的融资成本越低；反之亦然。因此，在目前普遍认为的中国上市公司投资者权益保护存在重大问题的情况下，探讨上市公司投资者权益保护的现状及其与上市公司股权融资成本之间的关系，具有较为重要的理论意义与政策含义。第 10 章对该问题进行较为深入的探讨。

0.3 研究发现与研究意义

本书基于高阶梯队理论和公司治理理论,密切结合中国特定制度背景,围绕公司主要的财务决策,从管理者特征和公司治理两个层面展开相关的实证研究,研究发现与研究意义主要体现在以下几个方面:

(1) 中国上市公司有财务任职经历的 CEO 的比例呈现先逐年上升后趋于稳定的态势:从 1995 年的 0.9%升至 2002 年的 5.71%,2003—2010 年均保持在 5%以上,2010 年更达到 6.59%。公司特征对有财务任职经历的 CEO 的任命具有重要影响,而这些影响在 ST 公司和非 ST 公司中具有很大的差异性:在非 ST 公司中,负债水平越低、盈利能力越差、成长机会越少和资本运作越频繁的公司越倾向于任命有财务任职经历的高管为 CEO,显示出较强的"促发展"动机,这与非 ST 公司的目标是一致的;而在 ST 公司中,负债率越高、债务期限越短的公司任命有财务任职经历的高管为 CEO 的可能性越大,"求生存"动机更为明显,这也符合 ST 公司的目标。由此表明,公司特征影响财务任职经历的 CEO 的任命,而且两者的关系依赖于公司目标。

总体上,公司特征与有财务任职经历的 CEO 任命之间的关系得到资本市场的认可,CEO 任命决策的合理性得到直接的验证。这些研究发现对于丰富 CEO 任命及高阶梯队理论相关领域的文献具有重要意义,对于现实中企业的 CEO 任命等人力资源决策也具有较为重要的启示意义。

(2) 区分应计项目和真实活动两种不同的盈余管理方式所进行的实证研究表明,与国外的相关研究结论——有财务任职经历的 CEO 显著地降低了公司应计项目的盈余管理水平(Matsunaga and Yeung,2008)不同,我们的研究结果表明:有财务任职经历的 CEO 显著地降低了公司真实活动的盈余管理水平,但对公司应计项目盈余管理决策没有显著影响。

本研究发现的意义主要体现在以下两个方面:其一,为 CEO 的财务任职经历影响公司盈余管理的论点提供了新的、更为稳健的证据。不同于已有文献,我们区分了应计项目和真实活动两种盈余管理方式,研究了 CEO 的财务任职经历对公司盈余管理的影响,从而深化并补充了该领域的研究。其二,拓展了盈余管理的研究框架。在已有研究考察了公司特征、公司治理特征等因素如何影响盈余管理的基础上,我们将 CEO 的财务任职经历纳入了研究范围,从而拓展了盈余管理这一研究领域。此外,我们的研究结论对公司经理人选拔等人力资源管理实践具有一定的借鉴意义,为投资者等利益相关者更好地理解公司的盈余管理提供了参考。

(3) 我们基于 CEO 变更事件,可以较好地分离公司固定效应和 CEO 固定效应,并运用双重差分模型,实证检验 CEO 的财务任职经历对公司资本结构决策的影响。我们发现,有财务任职经历的 CEO 显著地提高了公司的负债水平,加快了资本结构的调整速度,降低了资本结构偏离目标的程度。这说明,有财务任职经历的 CEO 不仅对公司资本结构决策具有重要影响,还优化了资本结构决策,即有财务任职经历的 CEO 的资本结构决策更专业或者说决策效率更高。我们还进一步发现,只有在第一大股东持股比例较低、经理人受约束程度较弱的情形下,有财务任职经历的 CEO 才能显著影响资本结构决策。这表明,有财务任职经历的 CEO 发挥资本结构决策的专业性需要一定的前提条件:只有在对经理人约束程度较低、经理人具有较大自主决策权的情形下,CEO 的财务任职经历对资本结构决策的效应才能得以体现。

本研究发现的意义主要体现在以下几个方面:其一,已有文献由于研究设计上的缺陷,研究结论既不一致也不稳健。我们以上市公司 CEO 变更事件为研究视角,运用双重差分模型,以更可靠的研究方法检验了有财务任职经历的 CEO 对公司负债水平、资本结构调整速度和资本结构偏离目标程度的影响,为 CEO 的财务任职经历影响公司资本结构决策的论点提供了新的、稳健的经验证据,从资本结构决定因素和动态资本结构调整两个方面丰富了资本结构理论。其二,鲜有文献从决策效果上研究 CEO 背景特征是否有利于优化公司决策。我们为管理者如何利用自身专长(财务专长)优化公司财务决策(资本结构决策)提供了直接的经验证据,深化和补充了管理者背景特征与公司财务领域的研究。其三,我们研究了有财务任职经历的 CEO 提高资本结构决策效率的前提条件,检验了它在不同公司治理环境下的差异性,为公司治理影响经理人行为的论点提供了新的证据。此外,我们的研究结论对企业经理人选拔等人力资源管理实践具有一定的借鉴意义,同时,为投资者等利益相关者更好地理解公司资本结构决策提供了启示和参考。

(4) 管理团队任期异质性会影响公司管理层行为。我们发现 CEO 和 CFO 的任期交错会降低公司的正向盈余管理水平,且两者任期交错的时间越长,影响越大;同时,该结果不受 CEO 的任职时间是早于还是晚于 CFO 的影响。区分 CEO 权力大小和公司所有权性质后的检验结果表明,当 CEO 的权力较大时,两者任期交错对公司正向盈余管理的影响程度有所降低;与国有控股企业相比,在非国有控股企业中,两者任期交错对公司盈余管理的影响更强。这一结果表明,CEO 和 CFO 任期交错对于降低盈余管理的积极作用的发挥是情境依赖的。

本研究发现的意义主要体现在以下几个方面:其一,已有文献研究了公司高管任期异质性导致的交流频率和凝聚力下降给公司带来的负面影响。我们的研究发现,高管任期异质性能够降低公司的盈余管理水平,产生正面的效应,为高管团队任期异质性影响公司行为的论点提供了新的证据。其二,已有研究表明,CEO 和 CFO 的薪酬、股权激励等外部诱因会影响公司的盈余管理。我们从高管团队任期异质性的角度分析了盈余管理的内在决策过程,拓展了 CEO 和 CFO 影响公司盈余管理的研究。其三,已有文献主要探讨高层管理团队的背景特征对公司盈余管理的影响。我们分析了公司财务信息的最高负责人(CEO)和直接负责人(CFO)的背景特征差异对盈余管理的影响,深化了管理者背景特征领域的研究。其四,已有文献发现 CEO 和 CFO 的任期都会影响盈余管理。我们则从 CEO 和 CFO 任期交错视角进行研究,从而为管理者任期异质性影响盈余管理的论点提供了新的证据。其五,管理者权力理论认为,管理层会通过权力寻租为自己谋取私利。我们发现,当 CEO 的权力比较大时,CEO 和 CFO 任期异质性降低公司盈余管理水平的程度减弱,为 CEO 的权力寻租行为提供了进一步的证据。此外,本研究结论为投资者更好地评估公司价值提供了启示和参考,对如何降低公司的盈余管理水平具有一定的现实指导意义,对公司任命 CEO 和 CFO 等人力资源管理实践也具有一定的借鉴价值。

(5) 内部提拔还是选择“空降兵”,这是公司高管任命中一个较为重要的问题,而就中国公司而言,企业所有制类型是影响 CEO 选聘决策的另一个重要因素。公司特征对 CEO 选聘决策在国有企业和非国有企业中的影响是不尽相同的。我们以中国上市公司 CEO 变更事件为样本,从公司特征入手,区分公司类型,对公司特征与 CEO 选聘之间的关系进行探讨。我们发现,公司特征对 CEO 任命决策的影响在国有企业和非国有企业间存在显著差异。国有企业的公司特征因素对 CEO 选聘决策具有显著影响,高成长性、高风险等公司特征会使国有企业更倾向于外聘 CEO,以满足公司经营和发展的需要;相反,非国有企业的公司特征不影响选聘决策。由此表明,在选聘 CEO 时,国有企业会基于公司特征选拔合适的内部人选或外部人选;非国有企业一般不会考虑公司特征,而是直接任命亲友等内部人。

本研究发现的意义主要体现在以下两方面:其一,已有文献缺乏对影响 CEO 选聘决策的公司特征系统、深入的分析,我们通过全面梳理发现公司会基于一些公司特征因素选择外聘 CEO,而且这种决策是合理的,从而丰富了 CEO 选聘领域的相关文献。其二,我们将样本分为国有企业和非国有企业两组,研究表明上述结果只适用于国有企业,从而为国有控股企业形式的优越性提供了新的支持证据,对现实中企业高管选聘等人力资源决策也具有重要的启示意义。

(6) 大股东的退出威胁可以产生公司治理效应,有利于抑制控股股东的私利行为。我们对属于一致行动的大股东进行合并整理,在较好地区分控股大股东和非控股大股东的基础上,分别根据每家公司的股权分置改革年度定义股权分置改革的完成时点,研究其他大股东的退出威胁对控股股东私利行为的影响。我们发现,大股东退出威胁显著地减少了控股股东的私利行为,并提升了公司业绩。我们还发现,当其他大股东退出对控股股东财富的影响更大(控股股东持股比例更高)、退出更可信(持股比例相对于控股股东更少)、处于对控股股东外部约束更差的环境(法律保护较差地区和非国际“四大”审计的公司)时,大股东的退出威胁更为有效。进一步检验的结果表明,大股东的退出还加强了经理人的薪酬—业绩敏感性,缓解了股东与经理人的利益冲突。

本研究发现的意义主要体现在以下几个方面:其一,本研究从一个新的视角,为大股东的退出威胁作为一种公司治理机制提供了来自新兴资本市场国家的经验证据,进一步地丰富和发展了大股东治理领域的文献。其二,本研究丰富了股票流动性的公司治理效应这一领域的文献。已有文献从流动性对第一类代理问题(经理人代理问题)视角进行研究,而我们则根据中国公司治理问题的典型特征,研究流动性对第二类代理问题(控股股东私利行为)的影响,从而对更好地理解股票流动性如何影响公司治理具有较好的启示意义。其三,本研究也补充了股权制衡领域的研究。国外关于股权制衡的研究发现,多个大股东的存在能够降低代理成本,提升公司价值,肯定多个大股东在公司治理中的积极作用。

然而,西方文献在讨论代理问题时,关注得更多的是经理人代理问题。尽管许多学者基于中国上市公司数据研究股权制衡对控股股东私利行为、公司绩效的影响,但这些研究更多的是从大股东积极参与公司治理而不是从退出威胁这一视角展开研究。本研究发现,其他大股东可使用退出威胁约束控股股东的机会主义行为,进而提升公司经营业绩,从而有助于理解股权制衡在公司治理中的积极作用。

(7) 长期以来,理论界和实务界对国有企业经理薪酬契约的有效性持有负面印象。我们认为,国有企业由于存在明确的绩效要求、更多的社会监督、更少的掏空动机、更不可能任人唯亲等,其经理薪酬契约可能更为有效。实证检验结果表明,当采用会计绩效时,国有企业 CEO 薪酬—业绩和 CEO 强制变更—业绩的敏感性显著高于非国有企业;同时,国有企业承担一定的冗员负担等社会目标会提高 CEO 的在职消费水平、增大 CEO 政治晋升的可能性,但并没有降低 CEO 薪酬—业绩和强制变更—业绩的敏感性,进一步表明绩效在国有企业 CEO 激励契约中的重要性。

本研究发现的意义主要体现在以下几个方面:其一,为不同产权性质企业激励契约有效性的差异提供了可靠和稳健的证据支持。我们采取了更长的研究区间,通过手工收集并判断 CEO 离职后的去向,较好地区分了 CEO 的强制变更和非强制变更;同时,为了避免内生性影响,我们采用产权性质发生变化的样本进行检验,从而更为有效地揭示了国有企业和非国有企业在经理激励契约有效性上的差异。其二,对国有企业激励契约比非国有企业更为重视公司业绩提供了一个合乎逻辑的解释。尽管已有研究发现国有企业基于经营绩效的激励契约的有效性高于非国有企业,但是这些研究或者对此并未做出相应解释,或者给出的解释并不足以令人信服。其三,为国有企业隐性激励机制的存在提供了新的证据。尽管已有文献发现国有企业存在在职消费和晋升等隐性激励机制,但更多地局限于探讨隐性激励机制和显性薪酬激励机制之间的相互替代作用。我们发现,国有企业存在共同发挥作用的两条并行激励机制:基于绩效的显性激励契约机制和基于社会目标的隐性激励机制。

(8) 经理激励和负债都会影响公司价值,然而两者在影响公司价值的替代关系上并没有实证证据的支持。我们基于中国制度背景和上市公司实践,为此提供了一定的证据支持。我们发现,无论是公司对经理人的显性薪酬激励还是来自经理人“自制”的隐性激励都能提高公司价值，这种正面的激励机制与负债的约束机制存在显著的相互替代关系。同时，这一替代关系在不同环境下具有显著的差异性：首先，在非国有企业中，经理薪酬作为显性激励，与负债在提高企业价值时存在替代关系；而在职消费作为隐性激励与负债的替代关系并不显著。而在国有企业中，在职消费与负债存在显著的替代关系，经理薪酬与负债的替代关系则不显著。其次，经理激励-负债替代关系在市场化程度较高地区的企业中存在，而在市场化程度较低地区的企业中，我们并没有发现这一关系存在的证据。这表明，经理激励和负债的关系受到制度背景特征的影响，其替代关系的成立需要一定的前提条件。

本研究发现的意义主要体现在以下几个方面：其一，我们以中国上市公司为样本，从激励和约束两个方面，实证检验了经理激励和负债对公司价值的影响，为经理激励和负债在影响公司价值方面的相互关系提供了直接的证据。其二，我们研究了经理激励和负债之间替代关系的存在条件，检验了它在不同制度背景下的稳定性，为制度背景影响公司治理提供了新的证据。其三，已有文献主要以薪酬、期权等显性的经理激励为基础，我们在考虑显性激励的同时，将高管在职消费作为经理隐性薪酬，并纳入经理激励的研究范围。

(9) 产品市场竞争作为外部公司治理机制，与公司内部治理机制存在一定的互补关系或者替代关系。我们的实证检验结果表明，在控制公司治理等因素的情形下，产品市场竞争有助于降低代理成本；产品市场竞争与不同公司治理机制之间的交互关系并不相同。具体而言，在约束管理层的在职消费、不当开支等方面，产品市场竞争压力弱化了大股东的合谋动机、强化了大股东的监督作用，同时替代了董事会的部分监督功能；在约束管理层的无效率行为、激励管理层提高经营效率等方面，产品市场竞争能够先强化、后弱化监事会与董事会的监督作用，还能够对激励机制的不足形成弥补。这一研究发现意味着，在中国资本市场公司治理整体上存在诸多问题、改革进展缓慢这一既定的前提下，要有效地解决代理问题，我们在采取得力措施改善公司治理的同时，通过降低进入壁垒等方式加强产品市场竞争、配合使用一定的外部治理机制不失为一条有效和可行的途径。

本研究发现的意义主要有以下两方面：其一，我们深入讨论了产品市场竞争与公司治理在降低管理层代理成本方面的关系，在实证研究的基础上得出的关于产品市场竞争与公司治理机制的关系,既不是 Alchian(1950)或 Aghion et al.(1995)所认为的绝对替代,也不是Holmström and Milgrom(1994)所认为的完全互补,而是随不同治理机制有所差异,还体现出 Schmidt(1997)所提出的"状态依存"特性的研究结论,这对于深化委托-代理理论、公司治理理论提供了可行的思路。其二,我们紧密结合了中国上市公司的治理实践,研究了产品市场竞争与公司治理机制各方面之间的关系,并形成了有意义的结论,为上市公司选用恰当的治理机制、监管机构完善相关政策提供了有益的借鉴和参考。

(10) 作为发展中国家,与发达资本市场国家相比,中国对投资者权益的保护存在较大差距。投资者权益保护不仅影响企业能否融到发展所需资本,还影响融资成本。我们的实证检验结果表明,中国上市公司的投资者权益保护状况较差。按照我们设计的投资者权益保护指数对中国上市公司打分,2000—2004年,60 分以上的公司数目分别占全部上市公司的 29.91%、9.36%、8.9%、16.14%和 17.53%,大部分公司的得分为 40—60 分。我们的研究还表明,投资者权益保护对上市公司的股权融资成本产生显著影响,两者存在显著的负相关关系,即上市公司的投资者权益保护状况越好,公司的股权融资成本越低。

本研究发现的意义主要体现在以下两个方面:其一,不同于现有文献主要从法律制度的制定与执行的宏观层面研究投资者权益保护这一视角,我们在问卷调查的基础上,从投资者对公司的权益出发,兼顾微观公司层面和宏观制度执行层面,设计了中国上市公司投资者权益保护指数,使得投资者及相关人员在评价上市公司的投资者权益保护的时候拥有一个客观、可行的标准。其二,利用我们设计的投资者权益保护指数,对中国上市公司的投资者权益保护与股权融资成本的关系进行了检验。

管理者特征篇

第1章　谁选择了有财务任职经历的CEO

1.1　问题的提出

近年来,越来越多的公司倾向于聘请有财务任职经历的高管担任CEO。美国*CFO*杂志的一项调查问卷结果表明,*Fortune* 100公司CEO有CFO经历的比重在2005年之前的10年时间里从12%增长到20%(Durfee,2005)。同时,Frank and Goyal(2007)的统计结果表明,对于标准普尔500、标准普尔中等市值400和标准普尔小市值600的公司来说,1993—2004年,有财务任职经历的CEO的平均占比为22%。Cullinan and Roush(2011)对2001—2004年美国上市公司的研究发现,在新任命的CEO中,有财务任职经历的CEO的比例从《萨班斯法案》颁布前的15.48%提高到《萨班斯法案》通过后的33.33%。就中国上市公司而言,根据我们从Wind数据库相关资料的整理分析发现,有财务任职经历的CEO的比例呈现先逐年上升后趋于稳定的态势:从1995年的0.9%升至2002年的5.71%,2003—2010年均保持在5%以上,2010年更达到6.59%。由此产生一个值得我们深思的问题:什么特征的公司更倾向于选择有财务任职经历的CEO?对该问题的回答可以使我们更好地了解公司选择有财务任职经历的CEO的动机,进而有利于对CEO的业绩表现进行合理、有针对性的评价。但是,从已有文献看,该问题并没有得到很好的回答。

其实,早在20世纪80年代,学者们就开始关注高管任职经历与CEO任命之间的关系。基于资源依赖理论的战略性人力资源配置观点(strategic staffing perspective)认为,在不同的组织情境下,高管背景特征的重要性与价值之比是存在差异的。为了使公司与环境更协调一致,公司情境特征将影响最高管理层的任免(Pfeffer and Salancik,1978),内部环境与外部环境不同的公司将选择不同背景特征的CEO(Guthrie and Olian,1991)。Fligstein(1987)认为,CEO的任职经历反映权力在组织内部各业务单元(subunit)随时间发生的更替，当一个业务单元在公司中具有重要地位时，拥有该项业务经历的人更有可能成为 CEO。多元化经营、并购扩张使得财务部门在公司中的地位逐步提升，事业部制的实施也使得单一生产线的制造、销售对于公司而言的重要性下降，因此有财务任职经历的人更容易获得 CEO 任命。

尽管已有文献研究了管理者的财务任职经历在 CEO 任命中的作用(Fligstein, 1987; Ocasio and Kim, 1999; Koyuncu et al., 2010; Cullinan and Roush, 2011)，但是这些文献主要从总体上关注了制造、营销、财务及运营等不同经历 CEO 占所有 CEO 比例的变化，强调了公司内部环境和外部环境与 CEO 背景特征的匹配，更多地研究公司外部环境、公司战略和组织结构对任命包括财务等不同经历 CEO 概率的影响，而忽略了公司的财务状况、公司治理等内部环境。

诚如 Gupta(1984, 1988)和 Guthrie and Olian(1991)所说，CEO 的任职经历是否重要取决于组织情境。因此，公司在选择 CEO 时，取决于决策者如何评价候选人的任职经历是否适合公司情境，实现任职经历与公司情境的匹配。财务任职经历使得管理者对资本市场运行有着深刻的了解，在工作过程中与投资者、银行等资金提供方建立了良好的关系，在资本筹集、资本运作方面具有很强的优势。在资本筹集、资本运作对于企业扩张和企业战略的实现越来越重要的今天，有财务任职经历的 CEO 广受欢迎是很自然的事情。但是，必须意识到，公司的基本特征(如负债水平、成长性、盈利能力等)在很大程度上影响 CEO 过去工作经历所形成能力的发挥。此外，Cronqvist et al. (2012)认为，公司治理能够约束 CEO 个人特征和偏好对公司决策的影响。因此，在 CEO 任命决策中，除了考虑公司外部情境、公司战略和组织结构与 CEO 背景特征的匹配，还必须考虑公司财务状况和公司治理等特征。

公司目标是影响 CEO 任命的另一项重要因素。公司特征与公司目标密切相关:在现实中，那些财务状况较好公司的目标在于快速发展，而那些财务状况较差公司的目标可能更在于生存。在不同的目标下，公司特征与 CEO 背景特征的匹配可能有所差异。譬如，对于以快速发展为目标的公司而言，低负债与管理者的财务任职经历相匹配，任命有财务任职经历的 CEO 可以充分利用公司的融资能力，提高公司的负债率。这既为公司的扩张、发展提供了资金支持，还降低了公司的总资本成本,提升了公司价值。而对于以生存为目标的公司而言,高负债与管理者的财务任职经历相匹配,由于长期与银行等金融机构和资本市场打交道,有财务任职经历的 CEO 在资本的筹集和安排方面更得心应手,选择有财务任职经历的 CEO 可以使企业避免陷入财务困境。因此,在不同的公司目标下,公司特征与 CEO 财务任职经历的匹配可能存在差异。

我们认为,中国资本市场存在的 ST 公司和非 ST 公司,为研究不同目标下公司特征对选择有财务任职经历的 CEO 的影响提供了很好的条件。一般情况下,ST 公司亏损严重、资金周转困难、破产风险高,不但财务绩效差,而且面临较大的被终止上市甚至陷入财务困境等风险。由于公司的业绩差,在中国当前的再融资制度下,ST 公司难以进行股权融资,如何管理好负债,以免陷入财务困境是企业应该首先考虑的问题,公司目标在于“求生存”。而非 ST 公司的“生存”威胁并不大,能够合理运用公司资源,使得公司健康、持续、快速地发展,公司的目标在于“促发展”。

基于以上分析,我们尝试以中国上市公司 CEO 变更事件为样本,从公司特征入手,区分不同情境(ST 公司和非 ST 公司),探讨公司特征与有财务任职经历的 CEO 任命之间的关系,并检验这种关系在不同情境下是否具有显著的差异。

进一步地,如果公司基于不同的动机选择有财务任职经历的高管为 CEO,那么从 CEO 任命决策的效果上看,这一选择是否合理呢?我们认为,如果公司特征对任命有财务任职经历的 CEO 的影响是合理的,那么在高管变更事件中,投资者的理性预期就应当随着公司特征和高管任职经历匹配程度的不同而有所差异。因此,公司特征和 CEO 的财务任职经历共同对股价反应产生显著的影响。基于此,我们利用事件研究法,检验有财务任职经历的 CEO 的任命决策的合理性。

实证检验结果表明,无论是非 ST 公司还是 ST 公司,公司特征对有财务任职经历的 CEO 的任命都具有重要影响;同时,这些影响在两类公司中具有很大的差异性:在非 ST 公司中,负债水平越低、盈利能力越差、成长机会越少和资本运作越频繁的公司,越倾向于任命有财务任职经历的高管为 CEO,显示出较强的“促发展”动机,这与非 ST 公司的目标是一致的;而在 ST 公司中,负债率越高、债务期限越短的公司,任命有财务任职经历的高管为 CEO 的可能性越大,

“求生存”动机更为明显,这也符合 ST 公司的目标。由此表明,公司特征影响有财务任职经历的 CEO 的任命,且两者的关系依赖于公司目标。

从市场反应情况看,在 CEO 变更事件中,相对于任命无财务任职经历的高管为 CEO,在事件宣告后,那些影响有财务任职经历的高管获得 CEO 任命的公司特征对股价反应具有显著的影响。具体地,对于非 ST 公司,公司的负债率越低、并购重组次数越多,任命宣告的股价反应越好;而对于 ST 公司,公司的负债率越高、债务期限越短,任命宣告的股价反应越好。总体上,公司特征与有财务任职经历的 CEO 任命的关系得到资本市场的认可,CEO 任命决策的合理性得到直接的验证。

本研究的贡献主要体现在以下三个方面:

第一,已有文献从公司权力配置的角度讨论了公司外部环境、公司战略和组织结构对选择不同任职经历 CEO 的影响(Fligstein,1987;Ocasio and Kim,1999;Koyuncu et al.,2010),而忽略了财务状况、公司治理等公司内部环境的作用。本研究以中国上市公司 CEO 变更事件为样本,研究了公司特征与有财务任职经历的 CEO 任命的关系,并结合中国资本市场的特殊情景,区分了发展目标迥异的 ST 公司和非 ST 公司,发现虽然同样是任命有财务任职经历的 CEO,但在不同目标下,公司特征与有财务任职经历的 CEO 任命之间的关系是不同的。

第二,已有文献主要关注公司控制的变化和新法规颁布等因素对有财务任职经历 CEO 的任命的影响(Ocasio and Kim,1999;Cullinan and Roush,2011),但没有讨论和检验该任命的合理性。本研究运用事件研究法,考虑公司特征与 CEO 特征的匹配,检验了在任命有财务任职经历的高管为 CEO 时,公司特征对任命宣告所导致的股价反应的影响,为 CEO 任命决策的合理性提供了直接的证据支持。

第三,自 Hambrick and Mason(1984)提出了“高阶梯队理论”(Upper Echelons Theory)以来,很多学者开始研究高层管理团队的背景特征(年龄、团队任期、职业背景、教育、性别、种族、社会经济基础和财务状况)对企业行为与企业绩效的影响(Lee and Park,2006;Camelo-Ordaz et al.,2005;Bantel and Jackson,1989;Dwyer et al.,2003;Frank and Goyal,2007;姜付秀等,2009;何威风和刘启亮,2010;李焰等,2011),但是这些研究主要从后果角度进行研究,并没有关注企业基于何种考虑选择不同背景的 CEO(企业选择不同背景管理者的影响因素和深层次动机)。我们将视角向前延伸,研究不同目标下公司特征与有财务任职经历的CEO任命之间的关系,揭示公司任命有财务任职经历的CEO的动机,从而更有利于分析和评价管理者背景特征所导致的经济后果。

本章后文的结构安排如下:第2节主要报告数据、变量和描述性统计结果;第3节检验何种特征的公司选择有财务任职经历的CEO;第4节进一步结合公司特征研究公司选择有财务任职经历的CEO的合理性;第5节为结语。

1.2　数据、变量和描述性统计

1.2.1　数据来源与样本选择

初始研究样本为2002—2008年发生CEO变更事件的A股上市公司。CEO简历来自Wind资讯金融终端,公司财务数据来自CSMAR数据库。按照已有的研究惯例和我们的研究目的,利用以下标准对CEO变更样本进行筛选:(1)剔除金融、保险业上市公司样本;(2)剔除董事长和总经理由一人兼任的样本;(3)剔除任职期限小于两年的样本[①];(4)剔除变更前后CEO为同一人(连任)的样本;(5)剔除相关数据缺失的样本。

根据上交所和深交所的股票上市规则,当"上市公司出现财务状况或其他状况异常,导致其股票存在终止上市风险,或者投资者难以判断公司前景,投资权益可能受到损害"时,交易所对这类公司股票交易实行特别处理,如在公司股票简称前冠以ST或*ST等字样、股票报价的日涨幅或跌幅限制为5%等(我们将这类公司界定为ST公司),以进行风险警示。因此,我们以上市公司是否被特别处理,将研究样本划分为两组:非ST样本组(CEO变更当年和前一年为非ST公司)和ST样本组(CEO变更当年为ST公司),以考察公司特征对有财务任职经历的CEO任命的影响在目标不同的两类公司中是否有所不同。

---

① 我们认为,如果CEO的任职期限过短,说明这样的公司具有一些特殊的特征,难以反映公司任命CEO的动机。

1.2.2　有财务任职经历的 CEO 的界定与样本分布

我们将有财务任职经历的 CEO 界定为曾担任以下职务的 CEO:财务负责人、财务总监、首席财务官、总会计师。同时,在稳健性检验部分,我们更一般地定义有财务任职经历的 CEO,即 CEO 曾担任以下职务[①]:财务处处长、财务科长、财务科科长、财务部部长、财务部经理、财务负责人、财务总监、首席财务官、总会计师。

在 CEO 变更事件中,变更前后有财务任职经历的 CEO 的分布情况如表 1-1 所示。从表 1-1 可以看出,对于非 ST 样本组,有财务任职经历的新任 CEO 占所有新任 CEO 的比例为 5.53%。具体地,前任 CEO 无财务任职经历而新任 CEO 有财务工作经历的事件为 49 起,前任 CEO 和新任 CEO 均无财务任职经历的 CEO 变更事件最多,为 851 起,前任 CEO 有财务任职经历而新任 CEO 无财务任职经历的事件为 37 起,前任 CEO 和新任 CEO 均有财务任职经历的 CEO 变更事件最少,只有 3 起。而在 ST 样本组中,有财务任职经历的新任 CEO 占所有新任 CEO 的比例为 6.49%,略高于非 ST 样本组,对应的事件分布为 10 起、137 起、7 起和 0 起。

表 1-1　CEO 变更样本分布

Panel A: 非 ST 样本组		
	新任 CEO 有财务任职经历	新任 CEO 无财务任职经历
前任 CEO 有财务任职经历	3	37
前任 CEO 无财务任职经历	49	851
Panel B: ST 样本组		
前任 CEO 有财务任职经历	0	7
前任 CEO 无财务任职经历	10	137

1.2.3　公司特征的界定与描述性统计

我们主要考察财务指标、资本运作和公司治理等几个方面的公司特征,具体界定如下:

---

① 根据上市公司财务报告中的职务表述确定是否有财务任职经历。

资本结构(Leverage)即有息负债率,为有息负债/总资产;现金持有比率(Cash)为现金/总资产;债务期限结构(Mature)为长期有息负债/有息负债;盈余管理(DA)为利用修正 Jones(1991)模型估计的操控性应计利润;盈利能力(ROA)为总资产收益率;公司规模(Size)为总资产的自然对数;有形资产(Tang)为(固定资产+存货)/总资产;成长机会(Tobinq)为(年末流通市值+非流通股份占净资产的金额+长期负债合计+短期负债合计)/总资产;并购重组次数(M&A)为一年内特定规模以上(交易金额不小于总资产的5%)并购重组的次数;董事会规模(Board Size)为董事会人数;独立董事比例(Inde-director)为独立董事人数占董事会人数的比例;第一大股东持股比例(Top1)为第一大股东持股数/总股数;企业性质(State)为虚拟变量,若上市公司的实际控制人为国有性质则为1,否则为0;前任CEO是否有财务任职经历(Pre-F&A)为虚拟变量,若前任CEO有财务任职经历则为1,否则为0。CEO变更前一年主要变量的描述性统计结果如表1-2所示。

表1-2 描述性统计

变量	非ST样本组			ST样本组		
	均值	中位数	标准差	均值	中位数	标准差
Leverage	0.260	0.255	0.146	0.561	0.365	0.810
Cash	0.148	0.127	0.102	0.076	0.046	0.092
Mature	0.231	0.121	0.275	0.096	0.000	0.199
DA	−0.003	0.006	0.122	−0.071	−0.058	0.198
ROA	0.024	0.026	0.053	−0.140	−0.074	0.264
Size	21.347	21.237	0.978	20.215	20.260	1.000
Tang	0.469	0.463	0.166	0.430	0.436	0.199
Tobinq	1.373	1.203	0.518	2.409	1.602	2.757
M&A	0.329	0.000	0.649	0.597	0.000	0.836
Pre-F&A	0.043	0.000	0.202	0.045	0.000	0.209
Board Size	6.979	6.000	2.122	6.675	6.000	2.126
Inde-director	0.288	0.333	0.127	0.290	0.333	0.120
Top1	0.421	0.405	0.171	0.348	0.295	0.161
State	0.741	1.000	0.438	0.545	1.000	0.500
观测值		940			154	

从表 1-2 的结果来看,在非 ST 样本组中,有息负债率(Leverage)的均值和中位数分别为 0.260、0.255,标准差为 0.146,标准差较大,说明负债率分布比较分散。现金持有比率(Cash)的均值和中位数分别为 0.148、0.127。债务期限结构(Mature)的均值和中位数分别为 0.231、0.121,说明债务期限较短。操控性应计利润(DA)的均值和中位数几乎为 0,说明非 ST 样本组公司在 CEO 变更前一年,其盈余管理程度总体上较低。盈利能力(ROA)的均值和中位数分别为 0.024、0.026,说明盈利能力良好。

与非 ST 样本组相比,无论是从均值还是从中位数上看,ST 样本组公司的有息负债率更高、现金持有水平更低、债务期限更短、盈余管理程度更高、业绩更差、规模更小、有形资产比率更小、成长机会更多。不仅如此,ST 样本组公司的并购重组次数更多,说明 ST 公司的资本运作更加频繁。同时,第一大股东持股比例更低、国有企业占比更小。由此可以看出,总体上,非 ST 样本组和 ST 样本组在公司特征方面具有系统性的差异。

1.3 公司特征与有财务任职经历的 CEO 的任命

1.3.1 实证模型

为了检验公司特征对任命有财务任职经历的 CEO 的影响——回答谁选择了有财务任职经历的 CEO 的问题,我们建立回归模型为:

$$P(F\&A_{i,t}=1 \mid \boldsymbol{X}_{i,t-1})=\Phi(\alpha+\beta \boldsymbol{X}_{i,t-1}) \tag{1-1}$$

其中,$F\&A_{i,t}$表示新任 CEO 是否有财务任职经历。如果新任 CEO 有财务任职经历,则 $F\&A_{i,t}=1$;否则 $F\&A_{i,t}=0$。$\boldsymbol{X}_{i,t-1}$表示 CEO 变更前一年的公司特征向量。首先,我们假定 Φ 为 Logistic 分布,运用 Logit 模型进行回归分析;然后,在稳健性检验部分,我们假设 Φ 为正态分布,运用 Probit 模型重新进行回归分析,以保证研究结论的稳健性。β 为公司特征的回归系数,如果某些公司特征变量的回归系数在统计上显著,则说明它们对有财务任职经历的 CEO 的任命有影响。在回归分析过程中,我们首先单独检验财务特征对有财务任职经历的 CEO 任命的影响,然后单独检验资本运作和公司治理特征的影响,最后将全部变量代入模型,检验这些特征的共同影响。

1.3.2 实证结果

我们利用非ST样本组对模型(1-1)进行Logit回归分析,回归结果如表1-3所示。从表1-3的回归结果可以看出,无论是一个方面公司特征单独回归,还是多个方面公司特征一起回归,实证结果是基本一致的。我们以第(3)列为例,对回归结果进行说明:资本结构(Leverage)的回归系数显著为负,说明在非ST公司中,负债率越低的公司任命有财务任职经历的高管为CEO的可能性越大。公司业绩(ROA)和成长机会(Tobinq)的回归系数均显著为负,说明在非ST公司中,盈利能力越差、成长机会越少的公司任命有财务任职经历的高管为CEO的可能性越大。并购重组变量(M&A)的回归系数显著为正,说明资本运作越频繁的公司任命有财务任职经历的CEO的可能性越大。其余财务指标和公司治理指标的回归系数均不显著,说明在非ST公司的CEO任命事件中,现金持有、债务期限和盈余管理等财务特征及公司治理特征并不会显著影响有财务任职经历的CEO的任命。同时,前任CEO财务任职经历变量(Pre-F&A)的回归系数也不显著,说明前任CEO的财务任职经历不会影响新任CEO在任职经历方面的选择。

表1-3 谁选择了有财务任职经历的CEO:非ST公司

变量	(1)	(2)	(3)
Leverage	**−2.787****		**−2.994****
	(0.022)		(0.011)
Cash	−1.264		−0.951
	(0.485)		(0.596)
Mature	−0.227		−0.232
	(0.712)		(0.729)
DA	−0.716		−0.611
	(0.626)		(0.664)
ROA	**−5.872***		**−6.308****
	(0.061)		(0.031)
Size	0.123		0.247
	(0.538)		(0.190)
Tang	0.352		0.863
	(0.754)		(0.432)
Tobinq	**−0.571***		**−0.579***
	(0.084)		(0.086)

（续表）

变量	(1)	(2)	(3)
M&A		**0.343****	**0.413****
		(0.074)	(0.034)
Pre-F&A		0.317	0.350
		(0.686)	(0.643)
Top1		0.143	−0.329
		(0.871)	(0.716)
Board Size		−0.086	−0.115
		(0.400)	(0.258)
Inde-director		0.291	0.557
		(0.937)	(0.868)
State		−0.278	−0.325
		(0.369)	(0.324)
年度	控制	控制	控制
行业	控制	控制	控制
Pseudo R^2	0.0822	0.0679	0.1031
观测值	940	940	940

注：括号内为 P 值；*、**、*** 分别表示在 10%、5%、1% 水平上显著；标准误差经过公司层面聚类调整。

以上实证检验结果表明，在非 ST 公司中，资本结构、盈利能力、成长机会和资本运作频率等方面的公司特征对有财务任职经历的 CEO 的任命具有重要影响。负债水平越低、盈利能力越差、成长机会越少和资本运作越频繁的公司，越倾向于任命有财务任职经历的高管为 CEO，以期利用 CEO 的财务任职经历，提高公司的负债水平以获得更多的可支配资本，通过资本运作进入更好的业务领域，增大公司的成长机会，提升公司的盈利能力。

我们对 ST 样本组进行类似的回归分析，回归结果如表 1-4 所示。从表 1-4 可以看出，资本结构（Leverage）的回归系数显著为正，债务期限结构（Mature）的回归系数显著为负，说明在 ST 公司中，负债率越高、债务期限越短的公司任命有财务任职经历的高管为 CEO 的可能性越大。该结果与非 ST 公司具有显著的差异性。可能的原因是：对于 ST 公司来说，负债率越高、长期负债越少意味着公司的资金链越紧张、财务风险越大，公司股票被退市甚至陷入财务困境的可能性也越大，此时更需要一位熟悉银行与证券市场、拥有财务专长的 CEO 合理地调整和管理公司债务。此外，除成长机会（Tobinq）变量边际显著（p 值在0.15 左右）外，其余财务指标和公司治理指标的回归系数均不显著。

表 1-4　谁选择了有财务任职经历的 CEO:ST 公司

变量	(1)	(2)	(3)
Leverage	**1.224*****		**1.395****
	(0.008)		(0.016)
Cash	−12.203		−14.762
	(0.343)		(0.144)
Mature	**−11.707***		**−13.408****
	(0.076)		(0.044)
DA	−1.813		−3.851
	(0.470)		(0.257)
ROA	1.168		2.124
	(0.445)		(0.279)
Size	−0.481		−0.894
	(0.456)		(0.219)
Tang	1.512		1.792
	(0.511)		(0.616)
Tobinq	−0.280		−0.364
	(0.145)		(0.152)
M&A		−0.952	−2.043
		(0.159)	(0.172)
Top1		2.214	3.811
		(0.318)	(0.245)
Board Size		0.024	0.050
		(0.872)	(0.808)
Inde-director		−1.326	−9.549
		(0.821)	(0.193)
State		−0.808	−2.059
		(0.307)	(0.215)
年度	控制	控制	控制
行业	控制	控制	控制
Pseudo R^2	0.3728	0.2030	0.4362
观测值	154	154	154

注:括号内为 P 值;*、**、*** 分别表示在 10%、5%和 1%的统计水平上显著;标准误差经过公司层面聚类调整。

以上实证检验结果表明,在非 ST 公司中,资本结构和债务期限结构对有财务任职经历 CEO 的任命具有重要影响,负债水平越高、债务期限越短的公司越倾向于选择有财务任职经历的高管为 CEO,以保证公司不陷入财务困境。

1.3.3　稳健性检验

为了验证研究结果的稳健性,我们进行两个方面的稳健性检验。

1. 重新定义有财务任职经历的 CEO

前文将曾担任财务负责人、财务总监、首席财务官和总会计师职务的 CEO 界定为有财务任职经历的 CEO,为了不失一般性,我们重新将有财务任职经历的 CEO 界定为曾担任以下职务:财务处处长、财务科长、财务科科长、财务负责人、财务总监、财务部部长、财务部经理、首席财务官、总会计师。在新得到的 CEO 变更样本中,有财务任职经历的 CEO 的数量略有增加,总体上看,新得到的 CEO 变更样本分布与原样本分布的变化较小。根据重新界定的有财务任职经历的 CEO 变量,我们进行上述所有的回归分析,研究结果保持不变。

2. 重新设计实证模型

前文假定 Φ 为 Logistic 分布,从而选择 Logit 回归,而实证研究常用的二值响应模型还有 Probit 模型,因此我们假定 Φ 为正态分布,利用 Probit 模型重新进行上述所有回归分析,研究结果保持不变。

1.4　进一步研究:有财务任职经历的 CEO 的任命合理吗

上节的研究表明,公司特征显著地影响有财务任职经历的 CEO 的任命,而且对于非 ST 公司和 ST 公司,公司特征的影响存在很大的差异性。在本节,为了考察 CEO 任命决策的合理性,我们利用事件研究法,检验在任命有财务任职经历的高管为 CEO 的情境下,公司特征对股价反应的影响。我们的基本逻辑是:如果公司特征对有财务任职经历的 CEO 任命的影响是合理的,那么在高管变更事件中,投资者的理性预期应当随着公司特征的不同而表现出相应的差异性。因此,在任命有财务任职经历的高管为 CEO 的事件中,那些影响有财务任职经历的高管获得 CEO 任命的公司特征对股价反应产生显著影响。

1.4.1　研究设计

1. 事件研究法

借鉴已有关于高管变更的事件研究(Denis and Denis,1995;Adams and Mansi,2009),我们使用文献中常用的市场模型法计算事件日前后的超额收益。事件日定义为 CEO 变更公告日(当公告日为交易日时)或者 CEO 变更公告后的第 1 个交易日(当公告日为非交易日时)。市场模型参数的估计期为 CEO 变更公告前的 120 个交易日,即从公告前 130 个交易日至前 11 个交易日,记为[－130,－11];同时,以[－160,－31]和[－130,－2]作为估计期进行稳健性检验。按照研究惯例,我们计算累计超额收益的事件窗口期主要选取 4 个交易日,记为[－1,2];并以 3 个交易日窗口期进行稳健性检验,记为[－1,1]。

2. 数据来源与样本选择

以 1.3 节的 CEO 变更为初始样本,基于高管变更公告和高管背景特征数据的可得性,我们选取高管变更的董事会会议决议公告、董事会临时会议决议公告和高管变更公告为研究事件,研究数据来自 CSMAR 数据库。

按照已有的研究惯例,我们采用以下标准进一步筛选样本:(1) 剔除离任 CEO 与继任 CEO 非同时公告的样本;(2) 剔除董事长与 CEO 变更区间重叠的样本;(3) 剔除事件日前后 5 个交易日内有其他重大事件公告或者 CEO 变更事件后连续停牌 5 个交易日以上的样本;(4) 剔除相关数据缺失的样本。最后,我们的研究样本包含 667 个非 ST 公司和 63 个 ST 公司。

3. 实证模型

为了检验有财务任职经历的 CEO 任命事件中公司特征对股价反应的影响,我们建立实证模型为:

$$\mathrm{CAR}_{i,t} = \alpha_0 + \alpha_1 \mathrm{F\&A}_{i,t} \times X_{i,t-1} + \alpha_2 \mathrm{F\&A}_{i,t} + \alpha_3 X_{i,t-1} + \varepsilon_{i,t} \tag{1-2}$$

其中，$CAR_{i,t}$表示 CEO 变更事件[－1，2]期间的累计超额收益，$F\&A_{i,t}$表示新任CEO 有财务任职经历变量，$X_{i,t-1}$表示 CEO 变更前一年在表 1-3(或表 1-4)中对有财务任职经历的 CEO 的任命具有显著影响的公司特征变量。CEO 财务任职经历变量 $F\&A_{i,t}$和公司特征变量 $X_{i,t-1}$的交互项 $F\&A \times X_{i,t-1}$是我们考察的核心，衡量相对于任命无财务任职经历的高管为 CEO，那些影响有财务任职经历的高管获得 CEO 任命的公司特征对股价反应的影响。如果该交互项的回归系数在统计上显著，且其(正负向)符号与表 1-3(或表 1-4)中公司特征变量回归系数的符号一致，则说明公司特征对有财务任职经历的 CEO 的任命的影响得到资本市场的认可，有财务任职经历的 CEO 的任命决策具有较强的合理性。

在实证检验的过程中，为了保证结果的稳健性，我们先单独检验影响有财务任职经历的 CEO 任命的公司特征变量、CEO 财务任职经历变量及其交互项对股价反应的影响，然后依次加入三组控制变量——行业与年度哑变量、CEO 背景特征变量和其余常见控制变量，分别进行回归分析。

1.4.2　实证结果

我们利用非 ST 公司事件研究样本对模型(1-2)进行回归分析，检验在非 ST 公司中，有财务任职经历的 CEO 任命的合理性，回归结果如表 1-5 所示。

表 1-5　CEO 的财务任职经历、公司特征与股价反应：非 ST 公司

变量	(1)	(2)	(3)	(4)
F&A	0.028	0.033	0.034	0.026
	(0.208)	(0.172)	(0.164)	(0.303)
F&A×Leverage	**−0.064**[**]	**−0.077**[**]	**−0.077**[**]	**−0.080**[**]
	(0.032)	(0.021)	(0.021)	(0.022)
F&A×ROA	−0.011	−0.012	−0.021	−0.009
	(0.915)	(0.913)	(0.852)	(0.941)
F&A×Tobinq	−0.025	−0.027	−0.028	−0.023
	(0.127)	(0.132)	(0.133)	(0.244)
F&A×M&A	**0.027**[***]	**0.027**[***]	**0.028**[***]	**0.029**[***]
	(0.002)	(0.002)	(0.002)	(0.001)
Leverage	−0.008	−0.009	−0.008	−0.014
	(0.570)	(0.518)	(0.567)	(0.313)

（续表）

变量	(1)	(2)	(3)	(4)
ROA	0.019	0.020	0.024	0.008
	(0.685)	(0.678)	(0.608)	(0.876)
Tobinq	0.007	0.005	0.005	0.007
	(0.111)	(0.321)	(0.342)	(0.166)
M&A	−0.006*	−0.005	−0.004	−0.004
	(0.064)	(0.116)	(0.183)	(0.230)
Size				0.005**
				(0.040)
Education			0.030**	0.029**
			(0.014)	(0.017)
$Education^2$			−0.005**	−0.005**
			(0.014)	(0.014)
Age			0.000	−0.000
			(0.948)	(0.894)
Gender			0.011	0.009
			(0.233)	(0.336)
Outsider			−0.001	−0.002
			(0.718)	(0.677)
Reason			−0.006	−0.005
			(0.228)	(0.266)
截距项	−0.005	−0.020	−0.073***	−0.164***
	(0.440)	(0.106)	(0.009)	(0.002)
年度	不控制	控制	控制	控制
行业	不控制	控制	控制	控制
Adjusted R^2	0.0091	0.0193	0.0219	0.0272
观测值	667	667	667	667

注：括号内为 P 值；*、**、*** 分别表示在10%、5%和1%的统计水平上显著；标准误差经过公司层面聚类调整。

从表1-5中的第(1)列至第(4)列可以看出，在不同的模型设定下，CEO财务任职经历与公司特征交互项的回归系数只有微小的差异，在数值大小和显著性水平上高度一致，表明回归结果是比较稳健的。而且，从经济意义的显著性上看,第(1)列模型的调整 R^2 为 0.0091,说明公司特征与 CEO 财务任职经历对股价反应的影响具有经济意义上的显著性。第(2)列至第(4)列模型的调整 R^2 不断增大,说明行业、年度、CEO 背景特征及其余公司特征对股价反应也具有一定的解释力。

我们以第(4)列为例,对回归结果进行说明。CEO 财务任职经历(F&A)和资本结构(Leverage)交互项(F&A×Leverage)的回归系数显著为负,说明与任命无财务任职经历的 CEO 相比,当任命有财务任职经历的高管为 CEO 时,公司负债率越低,市场反应越好,即负债率越低的公司任命有财务任职经历的 CEO 对企业价值的提升作用越大。CEO 财务任职经历(F&A)和并购重组次数(M&A)交互项(F&A×M&A)的回归系数显著为正,说明公司的资本运作越频繁,任命有财务任职经历的高管为 CEO 的市场反应越好。前文的实证结果表明(见表 1-3),在非 ST 公司中,负债率越低、并购重组次数越多的公司越倾向于任命有财务任职经历的高管为 CEO,这一关系的合理性在这里得到直接的验证。

同时,尽管 CEO 财务任职经历(F&A)和盈利能力(ROA)的交互项(F&A×ROA)以及 CEO 财务任职经历(F&A)和成长机会(Tobinq)交互项(F&A×Tobinq)的回归系数均为负,与表 1-3 的实证结果在符号方向上一致,但并不显著,因此盈利能力、成长机会与有财务任职经历的 CEO 任命之间的关系在这里没有得到很好的验证。此外,在控制变量方面,CEO 学历(Education)的一次项回归系数显著为正,二次项回归系数显著为负,说明 CEO 学历与股价反应呈显著的倒 U 形关系,这与姜付秀和黄继承(2011)的研究发现是一致的。其余控制变量的回归系数不再一一赘述。

为了检验在 ST 公司中,公司特征与有财务任职经历的 CEO 任命关系的合理性,我们利用 ST 公司事件样本进行类似的回归分析,回归结果如表 1-6 所示。从表 1-6 中的第(1)列至第(5)列可以看出,在不同的模型设定下,CEO 财务任职经历与公司特征交互项的回归系数只有很小的差异,在数值大小和显著性水平上高度一致,表明回归结果是比较稳健的。而且,第(1)列模型的调整 R^2 为 0.0587,说明公司特征与 CEO 财务任职经历对股价反应的影响具有较强的经济意义上的显著性。在加入年度和行业哑变量后,第(2)列的调整 R^2 反而减少为负值,说明对于 ST 样本,行业与年度对股价反应几乎没有解释能力。与表 1-5 类似,第(2)列至第(4)列模型的调整 R^2 不断增大,说明 CEO 背景特征和其余公司特征对股价反应也具有一定的解释力。

表 1-6　CEO 的财务任职经历、公司特征与股价反应:ST 公司

变量	(1)	(2)	(3)	(4)	(5)
F&A	−0.262***	−0.216**	−0.267***	−0.243***	−0.290**
	(0.000)	(0.012)	(0.000)	(0.002)	(0.006)
F&A×Leverage	**0.854*****	**0.722*****	**0.815*****	**0.727*****	**0.865****
	(0.000)	(0.007)	(0.000)	(0.006)	(0.015)
F&A×Mature	**−2.154*****	**−2.020*****	**−1.591*****	**−1.693***	**−1.899***
	(0.000)	(0.001)	(0.002)	(0.052)	(0.076)
Leverage	−0.044	−0.053	−0.052	−0.052	−0.055
	(0.163)	(0.160)	(0.124)	(0.176)	(0.193)
Mature	0.026	0.049	0.088	0.078	0.120
	(0.613)	(0.555)	(0.102)	(0.123)	(0.147)
Tobinq				−0.017**	−0.021**
				(0.012)	(0.049)
Size				−0.010	−0.012
				(0.345)	(0.320)
ROA				0.025	−0.073
				(0.748)	(0.468)
Education			0.125**	0.114**	0.066
			(0.035)	(0.038)	(0.394)
$Education^2$			−0.023**	−0.020**	−0.014
			(0.023)	(0.034)	(0.309)
Age			−0.001	−0.000	−0.001
			(0.649)	(0.793)	(0.719)
Gender			−0.075***	−0.069***	−0.092*
			(0.000)	(0.006)	(0.055)
Outsider			0.016	0.016	0.015
			(0.393)	(0.401)	(0.553)
Reason			0.027	0.042	0.067
			(0.402)	(0.195)	(0.105)
截距项	0.027	0.091*	−0.059	0.155	0.318
	(0.143)	(0.063)	(0.572)	(0.554)	(0.224)
年度	不控制	控制	不控制	不控制	控制
行业	不控制	控制	不控制	不控制	控制
Adjusted R^2	0.05.87	−0.02.86	0.1231	0.1913	0.1259
观测值	63	63	63	63	63

注:括号内为 P 值;*、**、*** 分别表示在 10%、5%和 1%的统计水平上显著;标准误差经过公司层面聚类调整。

我们以第(4)列为例,对回归结果进行说明。CEO财务任职经历(F&A)和资本结构(Leverage)交互项(F&A×Leverage)的回归系数显著为正,说明与任命无财务任职经历的CEO相比,当任命有财务任职经历的高管为CEO时,公司负债率越高,市场反应越好,即负债率越高的ST公司任命有财务任职经历的CEO对企业价值的提升作用越大。CEO财务任职经历(F&A)和债务期限结构(Mature)交互项(F&A×Mature)的回归系数显著为负,说明公司债务期限越短,任命有财务任职经历的高管为CEO的市场反应越好。前文的实证结果表明(见表1-4),在ST公司中,负债率越高、债务期限越短的公司越倾向于任命有财务任职经历的高管为CEO,这一关系的合理性在这里得到直接的验证。

在控制变量方面,CEO学历Education的一次项回归系数显著为正,二次项回归系数显著为负,说明CEO学历与股价反应呈显著的倒U形关系。CEO性别Gender的回归系数显著为负,说明在ST公司中,投资者更看好女性CEO。

1.4.3 稳健性检验

为了验证研究结果的稳健性,我们进行两个方面的检验。

1. 重新定义有财务任职经历的CEO

与1.3节类似,为了不失一般性,我们重新将有财务任职经历的CEO界定为曾担任以下职务:财务处处长、财务科长、财务科科长、财务负责人、财务总监、财务部部长、财务部经理、首席财务官、总会计师。根据重新界定的有财务任职经历的CEO变量,我们进行以上所有的回归分析,研究结果保持不变。

2. 股价反应的其他衡量

对于高管变更影响股价反应的衡量,已有文献(如Adams and Mansi,2009)常用的窗口期还有[−1,1],估计期还有[−160,−31]和[−130,−2]等,因此我们分别使用新的窗口期和估计期计算新的股价反应,重新进行回归分析,结果保持不变。

1.5 结　语

尽管越来越多的公司倾向于聘请有财务任职经历的高管担任CEO，但鲜有文献从公司特征角度系统地研究选择有财务任职经历的CEO的影响因素。我们以发生CEO变更事件的上市公司为研究样本，区分ST公司和非ST公司，检验在不同发展目标的两类公司中，哪些公司特征影响有财务任职经历的CEO的任命；进一步地，利用事件研究法，检验在有财务任职经历的CEO任命事件中，公司特征与股价反应的关系，试图证明有财务任职经历的CEO任命的合理性。

研究结果表明，在不同的公司目标下，公司特征对有财务任职经历的CEO任命的影响截然不同：在以发展为目标的非ST公司中，负债水平越低、盈利能力越差、成长机会越少和资本运作越频繁的公司，越倾向于任命有财务任职经历的高管为CEO；而在以生存为目标的ST公司中，负债率越高、债务期限越短的公司任命有财务任职经历的高管为CEO的可能性越大。

在基于CEO变更的事件研究中，公司特征影响有财务任职经历的CEO任命的合理性总体上得到验证。当任命有财务任职经历的高管为CEO时，对于非ST公司，公司的负债率越低、并购重组次数越多，任命公告的股价反应越好；而对于ST公司，公司的负债率越高、债务期限越短，任命公告的股价反应越好。

本研究不但丰富和扩展了战略性人力资源配置理论、高阶梯队理论等，而且相关研究结果为更有针对性地评价CEO的行为和业绩带来了重要的启示，为投资者更好地理解公司的CEO任命决策提供了启示和参考，对企业经理人选拔等人力资源管理实践也具有一定的借鉴意义。

第2章　CEO的财务任职经历与盈余管理

2.1　问题的提出

尽管公司CEO应具有全局的视野,但是CEO早期的工作经历会使他们形成一定的倾向,而这种倾向会影响公司决策(Hambrick and Mason,1984)。Dearborn and Simon(1958)发现,虽然要求一组来自不同职业背景的管理者从公司整体视角分析和处理一个问题,但这些管理者仍然从自己的职业领域分析这个问题。后续的研究表明,管理者过去的工作经历会对公司决策产生影响。例如,具有营运任职经历的CEO倾向于内部多元化,而无营运任职经历的CEO倾向于外部多元化(Song,1982);具有科学或工程等与技术相关任职经历的CEO更注重公司之间的技术联盟(Tyler and Steensma,1998);具有研发任职经历的CEO的公司在研发上投入较多(Barker and Mueller,2002)。

盈余管理是财务、会计领域的一个热点话题。已有盈余管理研究主要关注盈余管理的动机和手段(薄仙慧和吴联生,2009),如Roychowdhury(2006)、Bartov(1993)、Beatriz et al.(2008)等从公司特征、公司治理等方面所进行的研究;并对哪些机制设计可以有效地约束管理层的盈余管理行为进行探讨,如Klein(2002)、Xie et al.(2003)、Bergstresser and Philippon(2006)等公司治理机制方面的研究。鉴于有财务任职经历的CEO逐渐增多这一状况,Matsunaga and Yeung(2008)发现有财务任职经历的CEO对公司收益的预测次数较少、结果较为保守且准确性较高,能显著降低公司的盈余管理,进而提高公司的信息披露质量。该研究从一个新的角度探讨了盈余管理的影响因素,从而拓展了该领域的研究视角。

尽管Matsunaga and Yeung(2008)研究了CEO任职经历对盈余管理的影响,但首先,仅仅将财务任职经历局限于是否曾担任CFO,而不关注其他财务任职经历是不完全的。其次,他们仅仅使用2004年的数据进行研究,而且在研究方法上未分离经理人的固定效应与公司的固定效应，这有可能影响结果的稳健性；最后，CEO 的财务任职经历对信息披露的影响涉及广泛的范围，盈余管理只是其中的一个方面，而且他们仅仅从应计项目盈余管理进行研究。众所周知，盈余管理主要包括应计项目调整和真实活动操纵两种方式。近年来，随着会计准则和监管体系的不断完善，应计项目调整的空间越来越小（Roychowdhury，2006）；而且，实际盈余管理更具灵活性，能够摆脱审计师和会计监督的制约（Katherine，2010）。因此，管理层越来越倾向于利用真实活动进行盈余操纵。例如，Bruns and Merchant（1990）对 649 位公司管理人员进行问卷调查，发现管理者更倾向于使用真实活动调整利润；Graham et al.（2005）通过对 401 位公司高管进行调查，发现 78% 的高管更愿意运用真实活动的盈余管理平滑利润，采用应计项目进行盈余管理的比例仅为 7.9%。因此，我们的财务任职经历不局限于 CFO，还包括曾担任财务负责人、财务总监、首席财务官、总会计师等职务[①]，基于高管变更事件，区分应计项目盈余管理和真实活动盈余管理，研究 CEO 的财务任职经历对盈余管理的影响。

Hitt and Tyler（1991）和 Finkelstein and Hambrick（1996）认为，在某一领域长期任职的 CEO 由于拥有该领域的专业知识和选择性认知，更容易关注和解读该领域信息的变化，并做出更合理的决策。一方面，长期贯彻"谨慎性"会计原则的任职经历使得有财务任职经历的 CEO 形成了稳健的做事风格，更能理解提供真实的盈利状况对于降低公司和投资者之间的信息不对称（Matsunaga and Yeung，2008）、优化市场参与者对公司价值评估（Hutton and Stocken，2006）的重要性；另一方面，有财务任职经历的 CEO 具备财务领域的专业知识和实践经验，更加了解公司盈余披露整个的运作方式。同时，由于 CEO 要对公司的盈余披露负责，相对于无财务任职经历的 CEO 而言，有财务任职经历的 CEO 更愿意、更有能力提供公司较为真实的盈利状况。因此，有财务任职经历的 CEO 上任后会实施更为稳健的会计政策，降低公司的盈余管理水平。

---

① 在稳健性检验部分，我们采用更一般的标准重新定义有财务任职经历的 CEO，即 CEO 曾担任以下职务：财务处处长、财务科长、财务科科长、财务负责人、财务总监、财务部部长、财务部门经理、首席财务官、总会计师。

基于以上分析，为了较好地分离公司固定效应和 CEO 固定效应[①]，我们以上交所、深交所 2002—2008 年的全部 A 股上市公司高管变更事件为研究样本，利用双重差分模型，检验有财务任职经历的 CEO 对公司真实活动盈余管理的净影响；同时我们还检验财务任职经历的 CEO 对应计项目盈余管理决策的净影响。与国外的相关研究结果（有财务任职经历的 CEO 显著地降低了公司应计项目的盈余管理水平）(Matsunaga and Yeung，2008）不同，我们的研究表明：有财务任职经历的 CEO 显著地降低了公司真实活动的盈余管理水平，而对公司应计项目的盈余管理决策则没有显著影响。

本研究的贡献主要体现在以下几个方面：第一，为 CEO 的财务任职经历影响公司盈余管理提供了新的、更为稳健的证据。不同于已有文献（如 Matsunaga and Yeung，2008），我们从更广泛的意义定义了财务任职经历，基于高管变更事件，区分了应计项目盈余管理和真实活动盈余管理，研究了 CEO 的财务任职经历对公司盈余管理的影响，从而深化和补充了该领域的研究。第二，拓展了盈余管理的研究框架。在已有研究考察了公司特征、公司治理特征等因素如何影响盈余管理的基础上，我们将 CEO 的财务任职经历纳入了研究范围，发现 CEO 的财务任职经历对公司盈余管理具有重要影响，从而拓展了盈余管理这一研究领域。此外，我们的研究结果对公司经理人选拔等人力资源管理实践具有一定的借鉴意义，并为投资者等利益相关者更好地理解公司的盈余管理提供了参考。

本章后文的结构安排如下：第 2 节报告所使用的数据，界定重要变量，并报告主要变量的描述性统计结果；第 3 节分别从真实活动操纵和应计项目调整两个方面，实证检验 CEO 的财务任职经历与公司盈余管理的关系；为了增强结果的可靠性，第 4 节进行相关的稳健性检验；第 5 节为结语。

---

① Frank and Goyal(2007)认为，如果经理人在一家公司长时间担任 CEO，那么就难以分离经理人固定效应与公司固定效应。这样，潜在的遗漏变量问题可能影响研究结果的可靠性，而利用高管变更事件可以有效地缓解该问题。

2.2　数据、变量界定和描述性统计

2.2.1　数据来源和样本选择

研究样本为 2000—2010 年的中国 A 股上市公司,鉴于研究设计主要基于 CEO 变更事件,需要 CEO 变更前后两年(不包括变更当年)的财务数据,因此选取发生在 2002—2008 年的 CEO 变更事件。CEO 简历来自 Wind 资讯金融终端,公司财务数据来自 CSMAR 数据库。

按照已有的研究惯例和我们的研究设计,利用以下标准对 CEO 变更样本进行筛选:(1) 剔除金融、保险业的上市公司样本;(2) 剔除 CEO 变更当年及前一年为 ST 公司的样本;(3) 剔除截至 2010 年年底新任 CEO 任职期限小于两年(不含变更当年)的样本;(4) 剔除变更前后 CEO 为同一人(连任)的样本;(5) 剔除相关数据缺失的样本。最后,我们得到 977 起 CEO 变更事件,具体筛选过程如表 2-1 所示。

表 2-1　CEO 变更样本筛选

	CEO 变更样本:2000—2010 年	删除值	观测值
1	根据 Wind 数据库,整理的非金融保险业上市公司 CEO 变更样本		4 198
2	保留 2002—2008 年的变更样本	1 916	2 282
3	剔除 CEO 变更当年及前一年为 ST 的样本	352	1 930
4	剔除截至 2010 年年底新任 CEO 任职期限小于两年的样本	457	1 473
5	剔除 CEO 连任的样本	17	1 456
6	剔除相关数据缺失的样本	479	977

2.2.2　有财务任职经历的 CEO 的界定与分布状况

有财务任职经历的 CEO 为曾经从事财务或会计类工作的 CEO(总经理、首席执行官、总裁等),我们根据 Wind 资讯金融终端提供的 CEO 简历(实际上来自公司年度报告),将有财务任职经历的 CEO 界定为曾担任以下职务的 CEO:财务负责人、财务总监、首席财务官、总会计师。同时,在稳健性检验部分,我们采用更一般的标准重新定义有财务任职经历的 CEO,即曾担任以下职务的

CEO:财务处处长、财务科长、财务科科长、财务负责人、财务总监、财务部部长、财务部经理、首席财务官、总会计师。

从工作经历方面看,前任 CEO 无财务任职经历而新任 CEO 有财务任职经历的事件为 52 起,对应的公司作为处理组。前任和新任 CEO 均无财务任职经历的 CEO 变更事件最多,为 897 起,对应的公司作为控制组。前任 CEO 有财务任职经历而新任 CEO 无财务任职经历的事件为 24 起,前任 CEO 和新任 CEO 均有财务任职经历的 CEO 变更事件最少,只有 4 起(见表 2-2)。

表 2-2　CEO 变更样本分布

	新任 CEO 有财务任职经历	新任 CEO 无财务任职经历
前任 CEO 有财务任职经历	4	24
前任 CEO 无财务任职经历	52	897

2.2.3　变量界定

公司的盈余管理包括应计项目调整和真实活动操纵两种。其中,我们采用 Jones 模型(Jones,1991)计算应计项目调整;同时在稳健性检验部分,我们还采用 Dechow et al. (1995)、Kothari et al. (2005)、Raman and Shahrur(2008)和 Louis et al. (2008)等修正的 Jones 模型予以衡量。我们借鉴 Roychowdhury (2006)的方法衡量真实活动操纵。

1. 应计项目盈余管理估计

我们采用 Jones(1991)的可操纵性应计利润的绝对值衡量公司应计项目盈余管理,具体的计算过程如下:

首先,根据模型(2-1),对同年度、同行业上市公司的数据进行 OLS 回归,得到相应的系数 β_1、β_2 和 β_3。

$$\frac{TA_{i,t}}{A_{i,t-1}} = \beta_1 \frac{1}{A_{i,t-1}} + \beta_2 \frac{\Delta REV_{i,t}}{A_{i,t-1}} + \beta_3 \frac{PPE_{i,t}}{A_{i,t-1}} + \varepsilon_{i,t} \tag{2-1}$$

其次,把模型(2-1)得到的回归系数代入模型(2-2),计算每家公司的不可操纵性应计利润。

$$NDA_{i,t} = \beta_1 \frac{1}{A_{i,t-1}} + \beta_2 \frac{\Delta REV_{i,t}}{A_{i,t-1}} + \beta_3 \frac{PPE_{i,t}}{A_{i,t-1}} \tag{2-2}$$

最后,根据模型(2-3),利用公司应计利润减去模型(2-2)得出的不可操纵性应计利润,估计每家公司的可操纵性应计利润。

$$DAC_{i,t} = \frac{TA_{i,t}}{A_{i,t-1}} - NDA_{i,t} \tag{2-3}$$

$$TA_{i,t} = (\Delta CA_{i,t} - \Delta CASH_{i,t}) - (\Delta CL_{i,t} - \Delta CLD_{i,t}) - DEP_{i,t},$$

其中,$\Delta CA_{i,t}$为公司i第t年的流动资产增加额,$\Delta CASH_{i,t}$为公司i第t年的现金及现金等价物增加额,$\Delta CL_{i,t}$为公司i第t年的流动负债增加额,$\Delta CLD_{i,t}$为公司i第t年的一年内到期的长期负债增加额,$DEP_{i,t}$为公司i第t年的折旧和摊销成本,$A_{i,t-1}$为公司i第$t-1$年的总资产,$\Delta REV_{i,t}$为公司i第t年的销售收入增加额,$PPE_{i,t}$为公司i第t年的固定资产额,$NDA_{i,t}$为公司i第t年的不可操控性应计利润,$DAC_{i,t}$为公司i第t年的可操控性应计利润。

2. 真实活动盈余管理估计

我们借鉴 Roychowdhury(2006)的研究方法,从销售操纵、生产操纵和酌量性费用操纵三个方面衡量真实活动操纵,分别使用异常经营活动现金流净额(EM_CFO)、异常产品成本(EM_COST)和异常酌量性费用(EM_EXP)予以计量。

首先,利用以下各方程,对同年度、同行业上市公司的数据进行 OLS 回归分析。

(1) 根据 Dechow et al. (1995),正常的经营活动现金流和销售额存在如方程(2-4)所示的线性关系。

$$\frac{CFO_{i,t}}{A_{i,t-1}} = \beta_0 + \beta_1 \frac{1}{A_{i,t-1}} + \beta_2 \frac{S_{i,t}}{A_{i,t-1}} + \beta_3 \frac{\Delta S_{i,t}}{A_{i,t-1}} + \varepsilon_t \tag{2-4}$$

(2) 产品成本为销售产品成本加上当年存货的变动额。销售产品成本和当期销售额存在如方程(2-5)所示的线性关系。

$$\frac{COGS_{i,t}}{A_{i,t-1}} = \beta_0 + \beta_1 \frac{1}{A_{i,t-1}} + \beta_2 \frac{S_{i,t}}{A_{i,t-1}} + \varepsilon_t \tag{2-5}$$

存货变化额、当期销售变动额和上期销售变动额存在如方程(2-6)所示的线性关系。

$$\frac{\Delta INV_{i,t}}{A_{i,t-1}} = \beta_0 + \beta_1 \frac{1}{A_{i,t-1}} + \beta_2 \frac{\Delta S_{i,t}}{A_{i,t-1}} + \beta_3 \frac{\Delta S_{i,t-1}}{A_{i,t-1}} + \varepsilon_t \qquad (2\text{-}6)$$

根据方程(2-5)和(2-6),我们使用方程(2-7)估计产品成本和销售额的线性关系。

$$\frac{COST_{i,t}}{A_{i,t-1}} = \beta_0 + \beta_1 \frac{1}{A_{i,t-1}} + \beta_2 \frac{S_{i,t}}{A_{i,t-1}} + \beta_3 \frac{\Delta S_{i,t}}{A_{i,t-1}} + \beta_4 \frac{\Delta S_{i,t-1}}{A_{i,t-1}} + \varepsilon_t \qquad (2\text{-}7)$$

(3) 酌量性费用包括销售费用和管理费用,酌量性费用与上期销售额存在如方程(2-8)所示的线性关系。

$$\frac{EXP_{i,t}}{A_{i,t-1}} = \beta_0 + \beta_1 \frac{1}{A_{i,t-1}} + \beta_2 \frac{S_{i,t-1}}{A_{i,t-1}} + \varepsilon_t \qquad (2\text{-}8)$$

在以上的公式中,$CFO_{i,t}$为公司 i 第 t 年的经营活动的现金流量净额,$COST_{i,t}$为公司 i 第 t 年的销售产品成本加上当年存货的变动额,$S_{i,t-1}$为公司 i 第 t 年的销售收入,$EXP_{i,t}$为公司 i 第 t 年的销售费用和管理费用,$\Delta S_{i,t}$为公司 i 第 t 年的销售收入变动额,$\Delta S_{i,t-1}$为公司 i 第 $t-1$ 年的销售收入变动额,$A_{i,t-1}$为公司 i 第 $t-1$ 年的总资产。

其次,根据方程(2-4)、(2-7)、(2-8)回归得出的系数,计算每家公司的经营活动现金流量净额、产品成本和酌量性费用的拟合值,作为公司销售、生产与支出三项活动正常量的估计值。

最后,利用每家公司销售、生产与支出三项活动的实际值减去上述所得正常量的估计值,得出相应的异常值,分别为异常经营活动现金流净额(EM_CFO)、异常产品成本(EM_COST)和异常酌量性费用(EM_EXP)。

真实盈余管理的总体计量指标为:

$$EM = EM\_COST - EM\_CFO - EM\_EXP \qquad (2\text{-}9)$$

与已有研究(Jiang et al.,2010;苏冬蔚,2010;李增福等,2011)一致,我们控制影响盈余管理的各种因素,包括公司规模、负债水平、盈利能力、成长机会、经营活动净现金流标准差、销售收入标准差、销售收入增长率标准差、审计质量、控制权性质,变量的具体定义如表 2-3 所示。

表 2-3　变量定义

变量名称	变量含义	计算方法
EM	真实活动盈余管理水平	生产操控程度—销售操纵程度—费用操纵程度衡量真实活动的盈余管理水平，借鉴 Roychowdhury(2006)
DAC	应计项目盈余管理水平	可操纵性应计利润衡量公司的应计项目盈余管理水平，借鉴 Jones(1991)
SIZE	公司规模	总资产的自然对数
LEV	负债水平	总负债/总资产
ROA	盈利能力	净利润/平均资产总额
TOBINQ	成长机会	(年末流通市值＋非流通股份占净资产的金额＋长期负债合计＋短期负债合计)/总资产
STDCASH	经营活动净现金流标准差	每家公司第 $t-2$ 年至第 t 年三年的经营活动净现金流的标准差
STDSALE	销售收入标准差	每家公司第 $t-2$ 年至第 t 年三年的销售收入标准差
STDGROWTH	销售收入增长率标准差	每家公司第 $t-2$ 年至第 t 年三年的销售收入增长率标准差
AUD	会计师事务所类型的虚拟变量	财务报表由“四大”会计师事务所审计为 1，否则为 0
OPIN	审计意见类型的虚拟变量	审计意见为标准无保留意见为 1，否则为 0
CON	公司性质	根据实际控制人类别划分公司的所有权性质。若国有控股，则为国有公司，用 1 表示；否则为非国有公司，用 0 表示

2.2.4　描述性统计

我们对研究样本的主要变量进行了描述性统计，具体结果如表 2-4 所示。应计项目盈余管理水平(DAC)的均值和中位数分别为 0.125 和 0.086，标准差为 0.132。真实活动盈余管理水平(EM)的均值和中位数分别为 0.155 和 0.106，标准差为 0.169。异常产品成本(EM_COST)、异常经营活动现金流净额(EM_CFO)和异常酌量性费用(EM_EXP)的均值(中位数)分别为 0.089、0.062 和 0.045(0.056、0.045 和 0.032)，标准差分别为 0.108、0.057 和 0.048。公司规模(SIZE)、负债水平(LEV)、盈利能力(ROA)、成长机会(TOBINQ)、经营活动净现金流标准差(STDCASH)、销售收入标准差(STDSALE)、销售收入增长率标准差(STDGROWTH)、审计质量(AUD 和 OPIN)、控制权性质(CON)的描述性统计结果不再赘述。

表 2-4　描述性统计

变量	均值	中位数	标准差	最小值	最大值	观测值
DAC	0.125	0.086	0.132	0.002	0.758	3 808
EM	0.155	0.106	0.169	0.002	1.005	3 796
EM_COST	0.089	0.056	0.108	0.001	0.667	3 796
EM_CFO	0.062	0.045	0.057	0.003	0.234	3 796
EM_EXP	0.045	0.032	0.048	0.001	0.294	3 796
SIZE	21.409	21.359	1.010	19.226	24.449	3 796
LEV	0.520	0.523	0.191	0.086	1.136	3 796
ROA	0.019	0.024	0.070	−0.357	0.171	3 796
TOBINQ	1.539	1.275	0.717	0.909	4.846	3 796
STDCASH	0.047	0.034	0.041	0.003	0.234	3 796
STDSALE	0.101	0.065	0.112	0.005	0.693	3 796
STDGROWTH	0.364	0.168	0.782	0.012	6.250	3 796
OPIN	0.924	1.000	0.265	0.000	1.000	3 796
AUD	0.033	0.000	0.178	0.000	1.000	3 796
CON	0.718	1.000	0.450	0.000	1.000	3 796

2.3　CEO 的财务任职经历影响公司盈余管理吗

在本节，我们首先简要介绍研究设计，然后分别考察 CEO 的财务任职经历对公司真实活动盈余管理和应计项目盈余管理的影响。

2.3.1　研究设计

为了探索 CEO 的财务任职经历与盈余管理决策之间的因果关系，检验有财务任职经历的 CEO 对盈余管理决策的净影响，我们利用 CEO 变更事件，借鉴双重差分模型(Difference-in-Differences，DID)的思想(Imbens and Wooldridge，2009)，基于 CEO 变更事件对样本进行 OLS 回归，实证模型为：

$$EM_{i,t}=\alpha_0+\alpha_1 EER_i\times POST_t+\alpha_2 EER_i+\alpha_3 POST_t+\alpha_4 X_{i,t}+\varepsilon_{i,t} \qquad (2\text{-}10)$$

$$DAC_{i,t}=\alpha_0+\alpha_1 EER_i\times POST_t+\alpha_2 EER_i+\alpha_3 POST_t+\alpha_4 X_{i,t}+\varepsilon_{i,t} \qquad (2\text{-}11)$$

其中，$EM_{i,t}$为公司 i 第 t 年的真实活动盈余管理水平，$DAC_{i,t}$为公司 i 第 t 年的应计项目盈余管理水平。EER_i 为组间虚拟变量，$EER_i=0$ 为控制组公司，即 CEO 在变更前后均无财务任职经历；$EER_i=1$ 为处理组公司，即 CEO 由无财务任职经历变更为有财务任职经历。$POST_t$ 为时间虚拟变量，$POST_t=0$ 为 CEO 变更前的年度；$POST_t=1$ 为 CEO 变更后的年度。我们控制实证研究中常见的盈余管理决定因素，包括公司规模、负债水平、盈利能力、成长机会、经营活动净现金流标准差、销售收入标准差、销售收入增长率标准差，我们还控制行业和年度虚拟变量，以向量组 $\boldsymbol{X}_{i,t}$ 表示。

组间虚拟变量和时间虚拟变量的交互项系数 α_1 是考察的核心，它衡量相对于无财务任职经历的 CEO 上任，有财务任职经历的 CEO 上任对盈余管理水平的净影响。如果 α_1 显著为正，则说明有财务任职经历的 CEO 会显著提高公司的盈余管理水平；反之，如果 α_1 显著为负，则说明有财务任职经历的 CEO 会显著降低公司的盈余管理水平。此外，组间虚拟变量的回归系数 α_2 衡量 CEO 变更之前，处理组和控制组之间盈余管理水平的差异；时间虚拟变量的回归系数 α_3 则衡量在 CEO 变更前后，控制组盈余管理水平的差异。

需要说明的是，我们选择 CEO 变更前后各 2 年作为研究窗口，即 CEO 变更发生的前 2 年为事件前窗口期。由于 CEO 对公司决策的影响在变更当年可能难以体现出来，从而导致实证结果的显著性程度减弱，因此我们采用 CEO 变更后 2 年(不含变更当年)为事件后窗口期。之所以选择 CEO 变更前后 2 年，是因为：如果窗口期太短，CEO 对盈余管理的影响可能尚未体现出来或者难以观测到；如果窗口期太长，盈余管理受其他不可观测因素影响的可能性就会大增，从而影响结果的可靠性。同时，为了保证结果的稳健性，在稳健性检验部分，我们重新选取研究窗口，进行相关的实证检验。

对于进入研究样本的 CEO 变更事件，鉴于 CEO 变更在某些情况下过于频繁，我们要求新任 CEO 的任职时间不少于 2 年，且变更事件前后各有 2 年的观测数据。对于连续两次 CEO 变更均进入研究样本的事件，要求两次变更间隔不小于 4 年，否则只选取第一次 CEO 变更作为研究样本。

2.3.2　CEO 的财务任职经历对真实活动盈余管理决策的影响

为了更清晰地研究 CEO 的财务任职经历对公司真实活动盈余管理决策的影响，我们根据不同时间(CEO 变更前和 CEO 变更后)和不同组(处理组和控制组)对样本进行分组，分别对子样本进行 OLS 回归分析；再利用双重差分模型——模型(2-10)，对全样本进行 OLS 回归分析，回归结果如表 2-5 所示。

表 2-5 真实活动盈余管理的回归结果

变量	(1) CEO 变更前	(2) CEO 变更后	(3) 处理组样本	(4) 控制组样本	(5) 全样本
EER	0.036**	−0.016			0.034*
	(−0.041)	(0.276)			(0.052)
POST			−0.077***	0.016**	0.014**
			(0.008)	(0.016)	(0.033)
EER×POST					−0.045***
					(0.005)
SIZE	0.008	0.019***	0.020	0.014***	0.014***
	(0.107)	(0.001)	(0.211)	(0.001)	(0.000)
LEV	0.038*	0.0316	0.095	0.030	0.033*
	(0.096)	(0.191)	(0.216)	(0.119)	(0.081)
ROA	0.318***	0.246***	−0.042	0.278***	0.264***
	(0.000)	(0.000)	(0.826)	(0.000)	(0.000)
TOBINQ	0.009	0.018**	0.022	0.014*	0.015**
	(0.335)	(0.041)	(0.298)	(0.052)	(0.040)
STDSALE	0.189***	0.264***	0.312*	0.229***	0.229**
	(0.000)	(0.000)	(0.056)	(0.000)	(0.000)
STDCFO	0.782***	0.778***	0.964***	0.784***	0.792***
	(0.000)	(0.000)	(0.005)	(0.000)	(0.000)
STDGROWTH	0.009	0.025**	0.023*	0.016**	0.016**
	(0.259)	(0.011)	(0.095)	(0.035)	(0.027)
OPIN	−0.001	−0.026*	0.022	−0.015	−0.013
	(0.935)	(0.064)	(0.632)	(0.149)	(0.209)
AUD	0.006	0.016	0.117*	0.005	0.010
	(0.731)	(0.598)	(0.070)	(0.785)	(0.557)
CON	0.001	0.004	0.009	0.001	0.001
	(0.944)	(0.738)	(0.697)	(0.863)	(0.860)
截距项	−0.167	−0.342***	−0.411	−0.265***	−0.274***
	(0.152)	(0.007)	(0.256)	(0.007)	(0.005)
年度	控制	控制	控制	控制	控制
行业	控制	控制	控制	控制	控制
Adjusted R^2	0.1626	0.1947	0.3503	0.1771	0.1875
观测值	1 898	1 898	208	3 588	3 976

注：被解释变量为真实活动盈余管理水平。括号内为 P 值；*、**、*** 分别表示在 10%、5%和 1%的统计水平上显著；标准误差经过公司层面聚类调整。

从同一时间、不同组间的差异上看，在 CEO 变更前，样本组间虚拟变量 EER 的系数显著为正，说明在 CEO 变更前，处理组的真实活动盈余管理水平显著高于控制组。而在 CEO 变更后，样本组间虚拟变量 EER 的系数为负但不显著，说明处理组与控制组的真实活动盈余管理水平没有显著的差异。

从同一组的时间差异上看，对于处理组，时间虚拟变量 POST 的系数显著为负，说明在 CEO 变更后，处理组的真实活动盈余管理水平显著降低。而对于控制组，时间虚拟变量 POST 的系数显著为正，说明在 CEO 变更后，控制组的真实活动盈余管理水平显著上升。

利用全样本进行双重差分模型回归，结果显示组间虚拟变量 EER 和时间虚拟变量 POST 交互项 EER×POST 的回归系数显著为负，说明相对于控制组，处理组 CEO 变更对公司盈余管理的净影响显著为负，即有财务任职经历的 CEO 显著地降低了公司的盈余管理水平。同时，组间虚拟变量 EER 的回归系数显著为正，与“CEO 变更前”的回归结果一致，说明在 CEO 变更前，处理组的盈余管理水平显著高于控制组。时间虚拟变量 POST 的回归系数显著为正，与“控制组样本”的回归结果一致，说明在 CEO 变更后，控制组的盈余管理水平得以上升。

以上分组检验和全样本检验的结果表明，CEO 的财务任职经历与公司真实活动盈余管理之间存在较强的因果关系，即有财务任职经历的 CEO 上任后显著地降低了公司的真实活动盈余管理水平。

2.3.3　CEO 的财务任职经历对应计项目盈余管理决策的影响

我们采用类似的研究方法，分析 CEO 的财务任职经历对应计项目盈余管理决策的影响。我们先根据不同时间(CEO 变更前和 CEO 变更后)和不同组(处理组和控制组)对样本进行分组，分别对子样本进行 OLS 回归分析；再利用双重差分模型——模型(2-11)，对全样本进行 OLS 回归分析，回归结果如表 2-6 所示。

表 2-6　应计项目盈余管理的回归结果

变量	(1) CEO 变更前	(2) CEO 变更后	(3) 处理组样本	(4) 控制组样本	(5) 全样本
EER	0.004	0.002			0.003
	(0.745)	(0.884)			(0.783)
POST			0.006	0.005	0.005
			(0.797)	(0.242)	(0.288)
EER×POST					0.001
					(0.953)
SIZE	0.001	0.006*	−0.004	0.005*	0.004
	(0.741)	(0.099)	(0.823)	(0.085)	(0.121)
LEV	−0.005	−0.001	−0.082	−0.001	−0.005
	(0.787)	(0.953)	(0.186)	(0.942)	(0.739)
ROA	−0.048	−0.143**	−0.152	−0.124**	−0.125***
	(0.435)	(0.015)	(0.355)	(0.011)	(0.007)
TOBINQ	0.012	0.019***	0.029	0.015***	0.016***
	(0.197)	(0.006)	(0.318)	(0.006)	(0.004)
STDSALE	0.072	0.087**	0.031	0.084***	0.081***
	(0.057)	(0.03)	(0.643)	(0.005)	(0.004)
STDCFO	0.691***	0.714***	1.454***	0.669***	0.719***
	(0.000)	(0.000)	(0.000)	(0.000)	(0.000)
STDGROWTH	0.005	0.022**	0.001	0.013**	0.013**
	(0.364)	(0.012)	(0.838)	(0.02)	(0.022)
OPIN	−0.015	−0.032**	0.004	−0.026**	−0.024**
	(0.245)	(0.013)	(0.898)	(0.013)	(0.014)
AUD	−0.016	−0.014	0.07*	−0.017*	−0.015
	(0.112)	(0.29)	(0.087)	(0.072)	(0.111)
CON	−0.013	−0.010	−0.004	−0.012**	−0.013**
	(0.106)	(0.177)	(0.835)	(0.045)	(0.036)
截距项	0.091	−0.019	0.073	0.0158	0.022
	(0.342)	(0.829)	(0.784)	(0.824)	(0.734)
年度	控制	控制	控制	控制	控制
行业	控制	控制	控制	控制	控制
Adjusted R^2	0.1184	0.2061	0.3894	0.1554	0.1608
观测值	1 904	1 904	196	3 612	3 808

注：被解释变量为应计项目盈余管理水平。括号内为 P 值；*、**、*** 分别表示在 10%、5%和 1%的统计水平上显著；标准误差经过公司层面聚类调整。

从同一时间、不同组间的差异上看，无论是 CEO 变更前还是 CEO 变更后，组间虚拟变量 EER 的系数均不显著，说明在 CEO 变更前后，处理组和控制组的应计项目盈余管理水平没有显著的差异。

从同一组的时间差异上看，无论是处理组还是控制组，时间虚拟变量 POST 的系数均不显著，说明处理组和控制组在 CEO 变更后，应计项目盈余管理水平没有发生变化。

利用全样本进行双重差分模型回归，结果显示组间虚拟变量 EER 和时间虚拟变量 POST 交互项 EER×POST 的回归系数不显著，说明控制组和处理组的 CEO 变更对公司应计项目盈余管理的影响没有差异，即有财务任职经历的 CEO 上任对公司应计项目盈余管理与无财务任职经历的 CEO 上任对公司应计项目盈余管理产生的影响没有显著差异。同时，组间虚拟变量 EER 的回归系数和时间虚拟变量 POST 的回归系数均不显著。

以上分组检验和全样本检验的结果表明，CEO 的财务任职经历与公司应计项目盈余管理之间没有明显的关系，即有财务任职经历的 CEO 上任对公司应计项目盈余管理水平没有显著的影响。我们还发现，无财务任职经历的 CEO 上任也未显著地影响公司应计项目盈余管理水平。

2.4　稳健性检验

为了验证研究结果的稳健性，我们还进行四个方面的检验。

1. 重新定义应计项目盈余管理指标

前文采用 Jones (1991)提出的经典 Jones 模型衡量公司应计项目盈余管理水平，后来学者不断对经典 Jones 模型进行改进，包括 Dechow et al. (1995)、Kothari et al. (2005)、Raman and Shahrur(2008)和 Louis et al. (2008)等修正的 Jones 模型，我们采用修正 Jones 模型对上述应计项目盈余管理指标进行回归，研究结果保持不变。

2. 添加 CEO 的其他特征作为控制变量

在实证模型中，我们添加新任 CEO 年龄、性别、学历、任职期限等 CEO 背景特征变量，重新进行以上所有回归分析，研究结果保持不变。

3. 重新定义有财务任职经历的 CEO

前文将曾担任财务负责人、财务总监、首席财务官和总会计师职务的 CEO 界定为有财务任职经历的 CEO，为了不失一般性，我们重新将有财务任职经历的 CEO 界定为曾担任以下职务的 CEO：财务处处长、财务科长、财务科科长、财务负责人、财务总监、财务部部长、财务部经理、首席财务官、总会计师。根据重新界定的有财务任职经历的 CEO 变量，我们进行以上所有的回归分析，研究结果保持不变。

4. 重新选择研究窗口

前文选择 CEO 变更前后两年作为研究窗口（不包含变更当年），我们还选取 CEO 变更发生的前三年为事件前窗口期[－3,－1]、CEO 变更发生后三年（不含变更当年）为事件后窗口期[1,3]，研究结果不变。

2.5 结 语

基于近年来越来越多有财务背景的公司高管走上 CEO 岗位这一现象，我们从广泛意义上定义财务任职经历，基于高管变更事件，区分应计项目盈余管理和真实活动盈余管理方式，以 2002—2008 年发生 CEO 变更事件的 A 股上市公司为研究样本，实证检验 CEO 的任职经历对应计项目盈余管理和真实活动盈余管理的影响。实证结果显示，变更后的 CEO 不会对公司的应计项目盈余管理水平产生显著的影响，而有财务任职经历的 CEO 上任会显著降低公司的真实活动盈余管理水平，从而为 CEO 的财务任职经历影响公司盈余管理提供了更为稳健的经验证据。

第3章　有财务任职经历的CEO与公司资本结构决策

3.1　问题的提出

什么决定了公司的资本结构是资本结构理论的核心问题之一。资本结构的代理理论观基于现代企业的典型特征,从经理激励的视角研究公司资本结构的确定问题,形成了大量的学术成果(Jensen and Meckling,1976;Grossman and Hart,1982;John and John,1993;Ortiz-Molina,2007;Chava and Purnanandam,2010)。然而,这类研究的隐含假设为:管理者是同质的,管理者特征的差异不会影响公司的资本结构决策(Cronqvist et al.,2012)。但是,自 Hambrick and Mason(1984)提出高阶梯队理论以来,诸多实证研究发现,出于性别、学历、年龄、任职经历及信仰等个人特征的差异,现实中的管理者的行为选择具有较大的差异性,从而影响公司决策行为。基于管理者的异质性,学者从 CEO 年龄、MBA 学历、任期、早期生活经历、个人负债等方面研究了管理者背景特征对公司资本结构的影响(Bertrand and Schoar,2003;Frank and Goyal,2007;Malmendier et al.,2010;Cronqvist et al.,2012),从而极大地丰富了资本结构理论。

近年来,越来越多的公司倾向于聘请有财务任职经历的高管担任 CEO。Durfee(2005)的统计结果表明,*Fortune* 100 公司的 CEO 拥有财务任职经历的比重在过去的 10 年时间里从 12%增长到 20%。同时,Cullinan and Roush(2011)的研究发现,2001—2004 年,在美国上市公司新任命的 CEO 中,有财务任职经历的 CEO 的比例从《萨班斯法案》颁布前的 15.48%提高到《萨班斯法案》通过后的 33.33%。就中国上市公司而言,有财务任职经历的 CEO 的比例也呈现出先逐年上升后趋于稳定的态势:从 1995 年的 0.9%升至 2002 年的

5.71%,2003—2010年均保持在5%以上,2010年更达到6.59%。[①] 由此产生一个值得我们深思的问题:既然CEO的诸多背景特征影响公司资本结构决策,那么作为CEO背景特征之一的财务任职经历是否也会对公司资本结构决策产生影响呢?换言之,在资本结构决策方面,有财务任职经历的CEO与无财务任职经历的CEO是否存在显著的差异呢?

众所周知,资本结构决策具有一定的专业性。首先,大多数理论研究以及针对实务界人士的问卷调查研究(例如,Scott,1976;DeAngelo and Masulis,1980;Graham and Harvey,2001)的结果表明,企业存在最优的资本结构,最优资本结构是负债收益和成本的权衡,调整自身的负债权益比例可使其达到最优水平,从而提高企业的价值。然而,在企业实务中,确定最大化企业价值的最优资本结构并不容易。其次,由于企业的内外部环境及其自身的经营、财务状况是在不断地变化的,企业不可避免地偏离最优资本结构,而且企业自身的最优资本结构也是处于不断地变化之中,因此企业会发行(或回购)股份或者债务以维持目标资本结构。然而,在不同的外部环境(如股票市场的牛市或熊市、宏观经济状况)和调整方式(如发行或回购股份或债权)下,资本结构的调整成本存在较大的差异,CEO必须根据当时的内外部情况做出合理的资本结构决策(Leary and Roberts,2005;Byoun,2008;Cook and Tang,2010)。因此,无论是从静态角度的最优负债水平还是从动态角度的趋向目标调整来看,公司资本结构决策都颇具专业性。

专业性的决策需要一定的专业知识和专业经历作支撑。由于任职经历的不同,CEO所熟悉和擅长的领域也不尽相同。在某一领域长期任职的CEO具有该领域的专业知识和选择性认知,更容易关注和解读该领域信息的变化(Hitt and Tyler,1991;Waller et al.,1995),能更好地把握公司的决策时机,并做出合理的决策。Graham et al.(2008)认为,有财务任职经历的CEO精通公司财务,他们不仅接受了专业的训练,长期的财务工作更使他们特别深入地理解资本结构决策,能领会债务给公司带来的价值,而且对这种方法也更加应用自如。同时,有财务任职经历的CEO对于资本市场运行有着深刻的了解,在工作过程中与投资者、银行等资金提供方建立了良好的关系,从而有条件进行更加合理的资

---

① 根据Wind数据库相关资料整理所得。

本结构决策。因此,我们预期,在资本结构决策上,有财务任职经历的CEO比无财务任职经历的CEO更专业。

实际上,直到最近才有一些文献开始讨论有财务任职经历的CEO如何影响公司资本结构决策问题。Graham et al.(2008)针对2006年美国CEO的调查问卷结果表明,如果CEO过去的任职经历主要在财务或会计领域,那么公司更可能位于大于中位数的负债率水平,即公司更可能利用较多的债务。然而,Frank and Goyal(2007)利用1993—2004年美国上市公司的数据,发现CEO的财务任职经历与公司资本结构决策之间的联系并不紧密。

尽管从CEO的财务任职经历角度探讨公司资本结构决策的文献已经出现,但是现有研究尚存在较大不足。Graham et al.(2008)采用调查问卷的方法,只讨论了有财务任职经历的CEO所在公司负债水平较高的概率,而没有利用公司层面连续的观测数据提供更为直接和细致的实证检验。Frank and Goyal(2007)利用公司层面的数据,从CEO变更、薪酬、背景特征等多个方面研究CEO与资本结构的关系。他们认为,如果经理人在一家公司长时间担任CEO,那么就难以将经理人固定效应与公司固定效应分离,从而潜在的遗漏变量问题可能影响研究结果的可靠性。因此,由于研究设计上的缺陷,现有相关研究的结论既不一致,也不稳健。更为重要的是,这些研究只关注于考察CEO背景特征与资本结构的关系,而没有回答CEO特征对资本结构决策的影响(如果有影响)是否有利于企业价值最大化,也就是没有从专业性视角讨论有财务任职经历的CEO对资本结构的影响。

基于以上分析,为了较好地分离公司固定效应和CEO固定效应,我们利用CEO变更事件,采用双重差分模型,以动态资本结构理论为基础,以资本结构调整速度和资本结构偏离目标(最优)资本结构的程度为衡量标准[①],研究有财务任职经历的CEO在资本结构决策方面是否较无财务任职经历的CEO更具专业水准。进一步地,鉴于公司治理能够约束CEO个人偏好对公司决策的影响

---

① 我们认为,动态资本结构理论为评价资本结构决策的优劣提供了一个很好的分析工具。在外部环境、企业基本面等一定的条件(资本结构"调整能力"一定)下,资本结构趋向目标调整的速度越快,企业从偏离目标资本结构到达目标的时间越短,越有利于企业价值的提升,即资本结构决策更优。因此,资本结构调整速度可以间接地衡量资本结构决策的好坏。而公司期末实际资本结构偏离目标资本结构的程度则直接地衡量资本结构决策的效果,在内外部环境等一定的条件下,偏离程度越小,负债水平越接近于最优资本结构,越有利于提高企业价值,即资本结构决策更优。

(Cronqvist et al., 2012),我们区分不同的大股东持股(是否具有绝对或相对控股地位)情况,实证检验在不同公司治理环境下 CEO 的财务任职经历与资本结构决策的关系是否有所不同。

以上交所和深交所 2002—2008 年发生高管变更事件的 A 股上市公司为样本,实证检验结果表明:有财务任职经历的 CEO 显著地加快了资本结构的调整速度,并降低了资本结构偏离目标的程度。这说明有财务任职经历的 CEO 在资本结构决策方面更专业。进一步地,我们还发现,只有在第一大股东持股比例较小、经理人受约束程度较弱的情形下,有财务任职经历的 CEO 才对资本结构决策具有显著影响。这表明,有财务任职经历的 CEO 发挥其资本结构决策专业性需要一定的前提条件:只有在对经理人约束程度较弱、经理人拥有较大自主决策权的情形下,CEO 的财务任职经历对资本结构决策的效应才能得以体现。

本研究的主要贡献体现在以下几个方面:

第一,已有文献(Frank and Goyal,2007;Graham et al.,2008)研究了 CEO 的财务任职经历与资本结构的关系,但由于研究设计上的缺陷,研究结论既不一致也不稳健。我们以上市公司 CEO 变更事件为研究视角,利用双重差分模型,以更可靠的方法检验了有财务任职经历的 CEO 对资本结构动态调整的影响,为 CEO 的财务任职经历影响公司资本结构决策提供了新的、稳健的经验证据,从资本结构决定因素和动态资本结构调整两个方面丰富了资本结构理论。

第二,尽管已有研究发现公司财务政策具有显著的管理者固定效应(Bertrand and Schoar,2003)、管理者任职经历与公司财务决策具有较强的相关性(Barker and Mueller,2002),但鲜有文献从决策效果上研究 CEO 背景特征是否有利于优化公司决策。我们为管理者如何利用自身专长(财务专长)优化公司财务决策(资本结构决策)提供了直接的经验证据,深化、补充了管理者背景特征与公司财务领域的研究。

第三,我们研究了有财务任职经历的 CEO 发挥资本结构决策专业性的前提条件,检验了它在不同公司治理环境下的差异性,为公司治理影响经理人行为提供了新的证据。此外,我们的研究结论对企业经理人选拔等人力资源管理实践具有一定的借鉴意义,同时为投资者等利益相关者更好地理解公司资本结构决策提供了启示和参考。

本章后文的结构安排如下:第 2 节报告本研究所使用的数据,对重要变量进行界定，并报告主要变量的描述性统计结果；第 3 节从决策专业性这一视角检验 CEO 的财务任职经历对资本结构调整速度及偏离目标资本结构程度的影响；进一步地，第 4 节研究公司治理对 CEO 的财务任职经历与资本结构决策之间关系的影响；为了增强结果的可靠性，第 5 节进行相关的稳健性检验；第 6 节为结语。

3.2　数据、变量界定和描述性统计

3.2.1　数据来源和样本选择

初始样本为 1999—2010 年的中国 A 股上市公司，鉴于研究设计主要基于 CEO 变更事件，需要 CEO 变更前后各 3 年(包括变更当年)的财务数据，因此 CEO 变更样本选取发生于 2002—2008 年的 CEO 变更事件。CEO 简历来自 Wind 资讯金融终端，公司财务数据来自 CSMAR 数据库。

按照已有的研究惯例和我们的研究目的，根据以下标准对 CEO 变更样本进行筛选：(1) 剔除金融业、保险业的上市公司样本；(2) 剔除 CEO 变更当年及前一年为 ST 公司的样本；(3) 如果 CEO 的任职时间过短，那么其对资本结构的影响可能极小或者非常有限，因此剔除截至 2010 年年底新任 CEO 任职期限小于 2 年的样本；(4) 剔除变更前后 CEO 为同一人(连任)的样本；(5) 剔除相关数据缺失的样本。最后，我们得到 1 142 起 CEO 变更事件，具体样本筛选过程如表 3-1 所示。

表 3-1　CEO 变更样本筛选

序号	CEO 变更样本：2002—2008 年	删除值	观测值
1	根据 Wind 数据库，整理的非金融业、保险业上市公司 CEO 变更样本		2 321
2	剔除 CEO 变更当年为 ST 公司的样本	353	1 968
3	剔除截至 2010 年年底新任 CEO 任职期限小于 2 年的样本	615	1 353
4	剔除变更前一年为 ST 公司及相关数据缺失的样本	178	1 175
5	剔除变更前后 CEO 为同一人的样本	33	1 142
6	CEO 变更研究样本		1 142

3.2.2 有财务任职经历的CEO的界定与样本分布

我们将有财务任职经历的CEO界定为曾担任以下职务的CEO:财务负责人、财务总监、首席财务官、总会计师。同时,在稳健性检验部分,我们采用更一般的标准重新定义有财务任职经历的CEO为曾担任以下职务:财务处处长、财务科长、财务科科长、财务负责人、财务总监、财务部部长、财务部门经理、首席财务官、总会计师。

正如在引言部分所述,本研究是基于CEO变更这一视角进行的,因此我们考察变更后有财务任职经历的CEO的分布状况、变更前后CEO财务任职经历的对比变化情况。在CEO变更事件中,有财务任职经历的CEO的分布状况如表3-2所示。

表3-2 CEO变更样本分布

年度	有财务任职经历的CEO上任数量	所有CEO变更数量	有财务任职经历的CEO上任占比(%)
2002	11	169	6.51
2003	5	145	3.45
2004	7	147	4.76
2005	8	177	4.52
2006	10	157	6.37
2007	10	170	5.88
2008	9	177	5.08
2002—2008	60	1 142	5.25

从表3-2可以看出,2002—2008年,有财务任职经历的CEO上任数量占所有非ST公司CEO变更数量的5.25%;从分年度情况来看,有财务任职经历的CEO的分布比较均匀,占CEO变更的比例为3.45%—6.51%。

从工作经历方面看,前任CEO无财务任职经历而新任CEO有财务任职经历的事件为57起,我们将对应的公司作为处理组。前任CEO和新任CEO均无财务任职经历的CEO变更事件最多,为1 037起,我们将对应的公司作为控制组。

3.2.3　其他变量界定与描述性统计

除 CEO 的财务任职经历变量外，其他主要变量界定如下：负债率(Lev)为总负债/总资产，公司规模(Size)为总资产的自然对数，盈利能力(ROA)为总资产收益率，有形资产(Tang)为(固定资产＋存货)/总资产，成长机会(Tobinq)为(年末流通市值＋非流通股份×每股净资产＋长期负债＋短期负债)/总资产，非债务税盾(Dep)为固定资产折旧/总资产。Dis_F、Dis_R 和 Dis_M 分别为利用随机效应极大似然估计(RE_ML)、随机效应 GLS(RE_GLS)与固定效应(FE)三种估计方法得到的资本结构偏离目标的绝对程度。

主要变量的描述性统计结果如表 3-3 所示。

表 3-3　主要变量的描述性统计

变量	均值	中位数	标准差	最小值	最大值	观测值
Lev	0.484	0.489	0.187	0.074	0.970	5 208
Size	21.365	21.231	1.025	19.373	14.776	5 208
ROA	0.027	0.028	0.059	−0.245	0.171	5 208
Tang	0.466	0.460	0.171	0.086	0.847	5 208
Tobinq	1.581	1.290	0.828	5.737	0.685	5 208
Dep	0.025	0.022	0.016	0.001	0.081	5 208
Dis_F	0.064	0.047	0.063	0.000	0.532	4 614
Dis_R	0.066	0.049	0.064	0.000	0.565	4 614
Dis_M	0.065	0.048	0.063	0.000	0.555	4 614

从表 3-3 可以看出，负债率(Lev)的均值和中位数分别为 0.484 和 0.489，标准差为 0.187，标准差较大，说明负债率分布比较分散。Dis_F、Dis_R 和 Dis_M 的均值(中位数)分别为 0.064(0.047)、0.066(0.049)和 0.065(0.048)，标准差分别为 0.063、0.064 和 0.063，说明总体上样本公司偏离目标资本结构的程度较微弱，但不同公司的差异比较明显。公司规模(Size)、盈利能力(ROA)、有形资产(Tang)、成长机会(Tobinq)、非债务税盾(Dep)的描述性统计结果详见表 3-3，这里不再赘述。

3.3　CEO的财务任职经历与资本结构动态调整

传统的资本结构理论认为，企业存在目标或者最优的资本结构，目标资本结构通过权衡债务融资的成本和收益来决定（Scott，1976；DeAngelo and Masulis，1980；DeAngelo et al.，2011），这一观点得到大量实证研究以及针对实务界人士的问卷调查研究的支持（Rajan and Zingales，1995；Hovakimian et al.，2001；Graham and Harvey，2001）。然而，在经营发展的过程中，出于种种原因，企业经常不可避免地偏离最优资本结构。尽管如此，但一个以价值最大化为目标的企业不会任由资本结构长期偏离最优水平。在动态发展的过程中，企业必然会不断地调整资本结构，使其尽可能地接近最优水平（Uysal，2011）。

我们认为，企业资本结构向目标资本结构趋近的速度可以间接地衡量资本结构决策的好坏，在外部环境、企业基本面等一定的条件下，资本结构趋向目标调整的速度越快，企业从偏离目标资本结构到达目标的时间越短，越有利于企业价值的提升，即资本结构决策更优。而公司期末实际资本结构偏离目标资本结构的程度则直接地衡量资本结构决策的效果，在企业内外部环境等一定的条件下，偏离程度越小、负债水平越接近于最优资本结构，越有利于提高企业价值，即资本结构决策更优。

基于以上分析，我们从资本结构调整速度和资本结构偏离程度两个方面，检验有财务任职经历的CEO是否在资本结构决策方面做得更好、更专业。

3.3.1　实证模型

1. CEO的财务任职经历与资本结构调整速度

我们借鉴Flannery and Rangan（2006）、Byoun（2008）、Uysal（2011）等研究，利用模型(3-1)的拟合值衡量公司的目标资本结构：

$$\mathrm{Lev}_{i,t}^{*} = \alpha + \beta \boldsymbol{Y}_{i,t-1} + \nu_i \qquad (3\text{-}1)$$

其中，$\mathrm{Lev}_{i,t}^{*}$表示公司第t年的目标资本结构，向量组$\boldsymbol{Y}_{i,t-1}$为在实证研究中一般会控制的资本结构决定因素[①]，包括公司规模、盈利能力、有形资产、成长机会、非债务税盾、负债率行业中位数、年度(虚拟变量)等变量；ν_i 为公司特殊的非观测效应。

在定义目标资本结构后，我们借鉴 Flannery and Rangan (2006)、Byoun (2008)、Cook and Tang (2010)等研究，利用部分调整模型估计企业的资本结构调整速度，在标准部分调整模型的基础上引入双重差分模型的关键变量，构建扩展的部分调整模型，以此考察有财务任职经历的 CEO 对资本结构调整速度的影响。

标准的部分调整模型为：

$$\mathrm{Lev}_{i,t} - \mathrm{Lev}_{i,t-1} = \delta(\mathrm{Lev}_{i,t}^{*} - \mathrm{Lev}_{i,t-1}) + \varepsilon_{i,t} \tag{3-2}$$

其中，$\mathrm{Lev}_{i,t}$ 表示第 t 年年末的资本结构，$\mathrm{Lev}_{i,t-1}$ 表示第 t 年年初的资本结构。

将式(3-1)代入式(3-2)，整理后得到：

$$\mathrm{Lev}_{i,t} = (1-\delta)\mathrm{Lev}_{i,t-1} + \delta\beta\boldsymbol{Y}_{i,t-1} + \nu_i + \varepsilon_{i,t} \tag{3-3}$$

其中，δ 为模型估计得到的样本公司年均资本结构调整速度。

为了考察 CEO 的财务任职经历对资本结构调整速度的影响，借鉴双重差分模型的思想和 Cook and Tang (2010)等的研究方法，我们在式(3-3)的右侧加入组间虚拟变量和负债率、时间虚拟变量和负债率，以及组间虚拟变量、时间虚拟变量和负债率三个交互项[②]，得到扩展的部分调整模型为：

$$\begin{aligned}\mathrm{Lev}_{i,t} = &(1-\delta)\mathrm{Lev}_{i,t-1} + \alpha_1 \mathrm{F\&A}_{i,t-1} \times \mathrm{After}_{i,t-1} \times \mathrm{Lev}_{i,t-1} + \\ &\alpha_2 \mathrm{F\&A}_{i,t-1} \times \mathrm{Lev}_{i,t-1} + \alpha_2 \mathrm{After}_{i,t-1} \times \mathrm{Lev}_{i,t-1} + \\ &\delta\beta\boldsymbol{Y}_{i,t-1} + \nu_i + \varepsilon_{i,t}\end{aligned} \tag{3-4}$$

其中，α_1 是考察的核心，衡量有财务任职经历的 CEO 上任相对控制组 CEO 上任对资本结构调整速度的净影响。如果 α_1 显著为负，则说明有财务任职经历的 CEO 会显著提高资本结构的调整速度；反之，如果 α_1 显著为正，则说明有财务任职经历的 CEO 会显著降低资本结构的调整速度。α_2 衡量 CEO 变更之前处

---

① 在模型(3-1)中，我们也考虑了加入 CEO 财务任职经历变量的情况。实证结果表明，无论模型(3-1)是否加入 CEO 的财务任职经历变量，研究结论保持不变；而且，加入 CEO 的财务任职经历变量后，模型(3-4)和模型(3-5)中回归系数 α_1 的显著性水平更高。正文报告的是模型(3-1)中未加入 CEO 的财务任职经历变量的实证结果。

② 需要说明的是，我们也考虑了在模型(3-4)的右侧加入 $\alpha_1 \mathrm{F\&A}_i \times \mathrm{After}_t + \alpha_2 \mathrm{F\&A}_i + \alpha_3\ \mathrm{After}_t$ 的情况。实证结果表明，无论模型(3-4)中是否加入这些变量，研究结论保持不变；而且，在加入这些变量后，模型(3-4)中回归系数 α_1 的显著性水平更高。正文报告的是模型(3-4)中未加入这些变量的实证结果。

理组和控制组之间调整速度的差异，α_3 则衡量控制组 CEO 变更前后资本结构调整速度的差异。

2. CEO 的财务任职经历与资本结构偏离程度

为了研究 CEO 的财务任职经历与资本结构偏离程度之间的关系，我们借鉴双重差分模型的思想，建立基于 CEO 变更的实证模型为：

$$\begin{aligned}\text{Dis}_{i,t} = &\alpha_0 + \alpha_1 \text{F\&A}_{i,t} \times \text{After}_{i,t} + \alpha_2 \text{F\&A}_{i,t} + \alpha_3 \text{After}_{i,t} + \\ &\beta \boldsymbol{Z}_{i,t} + \nu_i + \varepsilon_{i,t}\end{aligned} \tag{3-5}$$

其中，$\text{Dis}_{i,t} = |\text{Lev}_{i,t} - \text{Lev}^*_{i,t-1}|$ 表示第 t 年年末公司的实际资本结构偏离目标资本结构的绝对程度。α_1 衡量有财务任职经历的 CEO 对资本结构偏离程度的影响，如果 α_1 显著为负，则说明有财务任职经历的 CEO 显著降低了公司资本结构偏离目标的程度；反之，如果 α_1 显著为正，则说明有财务任职经历的 CEO 显著提高了公司资本结构偏离目标的程度。我们还控制了影响资本结构偏离目标程度的各种因素，包括公司规模、盈利能力、有形资产、成长机会、非债务税盾、行业和年度等变量，以向量组 $\boldsymbol{Z}_{i,t}$ 表示。ν_i 为公司特殊的非观测效应。

3.3.2　实证检验结果

1. CEO 的财务任职经历对资本结构调整速度的影响

我们对模型(3-4)进行回归分析，以检验有财务任职经历的 CEO 对公司资本结构调整速度的影响，回归结果如表 3-4 所示。

表 3-4　CEO 的财务任职经历对资本结构调整速度的影响

变量	(1)	(2)	(3)	(4)	(5)
	CEO 变更前	CEO 变更后	处理组样本	控制组样本	全样本
Lev	0.254***	0.427***	0.471***	0.550***	0.550***
	(0.000)	(0.000)	(0.000)	(0.000)	(0.000)
Lev×F&A	**0.004**	**−0.073****			**0.036***
	(0.908)	(0.022)			(0.095)
Lev×After			−0.084**	−0.006	−0.006
			(0.013)	(0.476)	(0.437)

（续表）

变量	(1) CEO 变更前	(2) CEO 变更后	(3) 处理组样本	(4) 控制组样本	(5) 全样本
Lev×F&A×After					**−0.065****
					(0.030)
Size	−0.000	−0.016**	−0.040	−0.007**	−0.008**
	(0.971)	(0.022)	(0.336)	(0.022)	(0.031)
ROA	−0.184***	−0.170***	−0.268***	−0.235***	−0.236***
	(0.000)	(0.000)	(0.000)	(0.000)	(0.000)
Tang	0.023	−0.068***	−0.095	−0.026*	−0.030**
	(0.229)	(0.000)	(0.146)	(0.071)	(0.027)
Tobinq	−0.010**	0.001	0.013	−0.002	−0.002
	(0.030)	(0.842)	(0.290)	(0.680)	(0.623)
Dep	−1.057***	−0.409**	−0.842	−0.719***	−0.722***
	(0.000)	(0.041)	(0.561)	(0.000)	(0.000)
中位数	0.140***	0.146***	0.552**	0.164***	0.148***
	(0.000)	(0.000)	(0.010)	(0.000)	(0.000)
截距项	0.291	0.628***	1.255	0.297***	0.325***
	(0.299)	(0.000)	(0.176)	(0.000)	(0.000)
年度	控制	控制	控制	控制	控制
固定效应	控制	控制	控制	控制	控制
R^2	0.1838	0.2582	0.3908	0.4108	0.4138
观测值	2 212	2 808	235	4 785	5 020

注：被解释变量为下一期的负债率。括号内为 P 值；*、**、*** 分别表示在 10%、5%和 1%的统计水平上显著。

从同一时间、不同组间的差异上看，对于“CEO 变更前”样本，Lev×F&A 的回归系数不显著，这说明在 CEO 变更前，处理组与控制组的资本结构调整速度没有显著差异。而在“CEO 变更后”样本，Lev×F&A 的回归系数显著为负，这说明在 CEO 变更后，处理组的资本结构调整速度显著快于控制组。从同一组的时间差异上看，对于“处理组”样本，Lev×After 的回归系数显著为负，这说明在 CEO 变更后，处理组的调整速度显著提高了。而对于“控制组”样本，Lev×After 的回归系数很小且不显著，这说明 CEO 变更对调整速度没有显著影响。

从利用全样本进行的回归结果可以看出，Lev×F&A×After 的回归系数显著为负，这说明相对于控制组，处理组 CEO 变更对资本结构调整速度的净影响显著为正,即有财务任职经历的 CEO 显著提高了资本结构的调整速度。这在一定程度上说明,相对于无财务任职经历的 CEO,有财务任职经历的 CEO 在资本结构决策方面做得更专业。

2. CEO 的财务任职经历对资本结构偏离程度的影响

为了检验 CEO 的财务任职经历对资本结构偏离程度的影响,我们对模型(3-5)进行回归分析,结果如表 3-5 所示。

表 3-5　CEO 的财务任职经历对资本结构偏离程度的影响

变量	(1) Dis_M	(2) Dis_R	(3) Dis_F
F&A×After	**−0.008***	**−0.010****	**−0.009****
	(0.078)	(0.030)	(0.049)
F&A	0.011	0.008	0.011
	(0.143)	(0.192)	(0.126)
After	−0.001	−0.000	−0.001
	(0.834)	(0.940)	(0.789)
Size	−0.018***	−0.021***	−0.018***
	(0.000)	(0.000)	(0.000)
ROA	−0.041**	−0.071***	−0.042**
	(0.024)	(0.003)	(0.040)
Tang	−0.004	−0.005	−0.003
	(0.576)	(0.489)	(0.731)
Tobinq	−0.004***	−0.005***	−0.004***
	(0.004)	(0.000)	(0.002)
Dep	−0.182*	−0.145	−0.178
	(0.088)	(0.234)	(0.103)
截距项	0.617***	0.668***	0.625***
	(0.000)	(0.000)	(0.000)
年度	控制	控制	控制
行业	控制	控制	控制
固定效应	控制	控制	控制
R^2	0.0518	0.0554	0.0512
观测值	4 614	4 614	4 614

注:被解释变量为资本结构偏离目标的绝对值;Dis_M、Dis_R 和 Dis_F 分别为根据三种不同估计方法所得目标资本结构计算得到的偏离值。括号内为 P 值;*、**、*** 分别表示在 10%、5%和 1%的统计水平上显著。

从表 3-5 的回归结果可以看出,在利用三种不同估计方法得到的目标资本结构下,对应第(1)列、第(2)列、第(3)列的回归系数只有细微的差异,而且回归系数的大小和显著性水平高度一致,因此 CEO 的财务任职经历与资本结构偏离程度的关系是比较稳健的。我们以第(3)列为例对回归结果进行说明。组间虚拟变量 F&A 和时间虚拟变量 After 的交互项 F&A×After 的回归系数显著为负,说明有财务任职经历的 CEO 对资本结构偏离程度的影响显著为负,即有财务任职经历的 CEO 显著降低了资本结构偏离目标的水平。同时,组间虚拟变量 F&A 的系数为正但不显著,说明在 CEO 变更前,处理组公司与控制组公司的目标偏离水平没有显著差异。时间虚拟变量 After 的回归系数很小且不显著,说明在 CEO 变更后,控制组公司偏离目标资本结构的水平也没有发生显著变化。

3.4　进一步研究:公司治理的影响

根据已有文献,公司治理会影响经理人的行为。例如,当公司的股权高度集中时,由于大股东的监督作用和约束能力很强,经理人的自由裁量权可能会受到很大的限制,即使 CEO 的背景特征具有差异性,公司治理也能够约束 CEO 的个人偏好对公司决策的影响(Cronqvist et al.,2012),使得 CEO 的财务任职经历对资本结构决策的影响受到制约。基于此,我们进一步研究公司治理对有财务任职经历的 CEO 在资本结构决策上发挥专业性的影响。

我们以第一大股东持股比例的高低衡量公司治理情况,理由是当第一大股东持股比例超过 34%时,大股东居于相对控股地位,对公司拥有实际上的控制权,这时,经理人的行为受到很强的监督和约束,自身专长的发挥可能会受到更多的限制。我们设计了大股东持股哑变量 D_1 和 D_0,当第一大股东持股比例小于 34%时,$D_1=1$ 且 $D_0=0$;否则 $D_1=0$ 且 $D_0=1$。[①] 借鉴 Byoun(2008)等的实证研究方法,我们以交互项的形式同时将 D_1 和 D_0 加入模型(3-3)、模型(3-4)和模型(3-5),以此检验在大股东持股比例高和低的情境下,有财务任职经历的 CEO 对资本结构决策及其效果的影响,回归结果如表 3-6 所示。

---

① 对于处理组,在 CEO 变更前后,D_1 的均值分别为 0.476 和 0.602;对于控制组,在 CEO 变更前后,D_1 的均值分别为 0.356 和 0.433。这说明,在 CEO 变更后,持股比例超过 34%的大股东的公司所占比重上升了。

表 3-6 CEO 的财务任职经历与资本结构决策:公司治理的影响

被解释变量	(1)	(2)	(3)
	负债率	调整速度	偏离程度
D_1 × F&A × After	**0.047*****		**−0.013*****
	(0.000)		(0.001)
D_0 × F&A × After	**0.022**		**−0.003**
	(0.150)		(0.677)
F&A	0.003		0.007
	(0.792)		(0.370)
After	−0.001		−0.000
	(0.725)		(0.927)
D_1 × Lev × F&A × After		**−0.033****	
		(0.044)	
D_0 × Lev × F&A × After		**−0.010**	
		(0.643)	
Lev × F&A		0.025	
		(0.146)	
Lev × After		−0.007	
		(0.415)	
Size	0.085***	−0.008**	−0.021***
	(0.000)	(0.029)	(0.000)
ROA	−0.698***	−0.236***	−0.071***
	(0.000)	(0.000)	(0.003)
Tang	0.152***	−0.030**	−0.005
	(0.000)	(0.022)	(0.484)
Tobinq	0.010***	−0.002	−0.005***
	(0.001)	(0.637)	(0.000)
Dep	−1.243***	−0.720***	−0.144
	(0.000)	(0.000)	(0.236)
中位数	—	0.148***	—
	—	(0.000)	—

（续表）

被解释变量	(1)	(2)	(3)
	负债率	调整速度	偏离程度
截距项	−1.493***	0.326***	0.670***
	(0.000)	(0.000)	(0.000)
年度	控制	控制	控制
行业	控制	—	控制
固定效应	控制	控制	控制
R^2	0.3729	0.4138	0.0556
观测值	5 208	5 020	4 614

注：第(3)列中被解释变量为根据固定效应模型估计所得目标资本结构计算得到的偏离值，利用其余两种方法得到的结果与之一致，限于篇幅，相关回归结果未报告。括号内为 P 值；*、**、*** 分别表示在 10%、5%和 1%的统计水平上显著。

从表 3-6 可以看出，$D_1\times$F&A$\times$After(第 1 列)、$D_1\times$Lev$\times$F&A$\times$After(第 2 列)和 $D_1\times$F&A$\times$After(第 3 列)的回归系数分别显著为正、负、负，而 $D_0\times$F&A$\times$After(第 1 列)、$D_0\times$Lev$\times$F&A$\times$After(第 2 列)和 $D_0\times$F&A$\times$After(第 3 列)的回归系数并不显著，这说明只有当大股东持股比例较小时，有财务任职经历的 CEO 才会对公司负债水平、资本结构调整速度和资本结构偏离目标程度产生显著影响。由此可见，有财务任职经历的 CEO 在资本结构决策方面的专业性得到较好的发挥需要一定的前提条件——对经理人约束程度较弱的公司治理环境。

作为稳健性检验，我们以大股东绝对控股所需的持股比例重新定义大股东持股哑变量：当第一大股东持股比例小于 50%时，$D_1=1$ 且 $D_0=0$；否则，$D_1=0$ 且 $D_0=1$。重新进行以上回归分析，结论保持不变。

3.5　稳健性检验

为了验证研究结果的稳健性，我们还进行了三个方面的检验。

1. 增加控制变量

在实证模型(3-3)、(3-4)、(3-5)中，我们添加 CEO 年龄、性别、学历、任职期限等 CEO 背景特征方面的变量和管理层薪酬等公司治理方面的变量，重新进行以上所有回归分析，研究结论保持不变。

2. 重新界定有财务任职经历的 CEO

前文将曾担任以下职务的 CEO 界定为有财务任职经历的 CEO:财务负责人、财务总监、首席财务官、总会计师。为了不失一般性,我们将有财务任职经历的 CEO 重新界定为曾担任以下职务的 CEO:财务处处长、财务科长、财务科科长、财务负责人、财务总监、财务部部长、财务部门经理、首席财务官、总会计师。新得到的 CEO 变更样本中,任命有财务任职经历的 CEO 的数量略有增加(70),占所有非 ST 公司 CEO 变更数量(1 142)的 6.13%。其中,控制组样本有 1 016 个,处理组样本有 65 个。总体上,与原来的样本分布相比,新得到的 CEO 变更样本分布变化较小。

根据重新界定的有财务任职经历的 CEO 变量,我们进行以上所有的回归分析,研究结论保持不变。

3. 重新选择研究窗口

在前文中,我们选择 CEO 变更前后各 3 年作为研究窗口,将 CEO 变更当年的样本划入 CEO 变更后的研究区间。然而,实际上,CEO 对公司决策的影响在变更当年可能难以体现出来,从而导致实证结果的显著性程度减弱。为此,我们向后延长研究窗口:选取 CEO 变更发生的前 3 年为事件前窗口期[−3,−1],CEO 变更发生后 4 年(含变更当年)为事件后窗口期[0,3]。此外,为了降低不可观测因素对研究结论的影响,我们还缩短研究窗口:选取 CEO 变更发生前 2 年为事件前窗口期[−2,−1],CEO 变更发生后 2 年为事件后窗口期[0,1]。分别以新的研究窗口重新进行以上所有的回归分析,研究结论保持不变。

3.6　结　语

鉴于 CEO 的财务任职经历与资本结构决策的文献存在的不足,以及没有回答 CEO 特征对资本结构决策的影响(如果有)是否有利于企业价值最大化——从专业性视角讨论有财务任职经历的 CEO 对资本结构的影响这一现状,我们以上市公司 CEO 变更事件为研究样本,利用双重差分模型,从决策专业性的角度,实证检验 CEO 的财务任职经历是否对公司的资本结构决策产生显著影响。

实证结果表明:有财务任职经历的 CEO 显著提高了公司的负债水平,加快了资本结构的调整速度,并降低了资本结构偏离目标资本结构的程度。这说明,有财务任职经历的 CEO 不仅对资本结构决策具有重要影响,还优化了公司的资本结构决策,即在资本结构决策方面,有财务任职经历的 CEO 更专业。进一步地,我们还发现只有在第一大股东持股比例较小、不存在拥有控股地位的大股东时,有财务任职经历的 CEO 才能对资本结构决策产生显著的影响,并且显著地优化公司资本结构。这表明,有财务任职经历的 CEO 发挥资本结构决策专业性需要一定的前提条件。

我们的研究发现不但从决策专业性的角度丰富了资本结构理论,而且为管理者如何利用自身专长优化公司决策提供了直接的经验证据,还为公司治理影响经理人行为提供了新的证据。同时,为利益相关者更好地理解资本结构决策提供了启示和参考,对企业经理人选拔等人力资源实践也具有一定的借鉴意义。

第4章　CEO和CFO任期交错能否降低盈余管理水平

4.1　问题的提出

高管团队任期异质性[①](tenure heterogeneity)会影响公司管理层行为(Milliken and Martins,1996;Mathieu et al.,2008)。已有文献表明,高管团队任期异质性会导致管理层之间的沟通障碍(Ancona and Caldwell,1992)、降低团队的交流频率(Zenger and Lawrence,1989),减弱团队的凝聚力和融合力(Jackson et al.,1991;O'Reilly et al.,1993)。在某些情况下,高管团队任期异质性会造成团队成员相互之间的不信任和价值观差异(Katz,1982),并导致管理层离职率上升(Wagner et al.,1984;Godthelp and Glunk,2003;Boone et al.,2004),从而不利于公司做出创新性行为(O'Reilly and Sylvia,1989)和适应性变革(O'Reilly et al.,1993)与提升公司绩效(Smith et al.,1994;Carpenter,2002)。通过对已有文献的分析不难看出,学者们在研究高管团队任期异质性使团队成员之间交流频率下降和凝聚力减弱所导致的经济后果时,更多地关注其对公司的负面影响。我们认为,高管团队任期异质性是把"双刃剑"(Hambrick et al.,1996;Certo et al.,2006)。高管团队任期异质性造成团队之间的不信任和价值观差异(Katz,1982),对于阻碍团队精诚合作、提升公司价值无疑具有负面影响;但是,这种高管团队之间的"距离"对于抑制高管合谋进行损害股东利益和公司价值的行为可能具有积极作用。基于此,我们从盈余管理视角,检验高管团队任期异质性是否会对公司盈余管理行为产生抑制作用,从而给公司及利益相关者带来正面、积极的影响。

---

① 无疑,任期交错属于高管团队任期异质性的研究范畴。已有文献在研究高管团队任期异质性时,一般以高管团队的任职年限差异来衡量。由于本研究只涉及CEO和CFO,任职年限的差异体现为两者的任期交错。因此,就研究主题而言,我们认为将其表述为任期交错更合理。

长期以来,盈余管理领域的文献更多地关注公司最高决策人(CEO)的盈余管理动机。已有研究表明,CEO出于个人薪酬、股权激励和变更等原因而存在盈余管理动机(Healy,1985;Watts and Zimmerman,1978;Bergstresser and Philippon,2006)。但是,对于公司的信息披露质量,直接负责会计信息加工处理的CFO具有同样甚至更为重要的影响;而且,许多国家的相关法律规定,CFO也必须对会计信息质量负责。由于CFO的薪酬激励、舆论关注度较CEO低(McAnally et al.,2008),加之CFO被视作CEO的代理人(Graham and Harvey,2001),以往的研究往往忽略了CFO与公司盈余管理之间的关系。近年来,许多研究表明,由于CFO直接决定了会计政策的选择和调整(Mian,2001),CFO对公司盈余管理具有独立的影响(Geiger and North,2006;Graham et al.,2005;毛洪涛和沈鹏,2009);甚至有的学者发现,CFO对盈余管理的影响大于CEO(Jiang et al.,2010;Chava and Purnanandam,2010)。因此,鉴于公司会计信息的质量更多的是由CEO和CFO共同决定而不是整个管理团队决定,我们聚焦于CEO和CFO,研究两者的任期异质性(任期交错)是否会影响公司盈余管理行为。

基于自身利益考虑,CEO具有强烈的盈余管理动机。但是,盈余管理动机的实现不仅依靠CEO的决策,更需要直接负责会计信息处理的CFO的积极配合才能完成。因此,CEO和CFO能否达成一致意见对盈余管理活动的实施是至关重要的。由于CEO和CFO任期交错会导致他们相互排斥(Rosenbaum,1986),降低两者之间的交流频率(Zeger and Lawrence,1989)和凝聚力(Michel and Hambrick,1992),从而在决策时不容易达成一致意见。这样,当CEO提出盈余管理需求时,CFO的配合意愿会减弱,进而可能导致公司盈余管理程度降低。而当CEO和CFO的任职年限相同时,两者之间的交流频率较高且凝聚力较强,他们在决策时容易达成一致意见。这样,当CEO提出盈余管理要求时,CFO的配合程度会较高,从而可能导致公司盈余管理程度较高。

进一步地,我们认为CEO与CFO任期交错对盈余管理的作用会受到CEO权力大小的影响。当CEO权力较大时,CFO将更多地表现出配合倾向。已有文献表明,CEO的权力衡量了公司执行CEO个人意见的能力(March,1966;Finkelstein,1992)。当CEO权力较大时,公司的决策更多地体现了CEO的意志(Sah and Stiglitz,1986)。在这种情形下,如果CEO提出盈余管理要求,即使

CFO 和 CEO 的意见不一致,面对 CEO 较大的权力,CFO 很可能会配合 CEO 进行盈余管理。而当 CEO 权力较小时,CEO 的盈余管理决策可能需要与 CFO 协商、合作,体现两者的共同意愿(Adams et al.,2005)。在这种情形下,如果 CEO 提出盈余管理要求,若两者意见不一致,CFO 很可能会表现出抵制的倾向,从而对盈余管理产生抑制作用。因此,CFO 和 CEO 任期交错对公司盈余管理的作用会受到 CEO 权力大小的影响。当 CEO 的权力较大时,CEO 和 CFO 任期交错对公司盈余管理的影响程度较小;而当 CEO 的权力较小时,CEO 和 CFO 任期交错对公司盈余管理的影响程度较大。

此外,中国存在国有控股和非国有控股两类上市公司。国有控股上市公司的目标是多元的,除盈利之外,它们还承担了较多的社会责任(薄仙慧和吴联生,2009)。Kato and Long(2006)的研究发现,与非国有控股上市公司相比,国有控股上市公司的管理层更换对业绩的敏感程度较低。因此,非国有控股上市公司管理层进行盈余管理(尤其是正向盈余管理)的动机大于国有控股上市公司。同时,在国有控股上市公司中,等级观念可能更强,职位高低的差异使得 CFO 迫于 CEO 的权力而可能表现出更多的配合倾向。基于此,我们认为在不同的产权结构下,CEO 和 CFO 任期交错对盈余管理的作用将呈现一定的差异:与非国有控股上市公司相比,在国有控股上市公司中,CEO 和 CFO 任期交错对公司盈余管理的影响程度相对较弱。

基于以上分析,我们以 2002—2010 年中国 A 股上市公司为样本,实证检验 CEO 和 CFO 任期交错对公司盈余管理的影响。实证结果表明,CEO 和 CFO 任期交错会降低公司的正向盈余管理水平,两者任期交错的时间越长,其影响越大;同时,该结果不受 CEO 任职时间是早于还是晚于 CFO 的影响。区分 CEO 权力大小和公司所有权性质后的检验结果表明,当 CEO 的权力较大时,CEO 和 CFO 任期交错对公司正向盈余管理的影响程度有所降低;与国有控股上市公司相比,在非国有控股上市公司中,CEO 和 CFO 任期交错对公司盈余管理的影响更强。这一结果表明,CEO 和 CFO 任期交错降低盈余管理的积极作用的发挥是情境依赖的。

本研究的主要贡献体现在以下几个方面:第一,已有文献研究了公司高管任职异质性导致的交流频率下降和凝聚力减弱对公司造成的负面影响,而我们发现高管任期异质性能够降低公司的盈余管理水平,产生正面的效应,为高管团队任期异质性对公司行为的影响提供了新的证据;第二,已有研究表明了 CEO 和 CFO 的薪酬、股权激励等外部诱因会影响公司的盈余管理,而我们从高管团队任期异质性角度分析了盈余管理的内在决策过程,扩展了 CEO 和 CFO 与公司盈余管理领域的研究;第三,已有文献主要探讨了高层管理团队背景特征对盈余管理的影响,而我们分析了公司财务信息的最高负责人(CEO)和直接负责人(CFO)背景特征的差异对盈余管理的影响,从而深化了管理者背景特征领域的研究;第四,已有文献发现 CEO 和 CFO 的任期都会影响盈余管理,而我们则从两者任期交错的视角进行研究,从而为管理者任期对盈余管理的影响提供了新的证据;第五,管理者权力理论认为管理层会通过权力寻租为自己谋取私利,而我们发现当 CEO 的权力较大时,CEO 和 CFO 任期异质性降低公司盈余管理水平的程度有所下降,为 CEO 的权力寻租行为提供了进一步的证据。此外,我们的研究结论为投资者更好地评估公司价值提供了启示和参考,对如何降低公司的盈余管理水平具有一定的现实指导意义,对公司 CEO 和 CFO 的任命等人力资源管理实践也具有一定的借鉴价值。

本章后文结构安排如下:第 2 节介绍研究设计;第 3 节实证检验 CEO 和 CFO 任期异质性对盈余管理的影响,同时区分 CEO 权力大小和公司所有权性质进行相关的检验;第 4 节为稳健性检验;第 5 节为结语。

4.2 研究设计

4.2.1 数据来源和样本选择

本研究的样本为 2002—2010 年中国 A 股上市公司。CEO 和 CFO 背景特征数据来自 Wind 资讯金融终端,其余数据来自 CCER 数据库和 CSMAR 数据库。

借鉴已有研究的做法,我们采用以下标准对样本进行筛选:(1) 剔除金融业上市公司;(2) 剔除当年 IPO 的公司;(3) 剔除 ST 公司和 * ST 公司;(4) 剔除数据缺失的样本;(5) 为了消除极端值的影响,对主要连续变量按 1%—99%水平进行缩尾处理。经过以上筛选,最后得到 1 410 家公司样本,涉及 12 个行业,涵盖 9 个年度,共 7 853 个非平行面板观测样本。

4.2.2 主要变量界定

1. 盈余管理的衡量

Dechow(1995)、夏立军(2003)和于忠泊等(2011)认为,基于行业分类的横截面修正 Jones(1991)模型能够更好地识别盈余管理。因此,我们采用 Dechow et al.(1995)提出的修正 Jones 模型估计可操纵性应计利润,以此衡量公司的盈余管理水平。

2. CEO 和 CFO 任期交错[①]

我们分别设置哑变量(Dumtenure)和连续变量(Dtenure)两个指标衡量任期交错。对于任期交错哑变量(Dumtenure),CEO 和 CFO 的任职年限不同取值为 1,否则取值为 0;我们以 CEO 和 CFO 任职年限之差取绝对值衡量任期交错的程度(Dtenure)。我们还设计了不同方向的 CEO 与 CFO 任职年限差异变量 Dtenure_1 和 Dtenure_2:当 CEO 的任职时间早于 CFO 时,Dtenure_1= CEO 任职年限与 CFO 任职年限之差,否则 Dtenure_1=0;当 CEO 的任职时间晚于 CFO 时,Dtenure_2= CFO 任职年限与 CEO 任职年限之差,否则 Dtenure_2=0。

此外,Tsui et al.(2002)认为,在一项研究中应该控制多个人口变量特征,以便控制不同变量的交叉影响。因此,在稳健性检验部分,我们还控制 CEO 和 CFO 的其他人口特征变量的差异,包括年龄差异(Dage)、学历差异(Dedu)和性别差异(Dgend)。

4.2.3 实证模型

为了检验 CEO 和 CFO 任期交错对盈余管理的影响,我们建立的模型为:

$$\text{ABSDAC} = \alpha + \beta\,\text{Dtenure} + \gamma \boldsymbol{Z} \tag{4-1}$$

其中,ABSDAC 表示公司盈余管理水平(DAC)的绝对值。本文使用 Dechow et al.

---

① 我们对 CEO 的界定主要包括首席执行官、总经理、总裁等;CFO 为公司的财务最高负责人且称谓不尽相同,我们结合公司年报,对 CFO 的界定主要包括首席财务官、首席财务总监、财务总监、总会计师、财务总管、财务负责人、财务机构负责人、会计工作负责人等。

(1995)提出的修正 Jones 模型,先用回归方法估计公司不可操纵性应计利润,然后以模型的残差表示公司的可操纵性应计利润(DAC)。如果残差为正,则表示正向盈余管理(DAC+);反之,如果残差为负,则表示负向盈余管理(DAC-)。为了增强结论的稳健性,我们还采用 Jones(1991)、Louis(2004)等提出的模型,重新衡量公司的盈余管理水平。

为了检验 CEO 的任职时间早于或者晚于 CFO 是否对盈余管理水平产生不同影响,我们建立的回归模型为:

$$\text{ABSDAC} = \alpha + \beta_1 \text{Dtenure\_1} + \beta_2 \text{Dtenure\_2} + \gamma \boldsymbol{Z} \tag{4-2}$$

借鉴已有研究(Bergstresser and Philippon,2006;Jiang et al.,2010;胡奕明和唐松莲,2008;李增福等,2011),我们还控制公司规模、负债水平、盈利能力、成长机会、审计质量、管理层是否持股、独立董事的人数、年度哑变量和行业哑变量等影响盈余管理的因素,用向量组 **Z** 表示。

需要说明的是,我们按照证监会行业分类标准,以一级行业代码对样本公司进行分类,全部样本分属于 12 个行业。本研究的变量及其界定具体如表 4-1 所示。

表 4-1　变量定义

变量名称	变量含义	计算方法
Dtenure	CEO 和 CFO 任期交错程度	CEO 和 CFO 任职年限之差取绝对值
Dumtenure	CEO 和 CFO 是否任期交错	CEO 和 CFO 的任职年限不同为 1,否则为 0
Dtenure_1	CEO 的任职时间早于 CFO	当 CEO 的任职时间早于 CFO 时,Dtenure_1=CEO 任职年限与 CFO 任职年限之差;在其他情况下,Dtenure_1=0
Dtenure_2	CEO 的任职时间晚于 CFO	当 CEO 的任职时间晚于 CFO 时,Dtenure_2=CFO 的任职年限与 CEO 任职年限之差;在其他情况下,Dtenure_2=0
DAC	盈余管理	可操纵性应计利润
DAC+	正向盈余管理	盈余管理>0
DAC-	负向盈余管理	盈余管理<0,在回归分析中,我们对其取绝对值
POWER	CEO 权力	第一大股东持股比例小于 50%为 1,否则为 0
SIZE	公司规模	总资产的自然对数
LEV	资本结构	总负债/总资产

（续表）

变量名称	变量含义	计算方法
ROA	资产收益率	净利润/资产总额
GROWTH	成长机会	（年末流通市值＋非流通股份占净资产的金额＋长期负债合计＋短期负债合计）/总资产
AUDIT	会计师事务所	如果"四大"会计师事务所审计为1，否则为0
OPIN	审计意见	审计意见为标准无保留意见为1，否则为0
NONSOE	公司性质	以实际控制人类别划分公司的所有权性质，国有控股为0，否则为1
MSH	管理层持股	管理层持股为1，否则为0
INDEPEN	独立董事人数	董事会中独立董事的人数

4.2.4 描述性统计

我们对主要变量进行了描述性统计分析，具体结果如表4-2所示。

表4-2 主要变量的描述性统计

变量	均值	中位数	标准差	最小值	最大值	观测值
Dtenure	2.215	2.000	2.397	0	16.000	7 853
Dumtenure	0.685	1.000	0.460	0	1.000	7 853
Tenure_ceo	3.987	3.000	2.814	1.000	18.000	7 853
Tenure_cfo	4.113	4.000	2.785	1.000	18.000	7 853
ABSDAC	0.133	0.093	0.134	0.002	0.721	7 853
POWER	0.737	1.000	0.440	0	1.000	7 853
NONSOE	0.348	0	0.476	0	1.000	7 853
SIZE	21.449	21.327	1.020	19.379	24.665	7 853
LEV	0.493	0.502	0.180	0.081	0.891	7 853
ROA	0.030	0.031	0.063	−0.254	0.190	7 853
OPIN	0.953	1.000	0.212	0	1.000	7 853
AUDIT	0.023	0	0.149	0	1.000	7 853
GROWTH	1.682	1.333	0.940	0.928	6.434	7 853
MSH	0.644	1.000	0.479	0	1.000	7 853
INDEPEN	3.216	3.000	0.779	0	8.000	7 853

从表 4-2 可以看出,CEO 和 CFO 任期交错连续变量(Dtenure)的均值和中位数分别为 2.215 和 2.000,标准差为 2.397,说明 CEO 和 CFO 任职年限的差异在 2 年左右。任期交错哑变量(Dumtenure)的均值为 0.685,即 CEO 和 CFO 任期交错样本占总样本的 68.5%。CEO 任职年限均值和中位数分别为 3.987 和 3.000,CFO 任职年限均值和中位数分别为 4.113 和 4.000,总体来看,CFO 的任职年限略长于 CEO。公司盈余管理的绝对值和中位数分别为 0.133 和 0.093,标准差为 0.134。CEO 权力(POWER)的均值为 0.737,即第一大股东持股比例低于 50%的样本占总样本的 73.7%。所有权性质(NONSOE)的均值为 0.348,说明在该研究区间中,34.8%为非国有控股公司样本,65.2%为国有控股公司样本。其余变量的描述性统计结果详见表 4-2,这里不再赘述。

为了更精确地衡量不同方向任期交错的作用,我们把样本分为 CEO 的任职年限等于、早于和晚于 CFO 三类;在此基础上,我们又把研究样本分为国有控股和非国有控股,以便考察不同所有权性质的影响;同时,我们还区分盈余管理的方向;最后,我们分别比较不同方向的任职年限差异和不同的企业所有权性质下,公司盈余管理的绝对值、正向和负向盈余管理水平的差异,具体结果如表 4-3 所示。

表 4-3　CEO 和 CFO 不同方向任期交错与不同所有权性质下的盈余管理

		ABSDAC			DAC+			DAC−		
		N	均值	中位数	*N*	均值	中位数	*N*	均值	中位数
全样本	Dtenure=0	2 471	0.146	0.103	1 307	0.162	0.110	1 164	0.128	0.094
	Dtenure>0	2 567	0.128	0.088	1 388	0.134	0.090	1 179	0.121	0.085
	Dtenure<0	2 815	0.127	0.089	1 516	0.132	0.091	1 299	0.122	0.087
	Total	7 853	0.133	0.093	4 211	0.142	0.096	3 642	0.124	0.088
国有控股	Dtenure=0	1 524	0.131	0.095	771	0.141	0.102	753	0.121	0.086
	Dtenure>0	1 654	0.116	0.082	873	0.117	0.083	781	0.114	0.080
	Dtenure<0	1 941	0.117	0.081	1 035	0.118	0.082	906	0.114	0.081
	Total	5 119	0.121	0.084	2 679	0.125	0.087	2 440	0.116	0.082
非国有控股	Dtenure=0	947	0.169	0.116	536	0.191	0.128	411	0.140	0.106
	Dtenure>0	913	0.151	0.104	515	0.162	0.110	398	0.135	0.097
	Dtenure<0	874	0.151	0.115	481	0.161	0.122	393	0.139	0.108
	Total	2 734	0.157	0.112	1 532	0.172	0.121	1 202	0.138	0.104

从表 4-3 可以看出,当 CEO 的任职年限与 CFO 相同(Dtenure=0)时,盈余管理水平绝对值的均值和中位数分别为 0.146 和 0.103;当 CEO 的任职时间早于和晚于 CFO 时,盈余管理水平绝对值的均值和中位数分别仅为 0.128 和

0.088、0.127和0.089。由此可见,当CEO和CFO的任职年限相同时,盈余管理水平最高;而在CEO的任职时间早于和晚于CFO的样本中,公司盈余管理水平的差别不大。

区分盈余管理方向后的研究结果表明,当CEO和CFO的任职年限相同时,公司正向盈余管理水平的均值和中位数分别为0.162和0.110;当CEO的任职时间早于和晚于CFO时,公司正向盈余管理水平的绝对值和中位数分别为0.134和0.090、0.132和0.091。由此可见,当CEO和CFO的任职年限相同时,公司正向盈余管理的程度最高。而当CEO的任职时间等于、早于和晚于CFO时,公司负向盈余管理的均值和中位数分别为0.128和0.094、0.121和0.085、0.122和0.087,差别不大,说明两者任期交错对负向盈余管理的影响不大。

从表4-3还可以看出,在国有控股公司中,CEO任职年限等于CFO与CEO的任职时间早于和晚于CFO的正向盈余管理之差分别为0.024、0.023;而在非国有控股公司中,CEO任职年限等于CFO与CEO的任职时间早于和晚于CFO的正向盈余管理之差分别为0.029、0.030。由此可以初步看出,与国有控股公司相比,非国有控股公司的CEO和CFO任期交错对正向盈余管理的作用较大。

以上结果初步表明,当CEO和CFO的任职年限相同时,公司的盈余管理水平最高;当CEO的任职时间早于和晚于CFO时,公司的盈余管理水平较低且差别不大。进一步地,区分盈余管理方向发现,CEO和CFO任期交错主要影响正向盈余管理水平,对负向盈余管理水平的作用不大。与国有控股公司相比,非国有控股公司CEO和CFO任期交错对正向盈余管理的作用较大。

4.3　实证结果与分析

首先,我们检验了CEO和CFO任期交错对盈余管理的影响,同时将样本分为正向盈余管理和负向盈余管理,检验了CEO和CFO任期交错对不同方向盈余管理的影响;其次,我们将CEO和CFO的任职年限差异分为CEO早于、晚于CFO两种情况,分析了不同方向的任期交错对盈余管理的影响;最后,我们检验了CEO权力大小与不同所有权性质下CEO和CFO任职年限差异对盈余管理的影响。

4.3.1 CEO 和 CFO 任期交错对盈余管理的影响

我们分别以 CEO 和 CFO 任期交错哑变量 Dumtenure 与两者任职年限差异的绝对值(任期交错程度 Dtenure)作为解释变量,分析 CEO 和 CFO 任期交错对盈余管理的影响;进一步地,我们分别检验 CEO 和 CFO 任期交错对正向盈余管理(DAC+)与负向盈余管理(DAC−)的影响。具体结果如表 4-4 所示。

表 4-4　CEO 和 CFO 任期交错对盈余管理的影响

变量	ABSDAC		DAC+		DAC−	
Dumtenure	−0.132***		−0.201***		−0.036	
	(0.000)		(0.000)		(0.392)	
Dtenure		−0.023***		−0.036***		−0.005
		(0.000)		(0.000)		(0.542)
SIZE	−0.088***	−0.085***	−0.098***	−0.094***	−0.090***	−0.089***
	(0.000)	(0.000)	(0.000)	(0.001)	(0.000)	(0.000)
LEV	−0.422***	−0.433***	−0.954***	−0.970***	0.301**	0.298**
	(0.000)	(0.000)	(0.000)	(0.000)	(0.037)	(0.039)
ROA	0.105	0.108	2.492***	2.518***	−1.658***	−1.658***
	(0.752)	(0.744)	(0.000)	(0.000)	(0.000)	(0.000)
OPIN	−0.312***	−0.320***	−0.165	−0.179	−0.271**	−0.273**
	(0.000)	(0.000)	(0.181)	(0.150)	(0.016)	(0.015)
AUDIT	−0.143*	−0.138	−0.271***	−0.262***	−0.083	−0.082
	(0.093)	(0.107)	(0.006)	(0.009)	(0.509)	(0.511)
GROWTH	0.069***	0.069***	−0.002	−0.001	0.097***	0.097***
	(0.004)	(0.004)	(0.960)	(0.963)	(0.004)	(0.004)
MSH	−0.092***	−0.091***	−0.124***	−0.122***	−0.046	−0.046
	(0.010)	(0.010)	(0.007)	(0.008)	(0.294)	(0.290)
INDEPEN	−0.008	−0.009	0.018	0.019	−0.035	−0.035
	(0.704)	(0.697)	(0.531)	(0.513)	(0.215)	(0.214)
截距项	4.279***	4.189***	4.964***	4.833***	3.470***	3.450***
	(0.000)	(0.000)	(0.000)	(0.000)	(0.000)	(0.000)
年度	控制	控制	控制	控制	控制	控制
行业	控制	控制	控制	控制	控制	控制
观测值	7 853	7 853	4 211	4 211	3 642	3 642
Adjusted R^2	0.075	0.075	0.121	0.120	0.064	0.064

注:*、**、*** 分别表示在 10%、5%和 1%的统计水平下显著;标准误差经过公司层面聚类调整。

从表 4-4 的实证检验结果来看,CEO 和 CFO 是否任期交错哑变量 Dumtenure 与两者任期交错的程度变量 Dtenure 的系数分别为-0.132、-0.023,且在 1%的统计水平下显著。这说明与两者任职年限相同相比,CEO 和 CFO 任期交错的盈余管理水平较低;同时,随着两者任期交错时间的增长,公司的盈余管理水平逐渐降低。区分盈余管理的方向,我们发现在正向盈余管理样本中,Dumtenure 和 Dtenure 的系数分别为-0.201、-0.036,且均在 1%的统计水平下显著,而在负向盈余管理中的系数不显著。由此可以看出,CEO 和 CFO 任期交错会降低公司的正向盈余管理水平,而对负向盈余管理水平没有显著影响。

就控制变量而言,我们以总体盈余管理(ABSDAC)模型的回归结果分析如下:公司规模(SIZE)的系数显著为负,表明公司规模越大,盈余管理水平越低,这与于忠泊等(2011)的研究结论一致;公司负债水平(LEV)的系数显著为负,表明公司负债水平越高,盈余管理水平越低,这与雷光勇和刘慧龙(2006)的结论一致;公司盈利能力(ROA)的系数不显著,这与 Mitra and Cready(2005)的结论一致;公司财务报表审计意见(OPIN)的系数显著为负,表明审计意见越好公司的盈余管理水平越低,这与 Caramanis and Lennox(2008)的研究发现一致;公司成长性(GROWTH)的系数显著为正,表明高成长性公司的盈余管理水平更高,这一结果与 Koh(2007)的研究发现一致;管理层是否持股(MSH)的系数显著为负,表明管理层持股可以降低公司的盈余管理水平,这与 Warfield et al.(1995)的结论一致;公司是否为“四大”会计师事务所审计(AUDIT)的系数显著为负,说明“四大”会计师事务所审计公司的盈余管理水平较低,这与 Becker et al.(1998)的研究结论一致;公司独立董事人数(INDEPEN)的系数不显著。

4.3.2 CEO 和 CFO 任期交错对盈余管理的影响:区分任职交错方向

以上研究发现,CEO 和 CFO 任期交错有利于抑制盈余管理,两者任期错开的时间越长或者说两者任职年限差异(Dtenure)越大,公司盈余管理水平越低。由于 CEO 和 CFO 在职位上存在差异,两者任期交错对盈余管理的影响在 CEO 任职早于 CFO 和晚于 CFO 上是否存在显著的差异呢?基于此,我们分别建立 CEO 和 CFO 任职年限差异变量 Dtenure_1、Dtenure_2,以分析不同方向任期交错对盈余管理的影响,具体结果如表 4-5 所示。

表 4-5　CEO 和 CFO 任期交错对盈余管理的影响:区分任期交错方向

变量	ABSDAC	DAC+	DAC−
Dtenure_1	−0.023***	−0.033***	−0.011
	(0.004)	(0.003)	(0.303)
Dtenure_2	−0.024***	−0.038***	−0.000
	(0.001)	(0.000)	(0.993)
SIZE	−0.085***	−0.094***	−0.090***
	(0.000)	(0.001)	(0.000)
LEV	−0.433***	−0.971***	0.302**
	(0.000)	(0.000)	(0.037)
ROA	0.108	2.513***	−1.650***
	(0.745)	(0.000)	(0.000)
OPIN	−0.320***	−0.180	−0.272**
	(0.000)	(0.148)	(0.015)
AUDIT	−0.138	−0.267***	−0.081
	(0.108)	(0.008)	(0.522)
GROWTH	0.069***	−0.001	0.096***
	(0.004)	(0.975)	(0.004)
MSH	−0.091***	−0.123***	−0.045
	(0.010)	(0.008)	(0.299)
INDEPEN	−0.008	0.019	−0.036
	(0.698)	(0.509)	(0.203)
截距项	4.188***	4.823***	3.462***
	(0.000)	(0.000)	(0.000)
年度	控制	控制	控制
行业	控制	控制	控制
观测值	7 853	4 211	3 642
Adjusted R^2	0.075	0.120	0.064

注:*、**、*** 分别表示在 10%、5% 和 1% 的统计水平下显著;标准误差经过公司层面聚类调整。

从表 4-5 可以看出,当采用全样本时,CEO 的任职时间早于和晚于 CFO 的变量 Dtenure_1、Dtenure_2 的系数分别为−0.023 和−0.024,显著性水平为 1%;同样,在正向盈余管理样本中,Dtenure_1、Dtenure_2 的系数分别为

−0.033 和−0.038，显著性水平为 1%。经过 F 检验，我们发现上述两组结果的系数并没有显著差异，说明无论 CEO 的任职时间是早于还是晚于 CFO，两者任期交错对盈余管理水平的影响是没有显著差异的。换言之，CEO 和 CFO 任期交错对公司盈余管理的作用不受 CEO 任职时间是早于还是晚于 CFO 的影响。同时，我们发现在负向盈余管理的样本中，Dtenure_1 和 Dtenure_2 的系数并不显著。控制变量的回归结果这里不再赘述。

4.3.3　CEO 和 CFO 任期交错对盈余管理的影响：区分 CEO 权力

CEO 的权力衡量了公司执行 CEO 个人意见的能力。当 CEO 权力较大时，公司的决策更多地体现 CEO 的意见；当 CEO 权力较小时，公司的决策更多地体现 CEO 和其他高管的共同意愿。当第一大股东持股比例较高时，绝对控股股东的存在会增强对 CEO 的监督力度，进而削弱 CEO 的权力（Bertrand and Mullainathan，2001；Hu and Kumar，2004）。基于此，我们以大股东持股比例衡量 CEO 权力：当第一大股东持股比例小于 50%时，POWER＝1；否则，POWER＝0。为了增强结论的稳健性，在稳健性检验部分，我们还采用 CEO 的相对薪酬（CEO 的薪酬与公司前三名经理薪酬之比）衡量 CEO 权力的大小（Bebchuk et al.，2009；Liu and Jiraporn，2010），进一步分析在不同 CEO 权力下，CEO 和 CFO 任期交错对盈余管理的影响。

我们设计一个 CEO 权力 POWER 和任期交错 Dtenure 的交互项 POWER×Dtenure，比较不同 CEO 权力下 CEO 和 CFO 任期交错对公司盈余管理的影响是否具有显著差异，具体结果如表 4-6 所示。

表 4-6　CEO 和 CFO 任期交错对盈余管理的影响：区分 CEO 权力

变量	ABSDAC	DAC+	DAC−
POWER×Dtenure	0.019	0.045**	−0.007
	(0.221)	(0.026)	(0.761)
Dtenure	−0.038***	−0.071***	0.001
	(0.009)	(0.000)	(0.948)
POWER	−0.098*	−0.110	−0.076
	(0.069)	(0.135)	(0.233)

（续表）

变量	ABSDAC	DAC+	DAC−
SIZE	−0.092***	−0.099***	−0.100***
	(0.000)	(0.000)	(0.000)
LEV	−0.419***	−0.957***	0.315**
	(0.001)	(0.000)	(0.030)
ROA	0.084	2.520***	−1.681***
	(0.800)	(0.000)	(0.000)
OPIN	−0.316***	−0.176	−0.271**
	(0.000)	(0.155)	(0.016)
AUDIT	−0.140	−0.267***	−0.082
	(0.105)	(0.009)	(0.508)
GROWTH	0.070***	−0.002	0.097***
	(0.003)	(0.952)	(0.004)
MSH	−0.083**	−0.120***	−0.035
	(0.019)	(0.010)	(0.423)
INDEPEND	−0.005	0.020	−0.030
	(0.805)	(0.494)	(0.285)
截距项	4.403***	5.008***	3.724***
	(0.000)	(0.000)	(0.000)
年度	控制	控制	控制
行业	控制	控制	控制
观测值	7 853	4 211	3 642
Adjusted R^2	0.075	0.121	0.064

注：*、**、*** 分别表示在10%、5%和1%的统计水平下显著；标准误差经过公司层面聚类调整。

从表4-6的结果可以看出，在不区分盈余管理方向的情形下，Dtenure的系数显著为负，但交互项POWER×Dtenure的系数不显著，说明CEO和CFO任期交错对盈余管理的影响在不同CEO权力下没有显著的差异。然而，在正向盈余管理样本中，Dtenure的系数显著为负，同时交互项POWER×Dtenure的系数显著为正，这表明，当CEO的权力较大时，CEO和CFO任期交错对公司正向盈余管理的影响程度有所降低。在负向盈余管理样本中，Dtenure和POWER×Dtenure的系数均不显著，表明无论CEO权力的大小，CEO和CFO任期交错对公司负向盈余管理均没有显著的影响。这一结果表明，CEO较大的权力降低了CEO和CFO任期交错对公司正向盈余管理的影响。由于CEO较大的权力可能增强了CFO和CEO的配合程度，从而减弱了两者任期交错对降低公司正向盈余管理的积极作用。

4.3.4 CEO和CFO任期交错对盈余管理的影响：区分公司所有权性质

在不同所有权性质下，CEO对公司业绩的敏感程度不同，从而盈余管理的动机可能存在差异。与国有控股公司相比，非国有控股公司管理层进行盈余管理尤其是正向盈余管理的动机是比较强的。同时，在国有控股公司中，等级观念可能更强，由于职位高低的差异，CFO迫于CEO权力可能表现出更多的配合倾向。因此，在不同所有权性质的公司中，CEO和CFO任期交错对盈余管理的作用将呈现一定的差异。基于以上考虑，我们分别考察国有控股公司与非国有控股公司CEO和CFO任期交错对公司盈余管理的影响。我们设计公司所有权性质(NONSOE)和任职年限差异(Dtenure)的交互项NONSOE×Dtenure，比较不同所有权性质下CEO和CFO任期交错对公司盈余管理的影响是否具有显著差异，具体结果如表4-7所示。

表4-7　CEO和CFO任期交错对盈余管理的影响：区分公司所有权性质

变量	ABSDAC	DAC+	DAC−
Dtenure	−0.011	−0.018*	−0.001
	(0.145)	(0.055)	(0.949)
NONSOE×Dtenure	−0.031**	−0.043**	−0.009
	(0.022)	(0.016)	(0.593)
NONSOE	0.299***	0.383***	0.149**
	(0.000)	(0.000)	(0.015)
SIZE	−0.058***	−0.058**	−0.076***
	(0.004)	(0.032)	(0.003)
LEV	−0.450***	−0.983***	0.284**
	(0.000)	(0.000)	(0.050)
ROA	−0.076	2.272***	−1.746***
	(0.817)	(0.000)	(0.000)
OPIN	−0.283***	−0.147	−0.250**
	(0.001)	(0.234)	(0.024)

（续表）

变量	ABSDAC	DAC+	DAC−
AUDIT	−0.133	−0.253***	−0.082
	(0.110)	(0.009)	(0.511)
GROWTH	0.069***	−0.000	0.096***
	(0.004)	(0.994)	(0.004)
MSH	−0.113***	−0.152***	−0.056
	(0.001)	(0.001)	(0.202)
INDEPEN	−0.002	0.023	−0.030
	(0.916)	(0.434)	(0.293)
Intercept	3.414***	3.816***	3.062***
	(0.000)	(0.000)	(0.000)
截距项	控制	控制	控制
行业	控制	控制	控制
观测值	7 853	4 211	3 642
Adjusted R^2	0.081	0.129	0.066

注：*、**、*** 分别表示在 10%、5%和 1%的统计水平下显著；标准误差经过公司层面聚类调整。

从表 4-7 可以看出，所有权性质和任职年限差异交互项 NONSOE×Dtenure 的系数显著为负，说明与国有控股公司相比，非国有控股公司的 CEO 和 CFO 任期交错对公司盈余管理的影响作用更大。同样，进一步区分正向盈余管理和负向盈余管理，我们发现 NONSOE×Dtenure 的系数在正向盈余管理样本中比较显著，说明与国有控股公司相比，非国有控股公司 CEO 和 CFO 任期交错对公司正向盈余管理的影响程度更大。与前文已有研究结果一致，CEO 和 CFO 任期交错并未显著影响负向盈余管理水平，且在国有控股公司和非国有控股公司中，这一关系并没有显著差异。

4.4　稳健性检验

为了增强前文研究结论的稳健性，我们进行五个方面的稳健性检验。

1. 控制 CEO 和 CFO 的任职年限

已有研究(Francis et al.,2008)表明，CEO 任职年限会影响公司的盈余管理水平。因此,我们在原有模型的基础上分别控制 CEO 任职年限和 CFO 任职年限,研究结论保持不变。

2. 控制 CEO 和 CFO 其他背景特征变量

Tsui et al.(2002)认为,在一项研究中应控制多个人口变量的特征,以便控制不同变量的交叉影响。因此,我们分别控制 CEO 和 CFO 的年龄、性别与教育经历的差异,研究结论仍保持不变。

3. 重新定义应计项目盈余管理指标

前文采用 Dechow et al.(1995)修正的 Jones 模型,为了增强结论的稳健性,我们分别采用 Jones(1991)、Louis(2004)等定义公司的盈余管理水平,重新进行上述回归分析,研究结论保持不变。

4. 重新定义 CEO 的权力

前文以大股东持股比例衡量 CEO 的权力。为了增强结论的稳健性,我们还采用 CEO 的相对薪酬(CEO 的薪酬与公司前三名经理薪酬之比)衡量 CEO 的权力(Bebchuk et al.,2009;Liu and Jiraporn,2010),重新进行上述回归分析,研究结论保持不变。

5. 剔除任期相同样本

前文研究发现,随着 CEO 和 CFO 任期交错时间的增长,公司正向盈余管理程度逐渐降低。为了更为精确地分析 CEO 和 CFO 任期交错时间对公司盈余管理的影响,我们剔除任期相同的样本进行相关回归分析,研究结论基本不变。

限于篇幅,上述稳健性检验的结果没有列示。

4.5　结　语

管理层团队任期异质性会造成团队交流频率下降和凝聚力减弱,进而对公司的行为产生影响。已有文献主要探讨管理层团队任期异质性对公司的负面影响,那么,管理层团队任期异质性能否给公司和利益相关者带来正面效应呢? 我们以 2002—2010 年中国 A 股上市公司为样本，从盈余管理视角，检验对公司会计信息质量工作负主要责任的 CEO 和 CFO 任期交错的经济后果。

实证结果表明，CEO 和 CFO 任期交错能够抑制公司的盈余管理水平。区分任职年限差异和盈余管理方向，我们发现，CEO 和 CFO 任职年限差异(任期交错的时间)越长，公司的正向盈余管理水平越低；同时，CEO 和 CFO 任职年限对公司盈余管理的影响不受 CEO 任职时间是早于还是晚于 CFO 的影响。进一步地，我们又分别区分 CEO 的权力和所有权性质，发现 CEO 的权力影响 CEO 和 CFO 任期交错对盈余管理的积极作用：当 CEO 权力较大时，CEO 和 CFO 任期交错对公司正向盈余管理的影响程度有所降低；与国有控股公司相比，在非国有控股公司中，CEO 和 CFO 任职年限差异对公司盈余管理的影响程度更大。

本研究不仅为高管团队任期异质性对公司行为的影响提供了新的证据，丰富了高阶梯队理论，还从一个新的视角研究了盈余管理的影响因素。此外，本研究结论具有较强的实践意义：对如何降低盈余管理水平具有较为重要的启示意义，对公司 CEO 和 CFO 任命等人力资源管理实践也具有一定参考价值。

第5章　CEO选聘:内部人还是外部人

5.1　问题的提出

选择合适的CEO对公司发展和公司绩效具有重要意义(Huson et al.,2004;刘新民和王垒,2012)。根据高阶梯队理论,高管背景特征影响其做出的决策。例如,任职经历不同CEO的战略决策和行为选择存在较大差异,进而会对公司绩效产生不同影响(Hambrick and Mason,1984)。众所周知,CEO的来源无非两个渠道:内部提拔或者外部"空降"。对于哪种方式更有利于公司发展和公司绩效提升这一问题,无论是理论界还是实务界尚未取得一致意见。

近年来,越来越多的上市公司倾向于聘请外部人担任CEO。就中国上市公司而言,我们依据从CSMAR数据库提取的相关资料整理分析后发现,2002—2008年中国上市公司发生的CEO变更事件中,接近一半的新任CEO为公司外部人,而且外聘CEO的比例呈逐渐增加的趋势。由此产生以下值得我们深思的问题:什么特征的公司更倾向于聘请外部人担任CEO?公司的聘任方式对公司绩效具有怎样的影响?对这些问题的回答可以使我们更好地了解公司外聘CEO的动机及其任命决策的合理性,从而有利于对CEO的业绩表现进行更合理的评价,对公司聘任的实践与公司绩效的提高也有重要的启示意义。但是,从已有文献来看,这些问题并没有得到很好的回答。本研究旨在通过分析中国上市公司的外聘CEO事件,试图对以上问题给出一定的解答。

目前,关于公司CEO选聘方式的选择,较有影响力的实证研究是Parrino(1997)。该研究认为,业绩较差的公司更倾向于外聘CEO,因为外部继任者往往会在公司内实施一系列改革,而市场通常将其作为一个利好信号。然而,Agrawal et al.(2006)和Chan(1996)指出,为了促进CEO选拔的内部竞争,公司可能会尽量避免从公司外部选聘CEO。尽管已有文献对CEO选拔决策展开了一定的研究,并得出了一些较为有趣的结论(Dalton and Kesner,1983,1985;

Chung et al., 1987; Kang and Shivdasani, 1995; Chan, 1996; Parrino, 1997; Lauterbach et al.,1999;Agrawal et al.,2006),但这些文献大都研究一个或几个公司特征因素与 CEO 继任模式的关系,而没有对影响 CEO 选拔决策的公司特征因素进行全面、系统的分析。有鉴于此,我们试图全面、深入地分析影响公司选聘 CEO 决策的公司特征因素,并进一步检验选聘决策对公司绩效的影响。

我们认为,相比内部人,外部人对公司情况了解较少,在信息获取方面存在一定的劣势,在缺乏公司高管等内部人配合的情形下,外部 CEO 的信息获取劣势更加突出,从而不利于工作的开展;同时,从外部选聘 CEO 不利于激励公司内部高管。基于这一角度,外聘 CEO 并不是最优决策。因此,公司外聘 CEO 在很大程度上是基于一些特殊情形而不得不做出的一项决策。譬如,就成长型公司而言,随着公司的不断扩张和发展,经营规模和复杂性也逐渐增大,而公司内部人不具备运营复杂大公司的能力,因此那些成长性越高的公司,越有必要选拔一个拥有强大管理能力和丰富管理经验的外部人担任 CEO(Dalton and Kesner, 1983)。

就中国公司而言,企业所有制类型可能是影响 CEO 选聘决策的另一个重要因素。公司特征对 CEO 选聘决策的影响在国有企业和非国有企业中是不尽相同的。非国有企业主要由家族企业演变而来,受到家庭纽带的制约,所以它们可能不考虑公司特征而直接任命亲友担任 CEO。而国有企业为国家所有,它们一方面不受家庭纽带的影响,另一方面又受到严格的公众监督(李培功和沈艺峰, 2013),所以国有企业会基于公司特征,选择最符合公司发展需要的 CEO。因此,在不同所有制类型的企业中,公司特征对 CEO 选聘决策的影响是有差异的。

基于以上分析,我们尝试以中国上市公司 CEO 变更事件为样本,从公司特征入手,区分公司类型,探讨公司特征与 CEO 选聘之间的关系,并检验在不同所有制类型企业中这种关系是否具有显著差异。进一步地,如果公司基于公司特征选择外聘 CEO,那么这种决策是否合理呢?我们认为,在 CEO 变更事件中,如果公司考虑公司特征,理性地选择最合适的外部人担任 CEO,那么相比其他公司,其随后的公司绩效会有所改善。基于此,我们利用 CEO 变更事件检验外聘 CEO 决策的合理性。

实证检验结果表明,公司特征对 CEO 任命决策的影响在国有企业和非国有企业间存在显著差异。国有企业的公司特征因素对 CEO 聘任决策具有显著影响,高成长性、高风险等公司特征使国有企业更倾向于外聘 CEO,以满足公司经营和发展的需要;相反,非国有企业的公司特征不影响聘任决策。由此表明,在选聘 CEO 时,国有企业会基于公司特征选拔合适的内部人选或外部人选;而非国有企业一般不考虑公司特征,而是直接任命亲友等内部人。从选拔决策效果看,基于公司特征外聘 CEO 的国有企业,其随后的公司绩效得到改善。此外,我们进一步考察那些高风险公司在外聘 CEO 后公司风险的变化,发现公司风险显著降低。这些结果表明,国有企业基于公司特征选择外聘 CEO,在经济后果上是合理的。

本研究的主要贡献体现在以下两方面:第一,已有文献缺乏对影响 CEO 聘任决策的公司特征的系统而深入的分析,我们全面梳理后发现,公司会基于一些公司特征因素选择外聘 CEO,并且为这种决策的合理性提供了一定的经验证据;第二,我们将样本分为国有企业和非国有企业两组,研究表明上述结果只适用于国有企业。国有企业在 CEO 聘任方面不受家庭纽带的影响,而且其 CEO 选聘决策受到公众的监督。本研究为国有控股企业形式的优越性提供了新的支持证据。

本章后文的结构安排如下:第 2 节提出研究假设,以及可能影响 CEO 选聘决策的公司特征因素;第 3 节报告数据、变量定义及其描述性统计结果;第 4 节报告相应的实证检验结果;第 5 节为结语。

5.2 假设的提出

5.2.1 研究假设

选聘新任 CEO 是企业及其董事会最重要的决策之一。尽管中国《公司法》要求由董事会任命 CEO,但现实情况却是由企业的最大股东指定一位 CEO,董事会则直接批准大股东的决策(Kato and Longa,2006)。非国有企业的最大股东基本上是创始人家族(Allen et al.,2005),国有企业的最大股东则是政府。就国有企业而言,在中央企业中,CEO 由中共中央组织部任命;在省属国有企业中,CEO 则由省政府组织部任命(Kato and Longa,2006)。

无疑,企业在聘任 CEO 时考虑的主要因素之一便是自身特征。譬如,一些企业可能更适合推选一位内部人担任 CEO(如大型企业，这些企业具有很多值得学习的管理技能)，而其他一些类型的企业聘任外部人任 CEO 可能更好(如盈利状况不佳的企业，这些企业可能需要改变公司战略，或者开辟新的发展方向)。因此，在聘任 CEO 的问题上，国有企业和非国有企业可能存在极大差异。在当前的中国，非国有企业多为家族企业。作为当今全球盛行的一种企业组织结构(La Porta et al.,1999)，家族企业通常依靠血缘关系维系并参与并不可靠的商业活动和金融交易(Claessens et al.,2000)。因此，在聘任 CEO 时，家族企业可能不会简单地只考虑公司特征因素，出于信任的考虑，它们通常会聘任家族亲友担任 CEO(Bennedsen et al., 2007; Morck et al., 2000; Perez-Gonzales, 2006; Bertrand and Schoar,2006)。这一点在信任危机严重的中国可能更甚。

另一方面，国有企业通常由政府所有、受政府控制 (Allen et al.,2005)。由于国有企业不受家族纽带、家族关系或其他家族联系的影响和约束，在聘任 CEO 时能做出较周到、合理与理性的决策。近年来，中国已从国有经济转变为市场经济，政府加强了对国有企业及其高管的监管，而且国有企业通常受到严密的公众监督(李培功和沈艺峰,2013)。因此，较非国有企业而言，国有企业更倾向于基于公司特征因素理性地做出聘任 CEO 的决策。据此，我们提出假设 1 为：

假设 1　国有企业是否聘任外部人担任 CEO 的决策是由公司特征因素决定的，而非国有企业并非如此。

假设 1 说明，与非国有企业相比，国有企业在聘任 CEO 方面更理性或者说“更好”。这一点与很多批评政府控制公司的文献是相悖的。例如，Shleifer and Vishny (1994) 和 Shleifer (1998)认为，政府通常出于自身目的而行使对国有企业的控制权。Dewenter and Malatesta (1997,2001) 和 Megginson et al. (1994) 发现，与私有企业相比，政府介入国有企业导致较差的公司绩效。Allen et al. (2005)也认为，中国国有企业发展较慢，尤其是与私营企业相比。然而，Sun and Tong (2003) 和 Chen et al. (2009)指出，国有企业的运营效率不一定低于其他企业，而且他们实证检验证明中国部分国有企业获得比私营企业更多的盈利。因此，关于企业是否应该由政府控制的问题至今未有定论。如果我们的研究支持假设 1，将在另一种情境下为国有控股企业的优越性提供新的证据支持，如国有企业可以克服家族企业在选聘 CEO 时受到的限制。

如果企业理性地根据公司特征因素选择 CEO，那么其长期公司绩效应该好于其他公司。Lauterbach et al.(1999)的研究一定程度地支持了我们的观点。他们认为,公司聘任外部人担任 CEO 通常是因为公司绩效不理想,希望外部人能为公司确定一个全新定位。与其观点一致,他们发现绩效差的公司在聘任外部 CEO 之后,公司绩效有所改善。这表明,如果公司依据公司特征理性地选择外部人作为 CEO,那么公司随后将创造较好的绩效。据此,我们提出假设 2 为:

假设 2 基于公司特征聘任外部人作为 CEO 的公司,其随后的公司绩效好于不考虑公司特征聘任 CEO 的公司。

5.2.2 外部聘任可能的影响因素

为了检验以上假设,我们尝试识别影响公司聘任 CEO 决策的公司特征。我们认为,具备以下几个特征的公司在一定程度上可能更倾向于聘任外部人担任 CEO。

1. 高风险公司

高风险公司可能需要内部人担任 CEO,因为内部人对公司的风险特性具有独特的洞悉和理解(Chung et al.,1987)。然而,高风险公司也可能出于以下两个原因聘任外部人担任 CEO:第一,如果经营风险或财务风险不被看好,那么高风险公司可能希望雇用外部人为 CEO,以改变公司状况。Dalton and Kesner(1985)和 Lauterbach et al.(1999)明确地指出,公司可聘任外部 CEO 改变公司的发展路线。第二,雇用外部人为 CEO 的风险较高,因为他们的能力存在更大的不确定性(Hermalin,2005)。可以简单地认为,高风险公司更可能做出高风险决策,如雇用外部 CEO。由于公司风险与聘任 CEO 决策的关系既可能为正也可能为负,因此我们实证检验两者的关系。我们采用两种方式衡量公司风险:一是股票超额收益的波动性,代表公司的非系统性风险;二是财务杠杆,代表公司的违约风险。

2. 成长型公司

近几十年来,中国是世界上发展最快的经济体。在此期间,公司迅速扩张;同时,众多的新公司不断涌现。然而,随着公司业务的增长和扩张,经营规模和复杂性也随之增大。这些快速发展的公司如果想维持增长,仅仅依靠内部提拔可能难以满足需求,它们将不得不聘任外部人担任CEO,因为这些来自公司外部的高管更熟悉大规模公司与复杂公司的运营(Dalton and Kesner,1983)。

3. 业绩差公司

业绩好的公司通常会选择内部人担任CEO以保持良好的业绩(Dalton and Kesner,1985),而业绩差的公司更倾向于雇用外部人担任CEO以改变发展路线(Lauterbach et al.,1999)。以上观点得到相应的数据支持。例如,Warner et al.(1988)和Parrino(1997)发现,前期业绩较差的公司倾向于选择外聘CEO。Kang and Shivdasani(1995)利用日本公司数据发现了相似的结果。因此,我们预期业绩差的公司会雇用外部人担任CEO。

4. 小公司

大公司在聘任新CEO时有更多的人选,也有更多的高管层备选。因此,大公司更多地聘任内部人为CEO(Dalton and Kesner,1983;Chung et al.,1987;Lauterbach et al.,1999),而小公司的人力资源储备难以满足扩张的需要。这一观点也得到相应的文献支持。因此,我们预期小公司会聘任外部人担任CEO。

5. 发生强制性CEO变更的公司

虽然CEO强制变更事件不是一个公司特有变量,但此类事件是较大的公司层面事件,也是非常重要的。因此,我们将这类事件作为决定CEO任命决策的重要控制变量。当公司出于不满意当前经营方式或者业绩不佳的原因解雇CEO时,希望任命新CEO以改变发展路线,而聘任外部人担任CEO意味着公司发展方向的改变(Dalton and Kesner,1985;Lauterbach et al.,1999)。因此,与自然更换CEO的公司不同,出现强制性CEO变更的公司可能更倾向于聘任外部人担任CEO(Parrino,1997)。因此,我们预期发生强制性CEO变更的公司倾向于聘任外部人担任CEO。

6. 公司治理

公司治理较好的公司可能更愿意选择外部人而非内部人担任CEO。例如,Kang and Shivdasani(1995)发现,在日本,受机构投资者监督的公司更偏爱聘任外部人担任 CEO。因此,我们预期公司治理好的公司(如有较多机构投资者的公司)倾向于聘任外部人担任 CEO。

5.3 数据、变量界定和描述性统计

5.3.1 数据与样本选择

我们使用 2002—2008 年沪深两市 A 股上市公司的数据进行分析。财务报告、股票收益、CEO 变更信息、CEO 聘任宣告时间等数据来自 CSMAR 数据库。遵从已有研究的惯例,我们剔除以下样本:(1) 金融类上市公司;(2) 继任 CEO 是代理的、重新推选的或董事长,并剔除 CEO 变更发生在上次 CEO 变更之后一年以内的样本;(3) 数据不全的公司。最后,我们共获得 1 484 起 CEO 变更事件。

5.3.2 变量构建

(1) 外部 CEO(Outsider)。如果继任者在接任 CEO 职位之前就是该公司的受雇人员,则将继任 CEO 归类为内部人;其他类型继任者则归类为外部人。虚拟变量 Outsider 表示继任 CEO 类型,如果继任 CEO 为外部人,则取值为 1;反之,则取值为 0。

(2) 公司的非系统性风险(Volatility),用 CEO 变更事件发生之前 6 个月的日股票超额收益率的标准差(经市场风险调整)衡量。日股票超额收益率根据第 0 日前[-160,-11]的估计区间,采用市场模型和加权市场回报计算。此处第 0 日定义为 CEO 任命宣告日,当宣告发生在非交易日时,定义为宣告日后的第一个交易日。作为稳健性检验,我们还通过 CEO 变更日之前 1 年的超额收益率衡量 Volatility,超额收益基于[-250,-11]的估计区间估算。

(3) 上年年末总资产的市账比(M/B)。总资产的市场价值由权益市场价值加上债务账面价值计算得出。由于中国市场上很多股票是非流通股,衡量权益市场价值比较麻烦。因此,我们借鉴 Bai et al. (2004)的方法,在计算非流通股市场价值时,对其进行 20%的流动性折价。具体而言,就是对于每家公司,我们将流通股数量乘以上年年末股价计算流通股市值,而将非流通股数量乘以上年

年末股价的 80%计算非流通股市值,由此得出权益总市场价值。我们还分别加入 50%、30%和 0%(0%为假设没有流动性折价,非流通股价值等于股票市场价值)的流动性折价作为稳健性检验。

(4) 公司前期绩效(Prior Performance)变量采用两种方法衡量。第一,我们使用上年经行业调整的 EBIT/TA 比率(息税前利润与总资产之比),再减去行业 EBIT 比率的中值得到。第二,用上年经行业调整的超额股票收益率衡量,以公司原始股票收益减去价值加权行业收益计算得到。显然,第一种方法衡量会计收益,第二种方法衡量股票收益。

(5) 变量 Log(TA)表示公司规模,使用上年年末总资产的自然对数。变量 Leverage 为上年年末的总债务账面价值与总资产账面价值之比,总债务账面价值等于长期债务账面价值加上短期债务账面价值。指示变量 Non Routine Turnover 表示 CEO 变更原因:根据 CSMAR 数据库披露的信息,如果 CEO 变更是常规更换,具体包括退休、任期结束、控股股东改变或者代理任期结束,那么取值为 0;否则,取值为 1。SOE 为虚拟变量,如果为国有企业,取值为 1;否则,取值为 0。

(6) 公司治理变量分别为机构投资者持股比例(Shares1)、境外机构投资者持股比例(Shares2)和是否交叉上市(Cross-listed)。如果公司股票不是跨境上市,则交叉上市变量取值为 0;如果公司股票在美国或中国香港跨境上市,则交叉上市变量取值为 1。

(7) 我们采用多个业绩指标衡量 CEO 变更前后公司绩效的变化。第一,我们再次用 EBIT/TA 作为会计收益衡量指标,但此处总资产以年初总资产和年末总资产的平均值计算。假设第 0 年企业聘任了新 CEO,我们使用三种方法计算 EBIT 比率变化(记为 ΔEBIT):一是从第 −1 年到第 1 年 EBIT 比率的变化(记为 $\Delta EBIT_{-1,1}$),二是从第 −2 年和第 −1 年的平均 EBIT/TA 到第 1 年和第 2 年的平均 EBIT/TA 的变化(记为 $\Delta EBIT_{-2,2}$),三是从第 −3、−2 和 −1 年的平均 EBIT/TA 到第 1、2 和 3 年平均 EBIT/TA 的变化(记为 $\Delta EBIT_{-3,3}$)。第二,我们计算经行业调整的 EBIT 比率变化(记为 ΔAdj-EBIT),其中经行业调整的 EBIT 比率为企业 EBIT 比率减去同行业所有企业的 EBIT 比率中位数。根据中国证监会的行业代码分类,对于制造业,我们将具有两位相同代码的企业归为同行业;对于其他行业,我们将具有一位相同代码的企业归为同行业。

ROA 表示总资产回报率，采用净收入除以年初总资产和年末总资产的平均值计算得出。类似于 EBIT，我们计算 ΔROA 和 ΔAdj-ROA。为了进行稳健性检验，我们还计算从第－1 年到第 1 年的业绩变化(记为 $\Delta ROA_{-1,1}$)，从第－2 年和第－1 年的平均 ROA 至第 1 年和第 2 年的平均 ROA 的变化(记为 $\Delta ROA_{-2,2}$)，以及第－3、－2 和－1 年的平均 ROA 至第 1、2 和 3 年平均 ROA 的变化(记为 $\Delta ROA_{-3,3}$)。表 5-1 报告了主要变量的描述性统计结果。

表 5-1 主要变量的描述性统计

变量	观测值	均值	中位值	标准差	最小值
Outsider	1 484	0.414	0.000	0.493	0.000
Volatility	1 484	0.210	0.194	0.093	0.072
M/B	1 484	2.076	1.672	1.300	0.829
EBIT*	1 484	−0.022	−0.005	0.086	−0.457
Prior negative EBIT	1 484	0.555	1.000	0.497	0.000
Excess Return*	1 419	−0.150	−0.130	0.528	−1.622
Log(TA)	1 484	21.140	21.035	1.021	18.772
Leverage	1 484	0.242	0.233	0.158	0.000
Non Routine Turnover	1 484	0.774	1.000	0.419	0.000
SOE	1 484	0.676	1.000	0.468	0.000
$\Delta EBIT_{-1,1}$	1 484	0.001	−0.001	0.206	−1.717
$\Delta Adj\text{-}EBIT_{-1,1}$	1 484	−0.001	−0.002	0.204	−1.716
$\Delta ROA_{-1,1}$	1 484	0.001	−0.001	0.134	−0.917
$\Delta Adj\text{-}ROA_{-1,1}$	1 484	0.001	−0.003	0.133	−0.914
$\Delta EBIT_{-2,2}$	1 408	0.007	−0.002	0.194	−1.243
$\Delta Adj\text{-}EBIT_{-2,2}$	1 408	0.000	−0.005	0.148	−0.945
$\Delta ROA_{-2,2}$	1 408	0.002	−0.004	0.103	−0.563
$\Delta Adj\text{-}ROA_{-2,2}$	1 408	−0.001	−0.005	0.095	−0.517
$\Delta EBIT_{-3,3}$	1 159	−0.002	−0.002	0.141	−0.879
$\Delta Adj\text{-}EBIT_{-3,3}$	1 159	−0.005	−0.005	0.139	−0.881
$\Delta ROA_{-3,3}$	1 159	−0.003	−0.005	0.091	−0.399
$\Delta Adj\text{-}ROA_{-3,3}$	1 159	−0.004	−0.006	0.088	−0.379

注：EBIT* 表示上期经行业调整的 EBIT，Excess Return* 表示上期经行业调整的 Excess Return。

5.4 实证结果

5.4.1 外部 CEO 选聘的影响因素

首先，我们检验 CEO 外部人继任的影响因素。Logit 回归结果如表 5-2 所示。其中，被解释变量取 1 表示公司聘任外部人继任 CEO，被解释变量取 0 表示公司聘任内部人继任 CEO。如前文分析，解释变量包括股票超额收益率波动性(Volatility)、市账比(M/B)、两个衡量前期公司绩效的指标、公司规模、财务杠杆比率、是否非常规继任和三个公司治理变量。此外，我们还控制了年度虚拟变量和行业虚拟变量。估计系数的 P 值经过了公司层面的聚类调整。Panel A 报告了经行业调整 EBIT 衡量前期公司绩效的回归结果，Panel B 报告了经行业调整超额股票收益率衡量前期公司绩效的回归结果。

表 5-2 外部 CEO 选聘的 Logit 回归结果

Panel A：经行业调整的 EBIT 衡量前期公司绩效

变量	全样本	国有企业	非国有企业
Volatility	1.744**	1.868**	1.676
	(0.035)	(0.047)	(0.293)
M/*B*	0.139***	0.243***	0.034
	(0.009)	(0.002)	(0.723)
Prior Performance	−0.870	−1.920	−0.104
	(0.213)	(0.115)	(0.914)
Log(TA)	0.074	0.138	−0.003
	(0.216)	(0.228)	(0.985)
Leverage	−0.209	−0.407	0.234
	(0.596)	(0.470)	(0.721)
Non Routine Turnover	0.287**	0.217	0.465*
	(0.034)	(0.196)	(0.073)
Shares1	−0.001	−0.002	−0.008
	(0.826)	(0.792)	(0.584)
Shares2	−0.009	−0.012	−0.126
	(0.916)	(0.894)	(0.490)

（续表）

Panel A：经行业调整的 EBIT 衡量前期公司绩效			
变量	全样本	国有企业	非国有企业
Cross-listed	−0.357	−0.416	−0.335
	(0.278)	(0.248)	(0.578)
SOE	0.021		
	(0.861)		
年度	控制	控制	控制
行业	控制	控制	控制
观测值	1 484	1 003	481
Pseudo R^2	0.043	0.052	0.059
Panel B：经行业调整的超额股票收益率衡量前期公司绩效			
变量	全样本	国有企业	非国有企业
Volatility	1.627*	1.904*	1.401
	(0.053)	(0.062)	(0.379)
M/B	0.134**	0.242***	−0.043
	(0.026)	(0.003)	(0.661)
Prior Performance	0.039	−0.120	0.376
	(0.744)	(0.432)	(0.120)
Log(TA)	0.047	0.081	−0.080
	(0.584)	(0.443)	(0.626)
Leverage	−0.099	−0.243	0.612
	(0.794)	(0.628)	(0.341)
Non Routine Turnover	0.295**	0.239	0.423
	(0.033)	(0.140)	(0.110)
Shares1	−0.002	−0.003	−0.010
	(0.769)	(0.714)	(0.520)
Shares2	−0.021	0.007	−0.132
	(0.793)	(0.938)	(0.474)
Cross-listed	−0.275	−0.343	−0.119
	(0.417)	(0.360)	(0.828)
SOE	0.061		
	(0.624)		
年度	控制	控制	控制
行业	控制	控制	控制
观测值	1 419	961	458
Pseudo R^2	0.044	0.055	0.065

注：括号内为 P 值；*、**、*** 分别表示在 10%、5%和 1%的统计水平上显著。

表5-2的Panel A和Panel B中全样本的回归结果表明,公司非系统风险较大、市账比较高、发生强制性CEO变更的公司更可能聘任外部人担任CEO。进一步地,我们基于国有企业和非国有企业子样本分别进行Logit回归。从结果可以看出,对于国有企业而言,非系统风险越大、市账比越高,企业越可能聘任外部人担任CEO;而对于非国有企业,公司特征因素并不影响外部人继任决策(只有Non-Routine Turnover虚拟变量显著为正,这与我们的预期一致,但该变量并不是公司特征因素,而是公司特有事件)。回归结果验证了假设1,即国有企业考虑公司特征因素以决定是否聘任外部人担任CEO,而非国有企业并非如此。

表5-2的实证结果表明,国有企业的非系统风险越高,越可能聘任外部人担任CEO。这个现象有两种解释:(1) 高风险企业倾向于风险较高的决策,如聘任外部人担任CEO;(2) 高风险企业为了避免持续的高风险经营,希望聘任外部人担任CEO以改变经营方式,从而降低企业风险。我们将通过附加检验进一步探究哪种解释更合理。此外,市账比越高的企业越倾向于聘任外部人担任CEO,这与前面的讨论是一致的:随着不断地发展,企业的规模不断扩大,经营管理的复杂性不断增大,内部CEO候选人可能没有足够的管理能力和经验,企业越来越需要聘任外部人担任CEO。因此,市账比较高企业聘任的外部CEO在管理大企业方面可能拥有更丰富的经验。我们会对此观点进行更直接的检验。我们还对表5-2的结果进行以下稳健性检验:扩展研究的时间区间,以CEO变更日前一年的超额收益率衡量Volatility,并以其他流动性折价比率(如50%、30%和0%)计算非流通股市价所得到的M/B代替原模型的M/B,结果与表5-2的基本一致。

我们发现,前期绩效(Prior Performance)不会影响企业聘任CEO的决策,这与我们的预期不符。Warner et al.(1988)和Parrino(1997)发现,业绩不佳的企业通常会发生强制性CEO变更,并聘任外部人担任CEO。因此,出现这一现象可能是因为前期绩效变量与CEO非正常变更(Non-Routine Turnover)虚拟变量相关。但是,业绩不佳的企业也完全可能与强制性CEO变更无关。我们对此进行了直接的回归检验,表5-3报告了Logit回归结果。在Logit模型中,我们将非正常变更(Non-Routine Turnover)变量作为被解释变量,将前期CEO年龄、前期CEO任期(担任CEO的年数)、两个衡量企业前期绩效的变量、三个公司治理变量及年度虚拟变量和行业虚拟变量作为解释变量。该Logit模型与

Kang and Shivadasani(1992)所使用的类似，但没有加入之前发生过CEO变更虚拟变量(如果企业在CEO变更之前三年内更换过一次CEO，则取值1)，因为我们的样本已经剔除在上次CEO变更后一年内发生的CEO变更事件。

表5-3　前期公司绩效与CEO变更

Panel A：经行业调整的EBIT衡量前期公司绩效			
变量	全样本	国有企业	非国有企业
CEO年龄	−0.032***	−0.055***	0.013
	(0.001)	(0.000)	(0.456)
CEO任期	−0.111***	−0.083**	−0.192***
	(0.001)	(0.041)	(0.002)
Prior Performance	−0.485	0.200	−1.103
	(0.506)	(0.853)	(0.319)
SOE	0.047		
	(0.756)		
年度	控制	控制	控制
行业	控制	控制	控制
观测值	1 411	948	463
Pseudo R^2	0.069	0.090	0.092
Panel B：经行业调整的超额股票收益率衡量前期公司绩效			
变量	全样本	国有企业	非国有企业
CEO年龄	−0.030***	−0.055***	0.022
	(0.003)	(0.000)	(0.218)
CEO任期	−0.115***	−0.080*	−0.204***
	(0.001)	(0.053)	(0.002)
Prior Performance	−0.033	−0.018	0.052
	(0.819)	(0.920)	(0.852)
SOE	0.019		
	(0.903)		
年度	控制	控制	控制
行业	控制	控制	控制
观测值	1 350	910	440
Pseudo R^2	0.066	0.090	0.091

注：括号内为 P 值；*、**、*** 分别表示在10%、5%和1%的统计水平上显著。

表5-3的回归结果表明，前期公司绩效并不能预测非常规CEO变更行为。同时，我们发现年轻的、担任CEO任期较短的CEO更容易被强制变更。关于

CEO年龄变量的结果,本研究与Kang and Shivdasani(1995)的发现相反,但与Parrino(1997)的结果是一致的,他们也发现年轻CEO更可能被迫离任。这不难理解,因为相对年长的CEO一般是正常离任的。我们还发现,解释变量是否交叉上市(Cross-listed)的系数显著为正,表明公司治理较好的企业更可能发生强制性CEO变更。在用股票收益衡量前期绩效的非国有企业模型中,出现了一个奇怪的结果:机构投资者更不倾向于强制CEO变更。可能的原因是家族企业的经济波动更依赖于家族成员间稳定的人际关系,而非是否聘任了有能力的家族成员,机构投资者不希望在家族企业中引起或牵涉强制性变更。当然,这只是我们的一个猜想。最重要的是,在用会计收益和股票收益两种不同的业绩衡量指标分别进行回归后,我们发现前期公司绩效并不是影响企业非常规继任的主要因素。

5.4.2 按是否来自同行业区分外部人

Parrino(1997)和Agrawal et al. (2006)指出,来自同行业的外部人和来自其他行业的外部人是不同的。相对于后者,前者更了解受雇企业的经营运作情况。因此,聘任其他行业外部人担任CEO的情况是相对较少的。在我们的样本中,417起国有企业外部聘任事件中只有81起是聘任其他行业外部人,197起非国有企业外部聘任事件中只有51起是从行业外聘任CEO。我们建立Logit回归模型,被解释变量表示以下三种情况之一:内部人继任、行业内外部人继任、行业外外部人继任。所采用解释变量与表5-2相同。回归结果显示,波动性大、市账比高的企业更倾向于聘任外部人(行业内或行业外)担任CEO,并且这种情况(虽然其中的一些结果在统计上并不显著,但这可能是由于只有81起事件组成的样本本身缺乏统计意义)主要出现在国有企业中。在回归结果中,唯一的新发现是:大企业更倾向于聘任行业内外部人担任CEO,小企业则倾向于从行业外聘任CEO。原因可能是大企业比小企业更复杂,相对于小企业,CEO了解受雇企业所在行业的全面状况对大企业来说更重要。但是,由于没有进一步探究该问题,行业外聘事件子样本又缺乏统计意义,受篇幅所限,在此不报告回归结果。

5.4.3 聘任外部人担任CEO的后期公司绩效表现

为了验证国有企业聘任外部CEO的合理性,我们进一步检验基于企业层面特征因素聘任外部人担任 CEO 的国有企业(高波动性、高市账比的企业)的决策能否给企业带来更高的绩效增长。表 5-4 报告了 OLS 回归结果,被解释变量为息税前利润的变化(ΔEBIT),主要的解释变量为两个交互项:一个是波动性和是否聘任外部人的交互项(Volatility×Outsider),另一个是市账比和是否聘任外部人的交互项(*M*/*B*×Outsider)。控制变量包括波动性(Volatility)、市账比(*M*/*B*)和是否聘任外部人的虚拟变量(Outsider),检验它们产生的影响。此外,我们还控制企业规模变量[Log(TA)]和财务杠杆比率(Leverage)。估计系数的 *P* 值经过了公司层面和年度层面的聚类调整。

表 5-4 聘任外部 CEO 与公司绩效

Panel A:被解释变量为 $\Delta EBIT_{-1,1}$			
变量	全样本	国有企业	非国有企业
Volatility×Outsider	0.047	0.130**	−0.146
	(0.318)	(0.013)	(0.381)
M/*B*× Outsider	0.012	0.028***	−0.000
	(0.410)	(0.003)	(0.997)
Outsider	−0.033	−0.079***	0.037
	(0.256)	(0.000)	(0.626)
Volatility	0.069**	0.065*	0.253
	(0.048)	(0.066)	(0.289)
M/*B*	0.012	−0.016***	0.034
	(0.420)	(0.001)	(0.134)
Log(TA)	−0.008	−0.003	−0.017
	(0.195)	(0.516)	(0.364)
Leverage	0.151**	0.103**	0.163
	(0.043)	(0.041)	(0.244)
SOE	0.007		
	(0.713)		
年度	控制	控制	控制
行业	控制	控制	控制
观测值	1 484	1 003	481
Adjusted R^2	0.055	0.078	0.072

（续表）

Panel B：被解释变量为 $\Delta EBIT_{-2,2}$			
变量	全样本	国有企业	非国有企业
Volatility×Outsider	0.315***	0.151***	0.400
	(0.004)	(0.000)	(0.342)
M/B×Outsider	−0.008	0.008*	−0.029
	(0.661)	(0.095)	(0.414)
Outsider	−0.047**	−0.055***	0.004
	(0.044)	(0.000)	(0.944)
Volatility	0.047***	0.039***	0.400**
	(0.004)	(0.002)	(0.045)
M/B	0.020**	−0.009***	0.040**
	(0.019)	(0.005)	(0.044)
Log(TA)	−0.012	−0.005	−0.035
	(0.109)	(0.257)	(0.139)
Leverage	0.199**	0.090*	0.251
	(0.024)	(0.084)	(0.113)
SOE	−0.016		
	(0.359)		
年度	控制	控制	控制
行业	控制	控制	控制
观测值	1 408	955	453
Adjusted R^2	0.090	0.072	0.157

Panel C：被解释变量为 $\Delta EBIT_{-3,3}$			
变量	全样本	国有企业	非国有企业
Volatility×Outsider	0.146**	0.132*	−0.008
	(0.011)	(0.053)	(0.976)
M/B×Outsider	−0.002	−0.002	0.002
	(0.840)	(0.806)	(0.864)
Outsider	−0.024*	−0.027**	0.020
	(0.086)	(0.043)	(0.656)
Volatility	0.051**	0.035**	0.405***
	(0.012)	(0.036)	(0.001)
M/B	0.013	−0.005	0.023
	(0.244)	(0.310)	(0.171)
Log(TA)	−0.011**	−0.006	−0.027*
	(0.020)	(0.267)	(0.064)

（续表）

变量	全样本	国有企业	非国有企业
Leverage	0.078 (0.177)	0.019 (0.543)	0.057 (0.608)
SOE	−0.008 (0.486)		
年度	控制	控制	控制
行业	控制	控制	控制
观测值	1 159	791	368
Adjusted R^2	0.083	0.075	0.154

注：括号内为 P 值；*、**、*** 分别表示在 10%、5%和 1%的统计水平上显著。

在表 5-4 中，Panel A（绩效变化按照从第－1 年到第 1 年的变化计算）的全样本结果表明，企业风险（包括波动性和财务杠杆）与公司绩效变化正相关。这个结果容易理解，因为高风险会产生高收益。在分别对国有企业和非国有企业子样本回归后，我们发现国有企业的很多公司特征因素与公司绩效变化相关。例如，高市账比国有企业的绩效在聘任外部人担任 CEO 后下降了。同时，与全样本结果一致，高风险（高波动性和高杠杆）国有企业的绩效在聘任外部人担任 CEO 后上升了。最重要的是，因高风险（Volatility）和高增长（M/B）而聘请外部人担任 CEO 的国有企业，后期会有更高的绩效增长（两个交互项系数均为正且统计显著）。是否聘任外部人变量（Outsider）的系数显著为负，说明被聘任的外部人本身并不对公司绩效产生正向影响。只有当国有企业出于公司特征因素聘任外部 CEO 时，公司绩效才得以改善，这与假设 2 是一致的。对于非国有企业，相关变量与公司绩效变化没有显著关系。Panel B（绩效变化用第－2、－1 年的平均 EBIT 到第 1、2 年的平均 EBIT 的变化衡量）和 Panel C（绩效变化用第－3、－2、－1 年的平均 EBIT 到第 1、2、3 年的平均 EBIT 变化衡量）的结果与 Panel A 类似。当然，对于国有企业子样本而言，Panel C 中 M/B 和 Outsider 的交互项（M/B×Outsider）不再显著，这可能是由于我们用更长的时间区间衡量绩效变化，导致 1/4 的观测值丢失所致。

表 5-5 报告了用其他绩效指标衡量公司绩效变化的 OLS 回归结果。为了节省篇幅，我们只报告了交互项的结果。被解释变量为不同的公司绩效变化衡量方式，具体包括经行业调整的 EBIT 变化量（ΔAdj-EBIT）、ROA 变化量（ΔROA）和经行业调整的 ROA 变化量（ΔAdj-ROA）。总体来说，表 5-5 结果与

表 5-4 相似。也就是说，基于公司特征因素聘任外部人担任 CEO 的国有企业（高风险、高增长企业）随后会有更大的绩效增长，这与假设 2 一致。

表 5-5　其他变量衡量公司绩效

Panel A：被解释变量为 ΔAdj-EBIT			
变量	全样本	国有企业	非国有企业
		ΔAdj-EBIT$_{-1,1}$	
Volatility×Outsider	0.036	0.128**	−0.150
	(0.429)	(0.014)	(0.299)
M/*B*×Outsider	0.011	0.028***	−0.002
	(0.431)	(0.006)	(0.948)
		ΔAdj-EBIT$_{-2,2}$	
Volatility×Outsider	0.240***	0.162***	0.220
	(0.001)	(0.000)	(0.435)
M/*B*×Outsider	−0.001	0.008	0.011
	(0.902)	(0.105)	(0.607)
		ΔAdj-EBIT$_{-3,3}$	
Volatility×Outsider	0.145**	0.131*	0.004
	(0.011)	(0.066)	(0.988)
M/*B*×Outsider	−0.001	0.000	0.002
	(0.917)	(0.985)	(0.877)
Panel B：被解释变量为 ΔROA			
变量	全样本	国有企业	非国有企业
		ΔROA$_{-1,1}$	
Volatility×Outsider	0.075**	0.114***	−0.044
	(0.031)	(0.003)	(0.753)
M/*B*×Outsider	0.014*	0.018**	0.012
	(0.050)	(0.015)	(0.351)
		ΔROA$_{-2,2}$	
Volatility×Outsider	0.196***	0.134***	0.145
	(0.000)	(0.000)	(0.430)
M/*B*×Outsider	0.003	0.004	0.002
	(0.597)	(0.398)	(0.811)
		ΔROA$_{-3,3}$	
Volatility×Outsider	0.138***	0.131***	0.015
	(0.000)	(0.000)	(0.928)
M/*B*×Outsider	0.005	0.001	0.010
	(0.324)	(0.796)	(0.181)

（续表）

Panel C：被解释变量为 ΔAdj-ROA			
变量	全样本	国有企业	非国有企业
		ΔAdj-ROA$_{-1,1}$	
Volatility×Outsider	0.068*	0.111***	−0.044
	(0.054)	(0.003)	(0.732)
M/*B*×Outsider	0.013*	0.018**	0.010
	(0.075)	(0.025)	(0.421)
		ΔAdj-ROA$_{-2,2}$	
Volatility×Outsider	0.175***	0.135***	0.121
	(0.000)	(0.000)	(0.406)
M/*B*×Outsider	0.003	0.004	0.004
	(0.538)	(0.480)	(0.683)
		ΔAdj-ROA$_{-3,3}$	
Volatility×Outsider	0.139***	0.132***	0.027
	(0.000)	(0.000)	(0.868)
M/*B*×Outsider	0.005	0.003	0.010
	(0.285)	(0.624)	(0.196)

注：括号内为 *P* 值；*、**、*** 分别表示在10%、5%和1%的统计水平上显著。

在稳健性检验部分，我们拓展了研究的时间区间(即 CEO 变更事件前一年)衡量波动性(Volatility)，结果与表 5-4、表 5-5 报告的并无显著差别。我们还采用其他的 *M*/*B* 量值(50%、30%和 0%的流动性折价)衡量非流通股的市场价值，得到的结果与表 5-4 和表 5-5 依然相似。最后，我们还用第－1 年到第 2 年和第－1 年到第 3 年的时间区间衡量公司绩效变化，再次得到与表 5-4、表 5-5 类似的结果。

5.4.4 外部人的特殊经验

外部人通过什么特殊经验使得高波动性、高市账比的国有企业得以改善公司绩效呢？如前文所述，高市账比企业(成长型企业)可能会聘任熟悉大企业运营的外部人担任 CEO。因此，高市账比的国有企业更可能聘请曾在规模更大企业任职的外部人担任 CEO。同时，高波动性的企业也可能通过聘任曾在大企业任职的外部人而受益，因为大企业的风险通常低于小企业。为了直接检验这些观点，我们再次用国有企业样本进行了表 5-2 的 Logit 回归，但被解释变量更换为外部CEO是否来自大企业。如果国有企业聘请了曾在更大规模(基于总资产或总销售额)企业任职的外部人,那么取值为1;否则,取值为0。在417个聘任外部人担任CEO的国有企业中,277位外部人曾经在规模更大的企业任职。

表5-6为Logit回归结果,分别报告了前期公司绩效用经行业调整EBIT和经行业调整超额股票收益率衡量的回归结果。表5-6表明,高波动性和高市账比的国有企业更倾向于聘任曾在更大企业任职的外部人。有关市账比的结果与我们的预期一致:高市账比企业不得不聘任有大企业工作经验的外部人,因为高市账比企业在不断发展壮大。事实上,从企业规模的结果来看,正是样本中的大企业聘任了这些有经验的外部人。有关波动性的结果也是容易理解的。如前文

表5-6 聘任外部CEO:大企业样本A

变量	经行业调整EBIT	经行业调整超额股票收益率
Volatility	2.054*	1.961*
	(0.064)	(0.077)
M/B	0.197**	0.218***
	(0.025)	(0.018)
Prior Performance	−0.737	−0.130
	(0.531)	(0.437)
Log(TA)	0.219**	0.199*
	0.039	(0.069)
Leverage	−0.129	−0.140
	(0.812)	(0.787)
Non Routine Turnover	0.279	0.257
	(0.103)	(0.140)
Shares1	−0.002	−0.002
	(0.824)	(0.818)
Shares2	0.082	0.083
	(0.370)	(0.370)
Cross-listed	−0.099	−0.111
	(0.795)	(0.789)
年度	控制	控制
行业	控制	控制
观测值	1003	961
Pseudo R^2	0.042	0.044

注:括号内为P值;*、**、***分别表示在10%、5%和1%的统计水平上显著。

所述,高波动性企业可能希望聘任拥有大企业工作经验的外部人,因为大企业的风险一般较小。

为了进一步检验是否有大企业工作经验的外部 CEO 导致聘任他们的国有企业绩效得以改善,我们重新进行了表 5-4 和表 5-5 的 OLS 回归。但是,这里不是将非系统风险和市账比与是否聘任外部人(Outsider)建立交互项,而是将其与是否聘任来自大企业的外部人(Out-sider Big)建立交互项,研究样本依然为国有企业。为节省篇幅,表 5-7 只报告交互项的 OLS 回归结果。表 5-7 的结果与表 5-4 和表 5-5 国有企业样本的回归结果相似。我们可以发现,每个交互项的系数均为正,且很多系数是统计显著的。这些结果充分表明,相比聘任内部人或其他无大企业工作经验的外部人,高波动性、高市账比企业聘任曾在大企业任职的外部人担任 CEO,随后会使公司绩效得到更大的改善。这意味着企业出于公司特征因素,从外部聘任满足相应的公司特有需求的 CEO 将受益更多。

表 5-7 聘任外部 CEO:大企业样本 B

Panel A: 被解释变量 ΔEBIT			
变量	$\Delta EBIT_{-1,1}$	$\Delta EBIT_{-2,2}$	$\Delta EBIT_{-3,3}$
Volatility×Frombigger	0.102	0.103	0.078
	(0.112)	(0.118)	(0.184)
M/*B*×Frombigger	0.020***	0.006	0.020
	(0.005)	(0.274)	(0.181)
Panel B: 被解释变量 ΔAdj-EBIT			
变量	$\Delta Adj\text{-}EBIT_{-1,1}$	$\Delta Adj\text{-}EBIT_{-2,2}$	$\Delta Adj\text{-}EBIT_{-3,3}$
Volatility×Frombigger	0.103	0.127**	0.077
	(0.119)	(0.040)	(0.215)
M/*B*×Frombigger	0.021**	0.006	0.021
	(0.027)	(0.273)	(0.142)
Panel C: 被解释变量 ΔROA			
变量	$\Delta ROA_{-1,1}$	$\Delta ROA_{-2,2}$	$\Delta ROA_{-3,3}$
Volatility×Frombigger	0.104**	0.117**	0.122***
	(0.027)	(0.031)	(0.000)
M/*B*×Frombigger	0.011**	0.002	0.009
	(0.048)	(0.747)	(0.302)

(续表)

Panel D: ΔAdj-ROA			
变量	ΔAdj-ROA$_{-1,1}$	ΔAdj-ROA$_{-2,2}$	ΔAdj-ROA$_{-3,3}$
Volatility×Frombigger	0.100**	0.123**	0.122***
	(0.033)	(0.026)	(0.001)
M/B×Frombigger	0.011*	0.001	0.010
	(0.056)	(0.809)	(0.235)

注:括号内为 P 值;*、**、*** 分别表示在10%、5%和1%的统计水平上显著。

5.4.5 为什么高风险企业聘任外部人担任CEO

如前文所述,高风险国有企业聘任外部人担任CEO有两种可能的解释。第一,高风险企业可能做出高风险的CEO选聘决策,如聘任外部人;第二,高风险企业可能不希望维持高风险状态,因而聘任外部人以改变企业发展战略、降低风险。在前一部分,我们发现高波动性的国有企业更可能聘任曾在大企业任职的外部人,这个证据与第二种解释一致,即高风险企业聘任外部人以减小风险。但是,第二种解释可以通过以下方法获得更直接的验证。首先,将高波动性企业定义为波动性高于中位数的企业。对于聘任外部人的高波动性国有企业,观察其在聘任前后的波动性变化。与前文一致,聘任前的波动性是CEO变更事件之前6个月的日超额收益的标准差,聘任后的波动性是CEO变更事件之后6个月的日超额收益的标准差。当然,由于均值回归效应,高波动性国有企业后期的波动性将减弱。因此,我们也检验所有其他聘任新CEO的高波动性企业在聘任前后波动性的变化,以此作为基准组。如果前一组波动性的降低程度大于基准组,那么就支持了第二种解释,即高波动性企业聘任外部人担任CEO是为了改变企业发展战略、降低企业风险。

表5-8的回归结果表明,在聘任CEO之前,两组高波动性企业(一组为聘任外部人CEO的高波动性国有企业,一组为所有其他高波动性企业)的平均波动性是相同的。在CEO继任后,波动性减弱,这可能部分归因于波动性的均值回归效应。但是,聘任外部人CEO的国有企业相比其他企业,波动性下降更多,而且波动性降低程度的差异是统计上显著的。这在一定程度上验证了第二种解释。

表 5-8 聘任外部 CEO 与企业风险变化

公司类目	观测值	聘任前风险均值	聘任后风险均值	差值
聘任外部人担任 CEO 的高风险国有企业	196	0.301	0.265	−0.036**
其他类型高风险企业	540	0.293	0.281	−0.012**
差值		−0.008	0.016**	

注：*、**、*** 分别表示在 10%、5%和 1%的统计水平上显著。

5.5 结 语

已有文献很少研究企业聘任外部人担任 CEO 的决策及其影响因素，部分原因是外部人继任比较少见（尤其是在美国）；然而，中国企业聘任外部人担任 CEO 的情况相对较多。有鉴于此，本研究聚焦于中国企业的 CEO 继任，并将样本分为国有企业和非国有企业进行了较为深入的探索。

众所周知，聘任外部人担任 CEO 的风险非常高，因为相对于内部人，外部人对企业情况知之甚少。因此，我们认为企业可能出于公司特征因素聘任外部人为 CEO。但是，这个假设或许并不适用于非国有企业。非国有企业多为家族企业，更倾向于聘任家族成员、家族朋友或者与家族有联系的其他人作为 CEO，而不会考虑公司特征因素。本研究通过实证分析证明了这些观点。具体而言，高风险（超额收益率波动较大）、高增长（市账比较高）的国有企业更愿意聘任外部人担任 CEO。对于非国有企业而言，公司特征因素不能影响其 CEO 聘任决策。进一步的回归分析为那些出于公司特征因素聘任外部人担任 CEO 的国有企业随后公司绩效的提高提供了支持证据，从而在一定程度上证明了基于公司特征因素而聘任外部人为 CEO 的决策是合理的。进一步的研究发现，那些聘任外部人担任 CEO 的高风险国有企业，其风险在 CEO 继任后显著降低，这意味着高风险国有企业聘任外部人是为了改变企业发展战略、降低风险。这个结果再次证明，企业出于公司特征因素做出 CEO 选聘决策是合理的。总体来说，由于两个假设和相关支持证据只适用于国有企业，而不适用于非国有企业，我们的研究从一个崭新的视角揭示了中国两类企业的本质区别。

公司治理篇

第6章 大股东退出威胁与控股股东私利行为

6.1 问题的提出

大股东如何发挥治理作用一直是学术界研究的重点。传统理论认为,大股东对经理人的监督是其发挥治理作用的主要机制。与小股东相比,由于持有较高比例的股权,大股东不具有在监督经理人上的"搭便车"问题(Grossman and Hart,1980)。通过向管理层提交提案(Nesbitt,1994;Smith,1996;Huson,1997;Opler and Sokobin,1995;Wahal,1996;Gillan and Starks,2000)、与管理层协商谈判(Shleifer and Vishny,1986;McCahery et al.,2011)、向媒体披露不利于管理层的信息(McCahery et al.,2011)、更换管理层(Fama,1980;Jensen and Ruback,1983)等方式,大股东可以有效地发挥公司治理作用,减少股东与经理人之间的代理成本——第一类代理问题(Grossman and Hart,1988)。

大股东不仅可以采用以上方式发挥公司治理作用,还可以以退出威胁约束经理人的自利行为(Admati and Pfleiderer,2009;Edmans,2009;Edmans and Manso,2011)。由于大股东对企业经营和财务状况拥有私有信息,如果经理人施行有损企业价值的行为,他们就可以选择"用脚投票",卖出公司股票。而作为知情交易者,大股东的退出行为会向市场传递不利信号,进而对股票价格产生负面影响,从而直接损害持有较多公司股票管理层的利益,甚至招致敌意并购行为的发生。因此,大股东这种潜在的退出威胁能够约束经理人的机会主义行为。Bharath et al.(2013)和 Edmans et al.(2013)为以上观点提供了有力的证据支持。

然而,不同于美国等西方发达资本市场国家,中国等新兴资本市场的公司股权结构表现出高度集中且"一股独大"的特点。控股股东控制董事会,派出自己的直接代表,或者亲自担任公司董事长或首席执行官,从而掌握了公司资源的支配权。控股股东可以采用资金占用(李增泉等,2004;姜国华和岳衡,2005;Jiang et al.,2010)、关联交易(余明桂和夏新平,2004;陈晓和王琨,2005;洪剑峭和薛皓,2009;魏明海等,2013;侯青川等,2014)、盈余管理(Leuz et al.,2003;Liu and Lu,2007;Aharony et al.,2010)等手段,侵害中小股东利益。因此,在新兴资本市场国家,公司主要的代理问题更多地表现为控股股东与其他股东之间的利益冲突——第二类代理问题(La Porta et al.,1998)。

既然在西方发达资本市场国家,大股东退出威胁具有公司治理效应、可以降低经理人的代理问题,那么在第二类代理问题严重的新兴资本市场国家(La Porta et al.,1998),在法律对投资者的保护不够、其他大股东难以对控股股东产生制衡作用的情形下[①],拥有公司私有信息的大股东能否通过退出威胁对控股股东的私利行为产生影响呢?对此问题,已有文献并没有涉及。

我们认为,作为一项有效的治理机制,大股东的退出威胁能够抑制控股股东的私利行为。由于大股东往往通过向公司派出董事或高管的方式参与公司治理和日常管理,他们对企业运营和财务状况拥有私有信息,因此如果不能从公司内部的相关治理机制(如股东大会、董事会)——“用手投票”的方式约束控股股东的私利行为,他们就可以选择“用脚投票”卖出公司股票。无疑,作为知情交易者(大股东)的退出行为会向市场传递不利信号,从而对公司股票价格产生负面影响。在集中的股权结构下,尽管股价的下跌难以导致控制权转移(Jiang and Kim,2015),但是将直接损害持有较多公司股票的控股股东的利益。受此威胁,控股股东在事前具有较强的动机减少私利行为。

由于持股比例较高的控股股东的财富更加集中,难以有效地分散公司特有风险(Fama and Jensen,1983),因此一旦拥有私有信息的其他大股东退出,股票价格的下降就会更大地损害持股较多的控股股东的利益。与此同时,在控股股东持股既定的情形下,其他大股东相对于控股股东的持股越少,其对控股股东行为的影响越弱,从而影响他们参与公司治理的动机。但是,较低的持股比例却为

---

① 由于上市公司的股权结构高度集中,控股股东始终控制着公司董事会(支晓强和童盼,2005),公司的决策程序和内部控制机制往往流于形式(朱红军和汪辉,2004;王彦明和贾翱,2010)。一些学者发现,股权制衡不仅没有减少控股股东的私利行为(高雷等,2006),反而可能造成多个大股东之间的权力斗争(朱红军和汪辉,2004)。

大股东的退出提供了便利，反而增强了其他大股东退出的可信性。① 我们认为，其他大股东退出威胁会在其退出对控股股东财富的影响越大（控股股东持股比例更高）、退出越可信（持股比例相对于控股股东更少）时产生越强的效应。

较强的外部法律保护与外部审计能够提高控股股东侵占上市公司利益行为被发现和被起诉的概率，进而约束控股股东的私利行为（La Porta et al.，1998，2000；Fan and Wong，2005）。因此，如果法律对投资者权益保护得较好，或者存在较好的其他公司外部治理机制（如高质量外部审计），控股股东的私利行为可能并不严重。在此情形下，其他大股东的退出威胁可能产生的公司治理效应将非常有限。Admati and Pfleiderer（2009）指出，在代理人越有可能侵害公司利益时，大股东的退出威胁效应越强。由此可以推断，在面临较低程度的外部监督使得控股股东越有可能侵害公司利益的时候，其他大股东的退出威胁对控股股东私利行为的抑制作用越大。

尽管中国等新兴资本市场国家的第二类代理问题比较突出，但是第一类代理问题也是普遍存在的。例如，相关研究表明，管理者权力使得中国上市公司经理薪酬存在黏性特征（方军雄，2009）；权力强大的管理者可以自己设计激励组合，在获取权力收益的同时实现高货币性补偿（吕长江和赵宇恒，2008）；等等。对此，我们感兴趣的问题是，大股东的退出威胁在抑制控股股东私利的同时，能否导致控股股东转而追求共有收益、努力改善公司治理，从而降低第一类代理问题呢？对此，在拓展性检验部分，我们考察大股东的退出威胁对经理薪酬—业绩敏感性的影响。

我们认为，中国上市公司特殊的股权结构以及发生在 2005—2007 年的股权分置改革，为检验以上问题提供了很好的自然场景。根据我们的统计结果，在中国，近 1/3 的上市公司除控股股东之外，还至少存在一个力量较强的大股东（持股比例在 10%以上）。这些持股较多的大股东为了维护自身利益，有动机和能力搜集关于公司日常运营状况的私有信息；而且由于持股较多，他们在董事会及公司管理层中往往拥有自己的代表，便于了解公司的相关情况。同时，股权分置改革使得控股股东和其他大股东所持有的股份由原来的非流通股变为流通股，一方面使得控股股东财富与股票价格密切相关，另一方面为其他大股东的退出

① 由于卖出大量股票必将对股价产生较大的负面影响，因此大股东持股越多，其退出的难度越大。

提供了可能。[①]

基于以上分析，我们利用 2000—2011 年 A 股上市公司数据，并根据上市公司年度报告所明确披露的信息，对属于一致行动人的大股东进行合并整理，较好地区分了控股大股东和非控股大股东。在此基础上，我们根据每家公司的股权分置改革年度定义其股权分置改革的完成时点，研究其他大股东的退出威胁对控股股东私利行为的影响。实证检验结果表明，大股东退出威胁显著减少了控股股东的私利行为，并提升了公司业绩。[②] 我们还发现，当其他大股东退出对控股股东财富的影响越大、退出越可信以及处于对控股股东外部约束越差的环境(法律保护较差地区和非国际"四大"审计的公司)时，大股东的退出威胁越有效。进一步检验的结果表明，大股东的退出还增强了经理人的薪酬—业绩敏感性，缓解了股东与经理人的利益冲突。

本研究的主要贡献体现在以下几方面：第一，从一个新的视角，为大股东的退出威胁作为一种公司治理机制提供了来自新兴资本市场国家的经验证据，进一步丰富和发展了大股东治理领域的文献。Admati and Pfleiderer(2009)、Edmans(2009)和 Edmans and Manso(2011)认为，大股东可以通过退出威胁约束经理人，降低股东与经理人之间的代理冲突。这一观点得到 Bharath et al. (2013)和 Edmans et al. (2013)的实证支持。与以上研究不同，我们基于新兴资本市场国家的特殊公司治理问题，使用中国数据所进行的研究表明，非控股大股东的退出威胁作为一种有效的公司治理机制，能够约束控股股东的利益侵占行为，从而缓解控股股东与其他股东之间的利益冲突问题。

第二，丰富了股票流动性的公司治理效应这一领域的文献。Coffee(1991)、Bhide(1993)和 Aghion et al. (2004)认为，较高的流动性会降低股东的监督意愿，因为当大股东不满意经理人的行为时，较高的流动性会降低退出成本，使其更加倾向于"用脚投票"而非积极监督，进而削弱了大股东的监督作用。然而，从

---

① 理论上，在股权分置改革之前，尽管非流通股大股东可以通过协议转让的方式退出，但是由于没有正式的交易市场，一方面难以找到合适的买家，另一方面价格形成存在一定的难度，往往由交易双方根据流通股价格打一定的折扣，或者根据净资产确定一个双方可以接受的价格。这些都会影响非流通股股东的退出。

② 本研究的核心问题是控股股东的私利行为，之所以同时关注企业绩效是因为控股股东的私利行为往往难以观察、界定和衡量，而绩效视角的研究可以与私利行为的检验结果相互对照，从而在一定程度上保证对控股股东私利行为指标界定和衡量的合理性与准确性。

另一方面讲,流动性有利于大股东的退出,而大股东的退出行为会迫使经理人努力工作并减少机会主义行为,因而流动性有利于大股东发挥公司治理作用(Admati and Pfleiderer,2009;Edmans,2009;Edmans and Manso,2011)。而本研究表明,在股权分置改革为公司股票增强流动性之后,非控股大股东的退出威胁减少了控股股东的利益侵占行为,并提升了公司绩效。因此,我们的研究结论对于更好地理解股票流动性如何影响公司治理具有较好的启示意义。

第三,补充了股权制衡领域的研究。国外关于股权制衡的研究发现,多个大股东的存在能够降低代理成本,提升公司价值,肯定其在公司治理中的积极作用(Lehman and Weigand,2000;Volpin,2002;Maury and Pajuste,2005;Laeven and Levine,2008;Attig et al.,2008;Attig et al.,2009)。然而,西方文献在讨论代理问题时,更多地关注经理人的代理问题。与此同时,尽管许多学者基于中国上市公司数据研究了股权制衡对控股股东私利行为(如李增泉等,2004;高雷等,2006)和公司绩效(如白重恩等,2005;徐莉萍等,2006;陈德萍和陈永圣,2011)的影响,但是这些研究更多的是从大股东积极参与公司治理而不是从退出威胁这一视角进行的。本研究发现,其他大股东可通过退出威胁约束控股股东的机会主义行为,进而提升公司经营业绩,从而有助于理解股权制衡在公司治理中的积极作用。

本章后文的结构安排如下:第 2 节介绍研究设计;第 3 节实证检验其他大股东退出威胁对控股股东私利行为的影响,同时进行一些拓展性分析;第 4 节进一步检验大股东退出威胁对第一类代理问题的影响;第 5 节进行稳健性检验;第 6 节为结语。

6.2　研究设计

6.2.1　数据来源与样本选择

初始研究样本为中国 2000—2011 年的全部 A 股上市公司,数据选自 CSMAR 数据库。由于中国一定比例上市公司的股东采取产权关联、亲缘关联、任职关联或签署“一致行动人协议”等形式作为一致行动人共同持股,在行使表决权时会采取相同行动以维护自身的权益(魏明海等,2013),因此我们手工整理了上市公司的股权情况，将股东为一致行动人的确认为一个股东，合并其持股数量。

按照已有研究惯例和本研究的特点，我们按以下标准对样本进行筛选：(1) 剔除金融行业的样本；(2) 剔除第一大股东持股比例低于10%(公司不存在本研究所界定的控股股东和任何大股东)的样本；(3) 剔除相关数据缺失的样本；(4) 为了消除极端值的影响，对所有的连续变量进行1%和99%的缩尾处理。最后，我们共得到15 774个观测值。

6.2.2 大股东的界定

由于研究目的和制度背景的不同，已有文献在大股东的界定上存在一定差异。例如，Maury and Pajuste(2005)、Laeven and Levine(2008)、Attig et al. (2008)和Attig et al. (2009)等将大股东界定为持有公司股份超过10%的股东；而Bharath et al. (2013)和Edmans et al. (2013)则沿用《1934年证券交易法案》(Securities Exchange Act of 1934)的定义，将持股超过5%的股东视为大股东。如前文所述，大股东退出威胁所产生的公司治理效应的基本逻辑是：大股东对公司状况拥有私有信息，其退出将对股票价格产生不利影响。从中国的情况来看，自2004年修订的《公司法》开始，单独持有或者合计持有10%以上公司股份的股东有权向董事会请求召开临时股东大会；同时，在持有公司股份超过10%的情形下，该股东基本上可以向上市公司派出至少一名董事，或者要求向上市公司派出高管，参与公司决策和经营管理。因此，本文将持股比例超过10%的股东界定为大股东。当然，尽管持有5%股份的股东可能不足以向上市公司派出董事或高管参与公司决策和日常经营管理，但是由于持股比例较高，他们有足够的动机搜集公司经营和财务状况的相关信息。因此，他们的退出仍旧具有信息含量，从而产生公司治理效应。基于此，在稳健性检验部分，我们将持股比例大于5%的股东也界定为大股东，进行相应的检验。

6.2.3 控股股东私利行为的度量

控股股东的私利行为往往难以观察、界定和度量。从已有文献看，早期文献大多采用间接方法进行度量，如通过企业集团内部的并购行为(Bae et al.,2002)

和定向增发(Baek et al.,2006)的市场反应、集团企业成员之间利润的敏感性(Bertrand et al.,2002)等,检验控股股东在集团内部是否存在利益输送现象。近年来,越来越多的文献使用控股股东对上市公司的资金占用(李增泉等,2004;姜国华和岳衡,2005;Jiang et al.,2010)、上市公司与控股股东之间的关联交易(余明桂和夏新平,2004;陈晓和王琨,2005;洪剑峭和薛皓,2009;魏明海等,2013;侯青川等,2014)等指标,直接度量控股股东的私利行为。众所周知,自2003 年开始,中国证监会加强了对控股股东占款行为的监管[①],控股股东难以继续以此方式获取私有收益,直接的资金占用已不再适合用于度量大股东私利行为(Jiang et al.,2015)。因此,本研究利用上市公司与控股股东及其关联方进行的关联交易度量控股股东的私利行为。

6.2.4　实证模型与变量定义

为了有效识别大股东退出威胁所产生的公司治理效应,我们将全部样本区分为单一大股东(公司仅有一个控股股东)公司样本和多个大股东(除控股股东之外,至少存在一个其他大股东)公司样本,检验在股权分置改革之后单一大股东公司和多个大股东公司中控股股东私利行为减少的差异。具体而言,如果在股权分置改革为大股东退出提供了可能性之后,相对于单一大股东公司,多个大股东公司控股股东的私利行为减少得更多,则表明大股东的退出威胁能够抑制控股股东的私利行为。具体的实证模型为:

$$\begin{aligned}\text{Tunnel}_{i,t} = {} & \beta_0 + \beta_1 \times \text{Multi}_{i,t} + \beta_2 \times \text{Exit}_{i,t} \times \text{Multi}_{i,t} + \\ & \beta_3 \times \text{Exit}_{i,t} + \gamma \times \text{Control} + \varepsilon_{i,t}\end{aligned} \tag{6-1}$$

其中,Tunnel 代表控股股东私利行为。我们从两方面进行衡量:所有关联交易合计与总资产的比值 Rpta(经行业调整后)[②]和剔除可能存在一定噪声交易类别

① 中国证监会分别于 2003 年、2005 年和 2006 年发布了《关于规范上市公司与关联方资金往来及上市公司对外担保若干问题的通知》《关于提高上市公司质量意见的通知》《关于进一步加快推进清欠工作的通知》等文件,要求清理控股股东对上市公司的占款,使得不少上市公司披露的占款金额为 0,甚至有些公司为负值。

② 邹雄(2005)发现,关联交易具有行业特征,一些行业(如采掘业、建筑业、制造业)的关联交易显著高于其他行业。基于此,我们在衡量关联交易时进行了行业调整。

之后的关联交易之和与总资产的比值 Rptb(经行业调整后)[①]。Multi 为公司是否存在多个大股东哑变量,公司除控股股东之外至少存在一个持股比例在 10%以上的大股东,则取值为 1;否则取值为 0。我们以上市公司是否完成股权分置改革衡量退出威胁 Exit,若上市公司完成股权分置改革,则此后年度取值为 1;否则取值为 0。退出威胁与公司是否存在多个大股东的交互项 Exit×Multi 为检验的关键变量,当其系数显著为负时,说明在股权分置改革之后,多个大股东公司控股股东的私利行为减少得更多,即大股东通过退出威胁减少了控股股东的私利行为。

借鉴 Maury and Pajuste(2005)、叶康涛等(2007)和 Bharath et al.(2013)等相关研究,我们控制了控股股东持股比例 Top1、独立董事规模 Indepen[②]、公司规模 Size、有息负债率 Lev、经理薪酬 Comp_ceo、所有权性质 Soe 和托宾 Q 等变量(见表 6-1)。我们还控制了行业效应和年度效应。需要说明的是,为了保证结论的稳健性,我们借鉴 Petersen(2009)的方法,对所涉及回归模型的标准误差均进行公司层面的聚类调整。

表 6-1 变量定义

变量名称	变量含义	计算方法
Roa	总资产收益率	净利润/总资产(经行业调整后)
Rpta	关联交易	所有关联交易合计/总资产(经行业调整后)
Rptb	关联交易	剔除可能存在一定噪声的交易类别之后的关联交易之和/总资产(经行业调整后)
Multi	是否存在多个大股东哑变量	若公司除控股股东之外至少存在一个持股比例在10%以上的大股东,则取值为 1;否则,取值为 0
Exit	退出威胁	若完成股权分置改革,则以后年度取值为 1;否则,取值为 0
Indepen	独立董事规模	董事会中独立董事的人数
Top1	控股股东持股比例	合并一致行动人的控股股东持股比例

① 根据 CSMAR 数据库的分类,我们剔除了“17=合作项目”“18=许可协议”“19=研究与开发成果”“20=关键管理人员报酬”“21=其他事项”等可能并非以获取私利为目的而发生的关联交易。

② Jiang and Kim(2015)研究发现,中国上市公司董事会中独立董事的比例集中于 1/3,并且不同年度和不同公司之间的差异很小,说明中国上市公司独立董事比例可能仅仅是为了满足证监会的要求。因此,我们使用独立董事人数作为董事会独立性的代理变量。在稳健性检验部分,我们还使用独立董事比例作为董事会独立性的代理变量,重新进行了检验。

（续表）

变量名称	变量含义	计算方法
Size	公司规模	总资产的自然对数
Lev	有息负债率	有息负债总额/总资产，有息负债＝短期贷款＋应付票据＋一年内到期的非流动负债＋应付短期债券＋长期借款＋应付债券
Comp_ceo	经理薪酬	薪酬最高的前三位高级管理人员平均薪酬的自然对数
Soe	所有权性质	若控股股东为国有企业，则取值为 1；否则，取值为 0
Q	托宾 *Q*	（年末流通市值＋非流通股份占净资产的金额＋长期负债合计＋短期负债合计）/总资产

尽管关联交易被认为是控股股东侵占中小股东利益的主要手段，但是也有学者认为关联交易对公司是有利的。例如，控股股东能够通过企业集团内部关联交易降低交易成本，提升成员公司价值（Khanna and Palepu，1997），甚至控股股东可以通过关联交易支持上市公司（Jian and Wong，2010）。因此，为了表明控股股东进行关联交易更可能是为了获取控制权私有收益，在一定程度上保证对控股股东私利行为指标界定和衡量的合理性与准确性，我们同时检验大股东退出威胁对公司绩效的影响。检验模型为：

$$\text{Roa}_{i,t}=\beta_0+\beta_1\times \text{Multi}_{i,t}+\beta_2\times \text{Exit}_{i,t}\times \text{Multi}_{i,t}+\beta_3\times \text{Exit}_{i,t}+\gamma\times \text{Control}+\varepsilon_{i,t} \tag{6-2}$$

其中，Roa 为经行业调整后的总资产收益率，其他变量同模型(6-1)。交互项 Exit×Multi 为检验的关键变量，当其系数显著为正时，说明在股权分置改革之后，大股东退出威胁能够改善公司绩效。

6.2.5　描述性统计

首先，我们按照公司大股东个数将全部样本分为单一大股东公司样本和多个大股东公司样本并区分股权分置改革前与股权分置改革后，就我们关心的主要变量进行对比分析，结果如表 6-2 所示。

表 6-2　股权分置改革前与股权分置改革后不同股权结构下的控股股东私利行为和公司绩效

项目		股权分置改革前			股权分置改革后			均值差异
		观测值	均值	标准差	观测值	均值	标准差	股改后—股改前
单一大股东	Rpta	5 006	0.157	0.499	6 316	0.165	0.531	0.008
	Rptb	5 006	0.153	0.484	6 316	0.161	0.518	0.008
	Roa	5 006	−0.011	0.081	6 316	−0.002	0.068	0.009***
多个大股东	Rpta	2 533	0.124	0.473	1 919	0.084	0.457	−0.041***
	Rptb	2 533	0.122	0.464	1 919	0.080	0.441	−0.042***
	Roa	2 533	−0.022	0.099	1 919	0.004	0.069	0.027***

注：*、**、*** 分别表示在 10%、5%和 1%的统计水平上显著。

从表 6-2 可以看出，就单一大股东公司样本而言，在股权分置改革前，代表控股股东私利行为的 Rpta 和 Rptb 的均值分别为 0.157、0.153；在股权分置改革后，Rpta 和 Rptb 的均值分别为 0.165、0.161，均上升了 0.08，但这一差异在统计上并不显著。与此相反，就多个大股东公司样本而言，在股权分置改革前，Rpta 和 Rptb 的均值分别为0.124、0.122；在股权分置改革后，Rpta 和 Rptb 的均值分别为 0.084、0.080，分别下降了 0.041 和 0.042，这一差异在 1%的统计水平上显著。从公司绩效情况看，在股权分置改革之后，单一大股东和多个大股东的公司绩效均有显著提升，但是多个大股东公司样本的绩效提升幅度更大。

以上结果初步表明，在股权分置改革之后，相对于单一大股东公司样本，多个大股东公司样本控股股东的利益侵占行为减少得更多，并且公司绩效的提升程度也更大，初步可以说明在股权分置改革为大股东退出提供了可能性之后，非控股大股东的退出威胁发挥了公司治理作用，抑制了控股股东的私利行为。

其次，我们将全部样本分为单一大股东公司样本和多个大股东公司样本，分别就主要变量进行了描述性统计，具体结果如表 6-3 所示。

表 6-3　不同股权结构下主要变量的描述性统计

变量	单一大股东				多个大股东			
	观测值	均值	中位数	标准差	观测值	均值	中位数	标准差
Roa	11 322	−0.007	0	0.075	4 452	−0.011	0	0.089
Rpta	11 322	0.161	0.009	0.517	4 452	0.107	−0.024	0.467
Rptb	11 322	0.158	0.008	0.503	4 452	0.104	−0.023	0.455

（续表）

变量	单一大股东				多个大股东			
	观测值	均值	中位数	标准差	观测值	均值	中位数	标准差
Exit	11 322	0.558	1.000	0.497	4 452	0.431	0	0.495
Top1	11 322	0.455	0.465	0.168	4 452	0.325	0.298	0.114
Indepen	11 322	2.996	3.000	1.089	4 452	2.961	3.000	1.102
Size	11 322	21.530	21.420	1.144	4 452	21.100	20.960	1.085
Lev	11 322	0.270	0.263	0.180	4 452	0.276	0.259	0.193
Comp_ceo	11 322	12.200	12.290	0.965	4 452	12.090	12.140	0.959
Soe	11 322	0.687	1.000	0.464	4 452	0.551	1.000	0.497
Q	11 322	1.743	1.389	1.051	4 452	1.718	1.391	0.998

从表 6-3 可以看出，多个大股东的股权结构在 A 股市场较为普遍，观测值约占全样本的 28.2%[4 452/(4 452+11 322)]。单一大股东公司控股股东的私利行为 Rpta 和 Rptb 的均值(中位数)分别为 0.161(0.009)、0.158 (0.008)，而多个大股东公司控股股东的私利行为的 Rpta 和 Rptb 的均值(中位数)分别为 0.107(−0.024)、0.104(−0.023)，其均值和中位数均小于单一大股东公司。从公司绩效情况看，单一大股东公司的 Roa 均值(中位数)为−0.007(0)，而多个大股东公司的 Roa 均值(中位数)为−0.011(0)，尽管多个大股东公司的绩效均值低于单一大股东公司，但中位数基本一致。其余变量的描述性统计结果不再赘述。

需要说明的是，我们对模型所涉及的变量进行了相关性检验，从检验结果看，尽管变量之间存在显著的相关关系，但相关系数并不大，表明变量之间并不存在严重的多重共线性问题。

6.3　实证检验结果

首先，我们检验了其他大股东退出威胁能否降低控股股东的私利行为并改善公司绩效。其次，为了排除可能存在的时间效应，我们以其他年份作为外生冲击的时间点，进行虚拟冲击检验。最后，我们检验当控股股东财富更集中、其他大股东退出威胁更可信、处于对控股股东外部约束更差的环境下，其他大股东的退出威胁是否更为有效。

6.3.1 退出威胁与大股东私利行为

我们使用模型(6-1),检验大股东的退出威胁对控股股东私利行为的影响,同时利用模型(6-2)检验大股东的退出威胁对公司绩效的影响,具体结果如表6-4所示。

表6-4 退出威胁对控股股东私利行为和公司绩效的影响

变量	(1) Rpta	(2) Rptb	(3) Roa
Multi	0.024	0.024	0.001
	(1.18)	(1.21)	(0.54)
Exit×Multi	−0.057***	−0.059***	0.009***
	(−2.66)	(−2.78)	(2.96)
Exit	−0.170***	−0.165***	0.010**
	(−3.66)	(−3.61)	(2.02)
Top1	0.317***	0.312***	0.043***
	(6.10)	(6.15)	(7.40)
Indepen	−0.0001	−0.0005	0.0015
	(−0.01)	(−0.07)	(1.44)
Size	0.022**	0.023**	0.013***
	(2.27)	(2.39)	(12.31)
Lev	0.370***	0.371***	−0.169***
	(5.87)	(6.01)	(−23.44)
Comp_ceo	−0.026***	−0.026***	0.019***
	(−2.68)	(−2.73)	(14.61)
Soe	0.040***	0.037**	−0.012***
	(2.68)	(2.56)	(−6.51)
Q	0.075***	0.074***	0.001
	(5.82)	(5.92)	(0.70)
截距项	−0.582***	−0.591***	−0.438***
	(−2.96)	(−3.04)	(−19.72)
年度	控制	控制	控制
行业	控制	控制	控制
观测值	15 774	15 774	15 774
Adj. R^2	0.047	0.049	0.248

注:***、**、*分别表示在1%、5%和10%的统计水平上显著;括号内数值为T值;标准误差经过公司层面聚类调整。

从表 6-4 列(1)和列(2)的结果来看,Multi 的回归系数不显著,说明总体来看是否存在其他大股东对控股股东的私利行为并无影响;Exit 的回归系数显著为负,说明两类企业控股股东的私利行为在股权分置改革后均有所减少;最为重要的是,关键变量 Exit×Multi 的回归系数显著为负,说明相对于单一大股东公司,多个大股东公司控股股东的私利行为在股权分置改革后减少得更多。由此可以看出,在股权分置改革前,大股东难以自由退出,其他大股东无法有效抑制控股股东的私利行为;而在股权分置改革为大股东退出提供了可能性之后,非控股大股东退出威胁能够发挥公司治理作用,约束控股股东的利益侵占行为。

从表 6-4 列(3)的结果来看,Multi 的回归系数不显著,说明总体来看是否存在其他大股东并不影响公司绩效;Exit 的回归系数显著为正,说明两类公司的绩效在股权分置改革后均有所上升;关键变量 Exit×Multi 显著为正,说明相对于单一大股东公司,多个大股东公司的绩效在股权分置改革后提高得更多。由此可以看出,在股权分置改革为大股东退出提供了可能性之后,非控股大股东的退出威胁提升了公司绩效。这一结果也在一定程度上说明选取关联交易作为控股股东私利行为的度量指标是合理的、准确的。

需要注意的是,我们发现的结果可能是一种事先已经存在的趋势。例如,大股东的公司治理效应随着时间推移变得更加有效,而不是股权分置改革引起的大股东退出效应。基于此,为了排除这种潜在的解释,我们借鉴 Bharath et al. (2013)的做法,以其他年份为外生冲击的时间点,进一步检验在以虚拟事件冲击作为退出威胁的代理变量时,大股东的治理作用是否发生显著变化。具体地,我们构建指标 Pseudo 替代 Exit 哑变量,并将 2005 年及以后年度样本的 Pseudo 定义为 1,而将 2000—2004 年样本的 Pseudo 定义为 0。[①] 由于以其他年份作为退出威胁的代理变量并不会增大大股东退出的可能性,因此我们认为,在虚拟事件冲击前后,大股东的公司治理作用不会发生显著变化,即交互项 Pseudo×Multi 的回归系数不显著。在此基础上,我们分别对模型(6-1)和模型(6-2)进行回归,具体结果如表 6-5 所示。

---

① 在稳健性检验部分,我们将虚拟外生冲击的时间点定义为 2004 年,即将 2004 年及以后年度样本的 Pseudo 定义为 1,将 2000—2003 年样本的 Pseudo 定义为 0,重新进行检验。

表 6-5 退出威胁的公司治理效应:虚拟事件冲击

变量	(1) Rpta	(2) Rptb	(3) Roa
Multi	0.014	0.013	0.005
	(0.76)	(0.75)	(1.59)
Pseudo×Multi	−0.022	−0.022	0.001
	(−1.05)	(−1.09)	(0.32)
Pseudo	0.135***	0.136***	−0.0367***
	(3.98)	(4.13)	(−6.14)
Top1	0.314***	0.309***	0.0442***
	(6.04)	(6.09)	(7.51)
Indepen	−0.000	−0.001	0.002
	(−0.03)	(−0.08)	(1.44)
Size	0.020**	0.021**	0.013***
	(2.08)	(2.20)	(12.28)
Lev	0.376***	0.377***	−0.170***
	(5.93)	(6.07)	(−23.32)
Comp_ceo	−0.028***	−0.028***	0.019***
	(−2.89)	(−2.94)	(14.72)
Soe	0.043***	0.040***	−0.012***
	(2.88)	(2.76)	(−6.57)
Q	0.076***	0.075***	0.001
	(5.83)	(5.93)	(0.66)
截距项	−0.525***	−0.535***	−0.443***
	(−2.68)	(−2.77)	(−19.91)
年度	控制	控制	控制
行业	控制	控制	控制
观测值	15 774	15 774	15 774
Adj. R^2	0.042	0.044	0.247

注:***、**、*分别表示在1%、5%和10%的统计水平上显著;括号内数值为 T 值;标准误差经过公司层面聚类调整。

表 6-5 报告的交互项 Pseudo×Multi 的回归系数均不显著,意味着以其他年份作为退出威胁的代理变量并没有产生公司治理效应。因此我们认为,对控股股东私利行为的抑制作用源自股权分置改革事件导致的大股东退出威胁,而非大股东治理效应的时间趋势。

6.3.2　退出威胁与大股东私利行为:区分控股股东财富集中和其他大股东退出可信性

在本节,我们检验在控股股东持股比例更高——大股东退出造成控股股东的财富损失更大、其他大股东持股比例相对控股股东更少——大股东退出的可信度更高时,退出威胁的作用是否更大。

1. 退出威胁与大股东私利行为:对控股股东财富集中度的影响

相对于持股较少的股东,持股比例较高控股股东的财富更加集中,难以有效地分散公司特有风险(Fama and Jensen,1983)。一旦拥有私有信息的其他大股东退出,股票价格的下降将更大地损害持股较多控股股东的财富。因此,大股东的退出威胁在控股股东持股比例更高的公司可能会更加有效。

为了验证其他大股东的退出威胁在控股股东持股较多的企业中是否更加有效,我们选取存在多个大股东的子样本进行检验。首先,用控股股东持股比例连续变量 Top1 进行检验;其次,构建控股股东是否持股较多的哑变量 H-Top1,若控股股东持股比例大于中位数,则取值为 1,否则取值为 0。所得结果如表 6-6 所示。

表 6-6　退出威胁的公司治理效应:对控股股东财富集中度的影响

变量	(1) Rpta	(2) Rptb	(3) Rpta	(4) Rptb
Top1	0.837***	0.816***		
	(4.72)	(4.71)		
Exit×Top1	−0.627***	−0.600***		
	(−3.38)	(−3.31)		
H-Top1			0.159***	0.151***
			(2.85)	(2.79)
Exit×H-Top1			−0.139**	−0.127**
			(−2.44)	(−2.29)
Exit	−0.092	−0.097	−0.256***	−0.256***
	(−1.30)	(−1.40)	(−3.69)	(−3.75)
Indepen	0.0010	0.0004	0.0003	−0.0003
	(0.08)	(0.03)	(0.03)	(−0.02)

（续表）

变量	(1) Rpta	(2) Rptb	(3) Rpta	(4) Rptb
Size	−0.021	−0.018	−0.016	−0.013
	(−1.42)	(−1.23)	(−1.07)	(−0.87)
Comp_ceo	0.0018	−0.0002	−0.0021	−0.0042
	(0.13)	(−0.02)	(−0.15)	(−0.30)
Lev	0.411***	0.410***	0.389***	0.388***
	(3.71)	(3.77)	(3.49)	(3.54)
Soe	0.023	0.019	0.029	0.025
	(0.93)	(0.81)	(1.16)	(1.05)
Q	0.0525***	0.0527***	0.0504***	0.0508***
	(2.88)	(2.94)	(2.77)	(2.83)
截距项	−0.042	−0.074	0.154	0.115
	(−0.15)	(−0.28)	(0.54)	(0.41)
年度	控制	控制	控制	控制
行业	控制	控制	控制	控制
观测值	4452	4452	4452	4452
Adj. R^2	0.069	0.071	0.059	0.061

注：***、**、*分别表示在1%、5%和10%的统计水平上显著；括号内数值为 *T* 值；标准误差经过公司层面聚类调整。

表6-6列(1)和列(2)显示了控股股东持股比例连续变量的回归结果，列(3)和列(4)报告了控股股东是否持股较高哑变量的回归结果。从中可以看出，检验的关键变量 Exit×Top1 和 Exit×H-Top1 的回归系数均显著为负，说明在控股股东持股比例较高(退出造成控股股东财富损失更大)时，其他大股东退出威胁的作用更大。

2. 退出威胁与大股东私利行为：对其他大股东退出可信性的影响

大股东的退出威胁不仅取决于大股东退出对控股股东财富的影响，还取决于其他大股东退出的可信性(Admati and Pfleiderer, 2009; Edmans, 2009; Edmans and Manso, 2011)。其他大股东参与公司治理或退出的动机不仅会受到大股东自身持股规模的影响，也会受到其他大股东和控股股东持股差距的影响。在控股股东持股既定的情形下，尽管其他大股东的持股之和相对于控股股东越少、参与公司治理的意愿越弱，但较低的持股比例反而为大股东退出提供了便利，从而增强了其退出的可信性。

为了检验其他大股东退出的可信性对退出威胁的影响，我们选取存在多个大股东的子样本，并分别构建控股股东持股比例与其他大股东持股比例之差连续变量 Differences 以及是否为高持股差哑变量 H-Differences，并对它们进行回归(见表 6-7)。[①]

表 6-7　退出威胁的公司治理效应：对其他大股东退出可信性的影响

变量	(1) Rpta	(2) Rptb	(3) Rpta	(4) Rptb
Differences	0.093	0.069		
	(0.60)	(0.46)		
Exit×Differences	−0.406***	−0.391***		
	(−2.69)	(−2.65)		
H-Differences			0.196*	0.183*
			(1.83)	(1.75)
Exit×H-Differences			−0.227*	−0.209*
			(−1.96)	(−1.85)
Exit	−0.237***	−0.235***	−0.266***	−0.265***
	(−3.37)	(−3.41)	(−3.73)	(−3.77)
Top1	0.628***	0.639***	0.438***	0.435***
	(3.86)	(4.00)	(4.71)	(4.75)
Indepen	0.0009	0.0002	0.0009	0.0002
	(0.07)	(0.02)	(0.07)	(0.02)
Size	−0.021	−0.017	−0.020	−0.017
	(−1.40)	(−1.21)	(−1.35)	(−1.16)
Comp_ceo	−0.0000	−0.0021	−0.0014	−0.0032
	(−0.00)	(−0.15)	(−0.10)	(−0.23)
Lev	0.409***	0.409***	0.404***	0.403***
	(3.66)	(3.73)	(3.62)	(3.68)
Soe	0.026	0.022	0.028	0.025
	(1.05)	(0.93)	(1.15)	(1.03)

① Differences＝控股股东持股比例－其他大股东持股比例之和。若控股股东持股比例与其他大股东持股比例之差位于中位数以上，则被定义为高持股差样本，H-Differences 取值为 1，否则，H-Differences 取值为 0。

（续表）

变量	(1) Rpta	(2) Rptb	(3) Rpta	(4) Rptb
Q	0.055***	0.055***	0.056***	0.056***
	(2.95)	(3.01)	(3.03)	(3.08)
截距项	0.018	−0.022	0.080	0.042
	(0.07)	(−0.08)	(0.18)	(0.05)
年度	控制	控制	控制	控制
行业	控制	控制	控制	控制
观测值	4 268	4 268	4 268	4 268
Adj. R^2	0.087	0.088	0.083	0.085

注：***、**、*分别表示在1%、5%和10%的统计水平上显著；括号内数值为T值；标准误差经过公司层面聚类调整。

表6-7的列(1)和列(2)报告了以持股差连续变量度量其他大股东退出可信性的回归结果，列(3)和列(4)报告了以是否高持股差哑变量度量其他大股东退出可信性的回归结果。从中可以看出，检验的关键变量 Exit×Differences 和 Exit×H-Differences 的回归系数均显著为负，说明在控股股东持股既定的情形下，其他大股东持股比例之和相对于控股股东越少，退出可信度越高；其他大股东的退出威胁越大，越能有效地抑制控股股东的私利行为。

综合表6-6和表6-7的结果可以看出，对控股股东财富的影响越大（控股股东持股比例越高）、退出越可信（持股比例相对于控股股东越少），大股东退出威胁的作用越大。

6.3.3　退出威胁与大股东私利行为：区分法律环境和审计质量

我们进一步从公司所处外部法律环境和审计质量两个维度检验在面临较低程度的外部监督（控股股东更有可能侵害公司利益）的时候，其他大股东的退出威胁对控股股东私利行为的抑制作用是否更大。

1. 退出威胁与大股东私利行为：区分法律环境

法律保护是公司外部治理的重要组成部分(Shleifer and Vishny, 1997)。严格、功能健全的法律制度和公正、有效率的执法能够赋予中小投资者法律力量(La Porta et al., 1998, 2000)，当中小投资者发现控股股东侵犯了他们的利益时，就能够很容易地通过法律手段提出索赔，增大控股股东财富掠夺的法律风险和成本(Nenova,2003;Dyck and Zingales,2004)。因此，较好的法律保护能够有效地抑制控股股东的私利行为(沈艺峰等,2005;姜付秀等,2008;王鹏,2008;郑国坚等,2013)。如果公司所处外部法律环境较好，控股股东私利行为可能并不严重。在此情形下，其他大股东的退出可能并不会产生所谓的公司治理效应。Admati and Pfleiderer(2009)指出，代理人越有可能侵害公司利益，大股东的退出威胁效应越强。因此我们认为，相对于外部法律环境较好公司，大股东退出威胁在外部法律环境较差公司中发挥的作用更大。

参照郑志刚和邓贺斐(2010)、黄继承等(2014)的研究，我们采用樊纲等(2011)编制的市场化指数分项指标中的"市场中介组织的发育和法律制度环境指数"衡量公司所在地区的法律环境，该指数越大则表示地区法律制度环境越好。由于该指数不仅反映了各地区的公正执法和执行效率，还涵盖了法律中介组织的发育水平、知识产权保护和消费者权益保护，很好地刻画了我国各地区法律对投资者权利的保护，因此为近年来的研究所广泛采用。[①]

为了检验大股东退出威胁对外部法律环境较差公司的作用是否更大，我们按照公司所在地区法律环境的不同，将样本划分为高法律环境组和低法律环境组两个子样本，进行了分组检验，表6-8报告了分组检验的结果。

表6-8 退出威胁的公司治理效应:不同法律环境的影响

变量	(1) Rpta	(2) Rptb	(3) Rpta	(4) Rptb
Multi	0.0326	0.0178	0.0305	0.0185
	(1.14)	(0.68)	(1.08)	(0.72)
Exit×Multi	−0.1020***	−0.0248	−0.1040***	−0.0261
	(−2.99)	(−0.85)	(−3.14)	(−0.91)
Exit	−0.1260**	−0.2020***	−0.1220**	−0.1970***
	(−2.07)	(−2.92)	(−2.04)	(−2.87)
Top1	0.3860***	0.3640***	0.3680***	0.3590***
	(5.12)	(4.60)	(5.02)	(4.65)

① 由于本研究的样本区间为2000—2011年，而可获得的法律环境指数截至2009年，因此2010年和2011年公司所在地区的法律环境指数以2009年的数据近似替代。在稳健性检验部分，我们将回归样本选取在2000—2009年，重新进行了检验。

（续表）

变量	(1) Rpta	(2) Rptb	(3) Rpta	(4) Rptb
Indepen	0.0070	−0.0071	0.0057	−0.0070
	(0.58)	(−0.71)	(0.52)	(−0.71)
Size	0.0136	0.0209	0.0131	0.0225*
	(0.99)	(1.59)	(0.97)	(1.75)
Lev	0.2660***	0.4110***	0.2680***	0.4100***
	(4.02)	(3.74)	(4.10)	(3.83)
Comp_ceo	−0.0178	−0.0341**	−0.0179	−0.0344**
	(−1.20)	(−2.39)	(−1.23)	(−2.46)
Soe	0.0235	0.0386*	0.0239	0.0348*
	(1.10)	(1.88)	(1.14)	(1.72)
Q	0.0669***	0.0699***	0.0658***	0.0691***
	(3.73)	(3.65)	(3.76)	(3.71)
截距项	−0.5180*	−0.3970*	−0.4920	−0.4220*
	(−1.65)	(−1.65)	(−1.58)	(−1.78)
年度	控制	控制	控制	控制
行业	控制	控制	控制	控制
组间差异卡方值	4.65		5.14	
差异 P 值	0.0311		0.0234	
观测值	7591	7583	7591	7583
Adj. R^2	0.044	0.053	0.045	0.055

注：***、**、* 分别表示在1%、5%和10%的统计水平上显著；括号内数值为 T 值；标准误差经过公司层面聚类调整。

表6-8中列(1)和列(3)报告了低法律环境组的回归结果，列(2)和列(4)报告了高法律环境组的回归结果。从中可以看出，在低法律环境组，Exit×Multi的回归系数显著为负，说明大股东的退出威胁显著降低了控股股东的私利行为；在高法律环境组，Exit×Multi的回归系数不显著，说明大股东的退出威胁并不影响控股股东的私利行为。为了保证结论的稳健性，我们对不同组别Exit×Multi的回归系数进行了差异检验，结果显示两者在5%的显著性水平下存在差异。以上结果表明，公司所处外部法律环境越差，大股东退出威胁的作用越大，越能够抑制控股股东的私利行为。

2. 退出威胁与大股东私利行为:区分审计质量

审计被认为是一种能够减轻公司内部代理冲突的有效机制(Jensen and Meckling,1976),能够减少契约各方的信息不对称,使得契约得到有效执行(Watts and Zimmerman,1986)。为了降低信息不对称,那些并未侵占中小股东利益的控股股东可能倾向于聘任高质量审计师作为一种信息传递机制(Chow,1982);同时,高质量的审计监督会迫使控股股东减少利益侵占行为(Fan and Wong,2005)。魏明海等(2013)和郑国坚等(2013)针对中国上市公司的研究发现,高质量审计能够有效抑制控股股东的私利行为。因此,与法律环境部分的分析逻辑一致,我们预期大股东退出威胁在低审计质量样本组的作用更大。

参照魏明海等(2013)、郑国坚等(2013)的研究,我们以企业是否聘请国际“四大”为企业审计质量的标准。具体地,我们将样本分为低审计质量组(非国际“四大”审计组)和高审计质量组(国际“四大”审计组)两个子样本,进行了分组检验,表6-9报告了分组检验的结果。

表6-9 退出威胁的公司治理效应:不同审计质量的影响

变量	(1) Rpta	(2) Rptb	(3) Rpta	(4) Rptb
Multi	0.0297	−0.0834	0.0293	−0.0769
	(1.44)	(−1.10)	(1.45)	(−1.03)
Exit×Multi	−0.0656***	0.1430	−0.0670***	0.1390
	(−2.95)	(1.50)	(−3.07)	(1.48)
Exit	−0.1420***	−0.3230	−0.1370***	−0.3260
	(−3.44)	(−1.41)	(−3.39)	(−1.41)
Top1	0.3210***	0.2970	0.3170***	0.2780
	(6.05)	(1.55)	(6.12)	(1.48)
Indepen	0.0000	−0.0225	−0.0006	−0.0199
	(0.01)	(−0.80)	(−0.08)	(−0.72)
Size	0.0258**	−0.0126	0.0265**	−0.0110
	(2.43)	(−0.46)	(2.53)	(−0.41)
Lev	0.4080***	−0.1260	0.4090***	−0.1290
	(6.26)	(−0.74)	(6.42)	(−0.76)

（续表）

变量	(1) Rpta	(2) Rptb	(3) Rpta	(4) Rptb
Comp_ceo	−0.0222**	−0.0479	−0.0224**	−0.0470
	(−2.26)	(−1.46)	(−2.31)	(−1.47)
Soe	0.0369**	0.0682	0.0344**	0.0648
	(2.45)	(0.93)	(2.32)	(0.91)
Q	0.0794***	−0.1220***	0.0788***	−0.1210***
	(6.03)	(−2.75)	(6.13)	(−2.81)
截距项	−0.7150***	1.0710**	−0.7210***	1.0290**
	(−3.28)	(2.18)	(−3.34)	(2.15)
年度	控制	控制	控制	控制
行业	控制	控制	控制	控制
组间差异卡方值	9.80		9.79	
差异 P 值	0.0017		0.0018	
观测值	14 764	1 002	14 764	1 002
Adj. R^2	0.051	0.16	0.053	0.158

注：***、**、* 分别表示在 1%、5%和 10%的统计水平上显著；括号内数值为 T 值；标准误差经过公司层面聚类调整。

表 6-9 中列(1)和列(3)报告了低审计质量组的回归结果，列(2)和列(4)报告了高审计质量组的回归结果。从中可以看出，在低审计质量组，Exit×Multi 的回归系数显著为负，说明大股东的退出威胁显著降低了控股股东的私利行为；在高审计质量组，Exit×Multi 的回归系数不显著，说明大股东的退出威胁并不影响控股股东的私利行为。为了保证结论的稳健性，我们对不同组别 Exit×Multi 的回归系数进行了差异检验，结果显示两者在 1%的显著性水平下存在差异。以上结果表明，公司的审计质量越差，大股东退出威胁的作用越大。

综合表 6-8 和表 6-9 的结果可以看出，在控股股东面临较弱的外部约束、导致第二类代理问题可能更加严重的公司内，大股东退出威胁的作用更大。

6.4 进一步的研究：退出威胁对第一类代理问题的影响

尽管中国等新兴资本市场国家的第二类代理问题比较突出，但是第一类代理问题也是普遍存在的。对此，我们进一步检验大股东的退出威胁在抑制控股股东私利行为的同时，能否强化经理薪酬与业绩的相关性，进而减少第一类代理问题。我们认为，作为一种有效的公司治理机制，大股东退出威胁能够促使控股股东采取有助于提升公司绩效的行为，以避免其他大股东的退出。一方面，控股股东可减少私利行为以缓解公司内的第二类代理问题，提高公司绩效；另一方面，控股股东可增强对管理层的激励以缓解第一类代理问题，强化管理层提高公司绩效的动机。因此，在面临大股东退出威胁的情形下，控股股东会加强对经理人的监督，采取与业绩挂钩的薪酬机制，促使经理人采取有利于公司价值提升的行为。①

为了验证以上观点，我们考察大股东退出威胁对经理薪酬—业绩敏感性的影响。在区分单一大股东公司样本和多个大股东公司样本之后，我们检验了两类公司经理薪酬—业绩敏感性在股权分置改革前后的变化差异，检验结果如表 6-10 所示。

表 6-10　退出威胁的公司治理效应：经理薪酬—业绩敏感性

变量	(1) Comp_ceo	(2) Comp_ceo
Roa	1.710***	0.856***
	(8.04)	(3.99)
Exit×Roa	0.574**	1.498***
	(2.29)	(4.19)
Exit	0.169***	0.034
	(3.28)	(0.52)
Top1	−0.200**	−0.431**
	(−2.19)	(−2.44)
Indepen	0.056***	0.094***
	(3.60)	(4.15)

① 值得一提的是，按照 Admati and Pfleiderer(2009)、Edmans(2009)和 Edmans and Manso(2011)等人的观点，大股东退出会损害经理人与公司股票相关的财富，进而能够直接约束经理人。然而，我国上市公司较少地对经理人进行股权激励，经理人的财富主要是以货币性薪酬的形式存在(Jiang and Kim, 2015)，与公司股价的相关度较低。因而，大股东的退出威胁不太可能以直接约束经理人的方式，降低第一类代理问题。

（续表）

变量	(1) Comp_ceo	(2) Comp_ceo
Size	0.303***	0.362***
	(19.60)	(14.44)
Lev	−0.306***	−0.376***
	(−3.84)	(−3.30)
Soe	−0.066**	0.0057
	(−2.07)	(0.13)
Q	0.032**	0.040**
	(2.36)	(2.18)
截距项	4.123***	2.883***
	(12.11)	(5.56)
年度	控制	控制
行业	控制	控制
组间差异卡方值	5.19	
差异 P 值	0.0227	
观测值	11 322	4 452
Adj. R^2	0.542	0.525

注：***、**、*分别表示在1%、5%和10%的统计水平上显著；括号内数值为 T 值；标准误差经过公司层面聚类调整。

表6-10列(1)报告了单一大股东公司样本的回归结果，列(2)报告了多个大股东公司样本的回归结果。从中可以看出，股权分置改革后，尽管两类样本的经理薪酬—业绩敏感性均有提升，但是单一大股东公司的经理薪酬—业绩敏感性的提升幅度为0.574，而多个大股东公司的经理薪酬—业绩敏感性的提升幅度为1.498，明显高于单一大股东公司。对交互项的组间差异检验显示，此差异在5%的统计水平上显著存在。这一结果表明，作为一种有效的公司治理机制，大股东退出威胁在抑制了控股股东私利行为的同时，还进一步完善了经理激励契约，减少了第一类代理问题。

6.5 稳健性检验

为了增强结论的可靠性，我们从以下几方面进行相应的稳健性检验：

(1) 我们以未经行业调整的关联交易和总资产收益率作为控股股东私利行

为与公司绩效的代理变量，重新进行了检验，结果保持不变。

(2) 参照 Bharath et al. (2013)和 Edmans et al. (2013)的研究，我们将持股比例不少于 5%的股东视为大股东，重新进行了检验，结果与前文基本一致。

(3) 在进行虚拟冲击研究时，我们将虚拟外生冲击的时间点定为 2005 年。在此，我们将虚拟外生冲击的时间点定为 2004 年(将 2004 年及以后年度样本的 Pseudo 取值为 1，将 2000—2003 年样本的 Pseudo 取值为 0)，重新进行了检验，结果保持不变。

(4) 在研究不同法律环境下退出威胁的作用时，我们将 2010 年和 2011 年企业所在地区的法律环境指数以 2009 年的数据近似替代。在此，我们将回归样本选取在 2000—2009 年，重新进行了检验，结果保持不变。

(5) 在主检验中，我们使用独立董事人数作为董事会独立性的代理变量。在此，我们使用独立董事占比作为董事会独立性的代理变量，重新进行了检验，结果保持不变。

6.6　结　语

已有研究表明，大股东的退出威胁可以缓解股东—经理人利益冲突，降低经理人的代理成本。然而，在第二类代理问题严重的新兴资本市场国家，拥有公司私有信息的大股东，能否通过退出机制对控股股东的私利行为产生影响呢？对于此问题，已有文献并未涉及。本研究基于中国的公司治理特征，以股权分置改革事件作为退出威胁的替代变量，实证检验大股东的退出威胁能否抑制控股股东的私利行为、提升公司绩效。

本研究的实证检验结果表明，大股东退出威胁显著减少了控股股东的私利行为，提升了公司绩效。本研究还发现，当控股股东的财富越集中、其他大股东持股之和与控股股东持股的差距越大、公司处于法律保护较差地区以及非“四大”审计时，其他大股东的退出威胁越有效。进一步的检验结果表明，大股东的退出还增强了经理薪酬—业绩敏感性，缓解了股东—经理人的利益冲突。

本研究从一个新的视角为大股东的退出威胁是一种有效的公司治理机制提供了来自新兴资本市场的经验证据，进一步地补充和完善了大股东治理领域的文献，有助于理解流动性与公司治理的关系以及股权制衡如何发挥公司治理机制的积极作用。

第7章 国有企业的经理激励契约有效性研究

7.1 问题的提出

在所有权和经营权相分离的现代公司中,由于管理者行为的不可观测性或较高的观测成本,股东通常把公司业绩当作实施监督的重要依据,建立基于公司业绩的激励机制,促使管理者行为满足股东利益最大化的目标(Jensen and Meckling,1976;Watts and Zimmerman,1986;Engel et al.,2003;李增泉等,2004)。与业绩挂钩的CEO薪酬机制(Murphy,1985;Lambert et al.,1987;Sloan,1993;Core et al.,1999)和解聘机制(Coughlan and Schmidt 1985;Warner et al.,1988;Barro and Barro,1990)是股东最为常用的激励契约手段。因此,在已有文献中,CEO薪酬与业绩的敏感性以及解职(强制变更)与业绩的敏感性成为衡量公司激励契约有效性的重要标准。

应引起注意的是,CEO激励契约与公司业绩相关需要一个前提:股东的目标是公司业绩或者股东财富最大化。如果股东目标并非或者并不完全如此,那么CEO的考核可能就不会也不应该完全基于公司业绩,即股东目标构成CEO激励契约的基础(Gibbons,1998)。在人们的固有思维中,非国有企业以利润最大化作为经营目标,而国有企业则要考虑一定的社会效益甚至政治效益,因此国有企业的经理激励契约较非国有企业可能更不看重绩效,从而表现出更低的CEO薪酬—业绩敏感性和变更—业绩敏感性。

然而,尽管已有文献并没有对以上观点提供很好的证据支持,但由于它们在理论或者逻辑上是成立的,而且已有的相关研究即使发现与此观点相反的经验证据,或者研究者没有做出相应解释,或者给出的解释不够合理,从而导致国有企业激励契约不注重绩效的观点一直持续至今。

我们认为,尽管国有企业和非国有企业在企业目标等诸多方面存在较大差异,但是中国特定的制度背景和国有企业的一些固有特征,使得国有企业的经理激励契约并非较非国有企业更不看重企业绩效表现:首先,国有企业具有提高企业经营业绩的显性要求,并且已经形成基于绩效对CEO进行考核的显性激励契约;相对而言,非国有企业较少提出明确的激励契约,至少这种契约对于包括投资者在内的外部人是很少看到的。其次,与非国有企业相比,国有企业受到更强的社会监督。例如,国有企业薪酬等负面信息的报道更容易受到媒体的关注(李培功和沈艺峰,2013)[①],从而保证了绩效激励契约的有效性。再次,与非国有企业相比,国有企业攫取私有收益的动机较弱(Xu,2004;Jiang et al.,2010),从而更有利于绩效激励契约的实施。最后,非国有企业经理人身份(如非国有企业的CEO可能是大股东本身、家族成员或者其他内部人)的特殊性,影响了经理激励契约的制定和有效实施。因此,国有企业的激励契约可能较非国有企业更注重企业业绩。

同时,需要强调的是,目前已有的实证研究受限于研究样本和数据来源,影响了研究结论的稳健性。首先,已有研究并没有很好地区分CEO的强制变更和非强制变更。CEO变更除了包括被迫降职导致的强制变更,还包括诸如CEO因健康状况、退休等引起的正常变更以及平调、晋升等工作岗位调整,而只有CEO强制变更和公司业绩的关系才能真正衡量公司激励机制的有效性。其次,已有文献的研究区间大多是截至2002年,而我国自2001年才开始规范披露经理薪酬(方军雄,2009);同时,2003年国有资产管理监督委员会(以下简称"国资委")成立之后出台的一系列政策会对国有企业CEO的激励契约产生一定影响。因此,基于2002年或之前研究样本得出的结论可能并不具有代表性,或者相关研究结论已经过时,从而有必要重新审视该问题。

此外,我们还发现,相关文献基于市场绩效研究了经理激励契约问题(Kato and Long,2006a,2006b,2006c;Firth et al.,2006a;Conyon and He,2011)。众所周知,中国资本市场的高股价同步性、高波动性及高换手率导致股票市场效率低下,股票价格并不能很好地反映公司基本面信息。在此情境下,把CEO的解职、薪酬和市场收益率挂钩本身就是有所偏误的(Kato and Long,2006a;Chang and

① 李培功和沈艺峰(2013)发现,在2004—2008年经理薪酬的17621篇报道中,明确针对国有企业的报道高于50%,而其余的负面报道也并非专门针对非国有企业,其中绝大多数报道并没有区分所有权性质,只是笼统地讨论经理薪酬中不合理的因素。

Wong,2009)。我们认为,无论是国有企业还是非国有企业,股东并不会也不应该以市场绩效(股票价格)为基础设计经理激励契约。

基于以上分析,我们利用 1999—2011 年 A 股上市公司数据,根据 CEO 离任后的去向对 2000—2012 年 CEO 变更事件进行手工收集整理[①],区分 CEO 的强制变更和非强制变更;在此基础上,分别采用会计绩效和市场绩效指标,比较国有企业和非国有企业 CEO 强制变更—业绩敏感性与薪酬—业绩敏感性的差异。为了在一定程度上避免遗漏变量所导致的内生性问题,我们又把由国有企业转化为非国有企业的公司作为研究样本(由非国有企业转化为国有企业的样本较少,因此我们没有考虑该种情形),对比产权性质变化前后 CEO 激励契约的变化情况。实证检验结果表明,当采用会计绩效时,国有企业 CEO 薪酬—业绩敏感性和 CEO 强制变更—业绩敏感性显著高于非国有企业;当采用市场绩效时,我们并没有发现 CEO 薪酬、CEO 解职和市场绩效的关系,也没有发现国有企业和非国有企业市场绩效激励契约有效性的显著差异。在控制盈余管理的可能影响后,该结论仍然成立。

无疑,国有企业承担的就业等社会责任可能对企业经营业绩产生负面影响,从而不利于 CEO 绩效激励契约的实施。那么,企业承担较多的冗员负担是否降低了 CEO 绩效激励契约的有效性呢?国有企业是否提供了其他隐性激励方式为绩效激励契约下遭受损失的 CEO 提供补偿呢?我们的实证检验结果表明,国有企业承担一定的冗员负担等社会目标会增加 CEO 的在职消费水平、增大 CEO 政治晋升的可能性,但并没有降低 CEO 薪酬—业绩敏感性和强制变更—业绩敏感性,进一步说明了业绩在国有企业 CEO 激励契约中的重要性。

本研究的主要贡献体现在以下几方面:(1) 为不同产权性质企业激励契约有效性的差异提供了可靠和稳健的证据支持。我们采取了更长的研究区间,通过手工搜集判断 CEO 离职后的去向,较好地区分了 CEO 的强制变更和非强制变更;同时,为了避免内生性影响,我们还采用了产权性质发生变化的样本进行检验,从而更为有效地揭示了国有企业和非国有企业在经理激励契约有效性上的差异。(2) 对国有企业激励契约比非国有企业更为重视企业业绩提供了一个

---

① 由于产权性质的数据是从 1999 年开始的,在探讨 CEO 变更—业绩敏感性时需要用到前一年的财务数据,因此,CEO 变更样本的研究区间为 2000—2012 年。

合乎逻辑的解释。尽管有研究发现国有企业基于经营绩效的激励契约有效性高于非国有企业的证据,但是这些研究或者对此没做出相应解释,或者给出的解释并不足以令人信服。(3) 为国有企业隐性激励机制的存在提供了新的证据。尽管已有文献发现国有企业存在在职消费和晋升等隐性激励机制,但更多地探讨隐性激励机制和显性薪酬激励机制之间的相互替代作用,而本研究则发现国有企业存在共同发挥作用的两条并行激励机制:基于绩效的显性激励契约机制和基于社会目标的隐性激励机制。

本章后文的结构安排如下:第2节为文献回顾和理论分析;第3节为研究设计;第4节对比研究国有企业和非国有企业CEO绩效激励契约的差异;第5节探讨国有企业承担的社会责任对CEO激励契约的影响;第6节为稳健性检验;第7节为结语。

7.2 文献回顾和理论分析

关于公司激励契约存在两种理论:最优契约论和经理人权力论(Bebchuk and Fried,2003;Goergen and Renneboog,2011)。最优契约论认为,在股权相对集中、股东掌握控制权的公司中,股东能够设计符合自身利益最大化的绩效激励契约(Shleifer and Vishny,1986;Gomez-Mejia and Wiseman,1997;Core and Larcker,2002)。此时,基于公司绩效的CEO薪酬和解聘制度可以有效地降低股东与经理人之间的代理成本。而经理人权力论认为,当公司股权相对分散或经理人权力比较大时,经理人很可能控制董事会,设计符合自身利益的绩效激励契约。此时,经理人的薪酬和解聘机制已经不再是缓解代理问题的方式,反而成为代理问题的产物(Berle and Means,1932;Shivdasani and Yermack,1999;Bertrand et al.,2001)。与上市公司股权较为分散的西方国家不同,我国上市公司的股权集中度较高(1999—2011年前五大股东平均持股比例为55%,其中第一大股东平均持股比例达到近40%),而高管平均持股比例极低(1999—2011年管理层平均持股比例仅为3.2%),管理层存在堑壕效应的可能性较小(Jiang and Kim,2014),因此我国上市公司的激励契约更多地表现出符合最优契约论的特征(李增泉等,2004)。

我国存在产权性质、经营目标不同的两类企业，即国有企业和非国有企业。已有学者围绕不同产权性质企业的激励契约开展了一些研究。从已有文献情况看，究竟是国有企业还是非国有企业的CEO激励契约更注重企业业绩或企业价值并没有一致的结论，并且采用市场绩效或会计绩效所得到的结果也不尽相同。在人们的固有观念中，国有企业因所有者缺位而不能形成对CEO的有效监督；同时，国有企业承担了诸如扩大就业等政策性目标，导致国有企业对业绩的关注程度可能不够，考核CEO时也较少与公司业绩挂钩，因此国有企业绩效激励契约的有效性应当低于非国有企业。尽管这一观点得到Kato and Long(2006a, 2006b, 2006c)、Firth et al. (2007)、Conyon and He(2011)在理论分析层面上的认可，但是他们的实证结果却发现国有企业的CEO薪酬—会计绩效敏感性和CEO变更—会计绩效敏感性与非国有企业并没有显著的差异，而且对于这一实证结果并没有给出解释。

与此同时，还有文献发现国有企业会计绩效激励契约有效性高于非国有企业的证据(Firth et al., 2006a; Wang and Xiao, 2011; Conyon and He, 2012)，但是这些研究或者因该结论不好解释，或者因该问题不是关注的重点，所以针对该结论并没有给出正面的回答或者只是简要地给出一些并不足以让人信服的解释。例如，Firth et al. (2006a)认为，国有企业在公司化和私有化的过程中，管理者被赋予较大的公司经营自由裁量权，更多对股东而非国家和政府部门负责，上市公司的目标是利润最大化；Conyon and He(2012)认为，国有上市公司的业绩会在股东单位合并报表中体现，因此国有企业对公司经营业绩是非常重视的，进而表现出较高的CEO薪酬—业绩敏感性和CEO强制变更—业绩敏感性。然而，上述推理或许能解释为什么国有企业开始注重公司绩效，但是仍然不能回答为什么国有企业绩效激励契约较非国有企业更为有效这一问题。Conyon and He (2012)指出，国有上市企业是股东单位注入优质资产、剥离劣质资产才达到上市要求的，当企业上市之后，股东单位有动机通过转移资产或掏空等方式收回投入资金，而只有盈利好的企业才有利于股东的各种交易活动。因此，国有企业的股东有更强的动机提高经营业绩，进而表现出更高的CEO强制变更—业绩敏感性。但这里的问题是，国有股东对上市公司的掏空行为本身就会降低企业业绩，又如何谈及国有企业股东有更强的动机提高企业业绩呢？同时，在掏空的情况下如何评价经理人的业绩呢？

此外,尽管中国市场的有效性或者说股票价格能否反映公司基本面受到广泛质疑,但仍有学者基于市场绩效研究了经理激励契约问题。Kato and Long (2006a,2006b,2006c)、Firth et al. (2006a)、Conyon and He(2011)发现,非国有企业基于市场业绩对 CEO 考核的激励契约有效性高于国有企业。他们认为国有企业股东持有的股份是不可交易的,股份的任何转让都需要中国证监会的批准,即使转让也只能按照账面价值,而非国有企业持有的股份可以按市场价格自由交易,因此与非国有企业相比,国有企业的激励契约较少关注股票价格。然而,他们使用类似的研究样本,Firth et al. (2006b)、Firth et al. (2007)和 Conyon and He(2012)的实证结果却发现上市公司的 CEO 解聘、薪酬制度与市场绩效并不挂钩,国有企业和非国有企业市场绩效激励契约也没有显著差异。

通过对已有文献的回顾可以看出,目前关于不同产权性质企业绩效激励契约的有效性并没有一致的结论。已有研究除受到研究样本和数据来源的限制外,更重要的是忽略了对相关制度背景和国有企业固有特征的探讨。

首先,国有企业具有提高公司业绩的显性要求,并且已经形成基于业绩对 CEO 考核的显性激励契约。国有企业私有化上市的重要目标是提高企业的经营绩效(徐莉萍等,2006;吕长江和赵宇恒,2008),国有企业的效率并不必然低于非国有企业(Sun and Tong,2003),甚至有文献发现一些国有企业的业绩表现是最好的(Chen et al.,2009)。同时,国有企业已经形成基于经营业绩对 CEO 进行考核的显性激励契约(辛清泉和谭伟强,2009)。1994 年,国有资产管理局、财政部和劳动部颁布了《国有资产保值增值考核试行办法》,明确提出确保国有资产保值增值、提高国有资产运营效益的目标,将企业的保值增值和经营业绩与经理人的收入挂钩。2003 年,代表国家依法履行出资人职责的国资委成立,随后,出台了《企业国有资产监督管理暂行条例》《中央企业负责人经营业绩考核暂行办法》等政策,明确提出国资委依法对经理人进行任免、考核,并根据经营业绩的考核结果对经理人进行奖惩。2004 年,国资委又颁布了《中央企业负责人薪酬管理暂行办法》,细化与经营业绩挂钩的薪酬管理制度。随后的 2006 年、2007 年、2008 年、2009 年和 2012 年,国资委不断修订《中央企业负责人经营业绩考核暂行办法》,并相继出台了《中央企业负责人年度经营业绩考核补充规定》《关于进一步规范中央企业负责人薪酬管理的指导意见》等一系列政策,逐步完善企业的激励契约,健全适应现代企业制度要求的经理人选用机制和激励约束机制。由此可知,国有企业具有明确的提升经营绩效的目标,并且已形成基于业绩对CEO考核的显性契约。然而,相对而言,非国有企业较少提出明确的激励契约,至少包括投资者在内的外部人是很少看到这种契约的。

其次,国有企业受到更强的社会监督,从而保证了绩效激励的有效性。媒体被西方国家视为独立于立法、司法和行政之外的"第四方权力"(戴亦一等,2011);同时,在新兴资本市场上,媒体监督被认为是替代法律保护不足的一项重要制度安排(Dyck et al.,2008;贺建刚等,2008)。近年来,媒体监督在改善公司治理方面所发挥的作用得到了国内外学者的普遍认可(Dyck and Zingales,2002;Joe,2003;Joe et al.,2009;李培功和沈艺峰,2010;柳木华,2010;于忠泊等,2011;徐莉萍和辛宇,2011;戴亦一等,2011;罗进辉,2012)。我国上市公司尤其是CEO受到媒体的广泛关注,同时CEO薪酬与公司效率、社会公平等关乎国计民生的社会热点问题相关联(杨德明和赵璨,2012),更成为媒体报道中牵动公众神经的话题(李培功和沈艺峰,2013)。媒体对公司CEO不合理薪酬的报道在降低股东和经理人之间信息不对称的同时,会形成一定的公众舆论压力,引起政府和行政主管部门介入,从而促使CEO薪酬趋于合理调整(杨德明和赵璨,2012),进而提高公司CEO薪酬—业绩敏感性(张玮倩,2012;李培功和沈艺峰,2013)。同时,当公司业绩表现较差时,媒体通过舆论压力迫使董事会惩罚甚至更换CEO(吴超鹏等,2012)。因此,媒体等社会监督能在一定程度上保证绩效激励契约的有效实施。

与非国有企业相比,国有企业受到更多的媒体关注(李培功和沈艺峰,2013)[①],从而促使政府相关部门做出更为合理的CEO任命和考核决策。其一,全民所有的国有企业是媒体和公众关注的焦点,媒体对公司CEO不合理薪酬等负面新闻的报道更容易引起社会不满,从而对国有企业大股东造成较强的舆论压力。其二,国有企业具有公开、明确的绩效激励契约,使媒体等社会监督更加有据可循。为了避免成为众矢之的,国有企业会更积极、自觉地根据业绩,实施对CEO考核的任命、激励政策。例如,Jiang et al.(2013)的研究发现,与非国有企业相比,国有企业更能依据公司特征任命CEO,并且CEO继任之后,企业业

---

① 例如,国有企业激励薪酬更容易受到社会公众的监督(http://news.xinhuanet.com/english/2009-04/11/content_11170428.htm),甚至国外投资者的关注(http://mkqpreview1.qdweb.net/Improving_performance_at_state-owned_enterprises_2357)。

绩得到显著提升，由此说明国有企业的 CEO 任命决策更为合理。其三，媒体对国有企业负面新闻的报道更容易引发政府或行政机构的干预，促使企业及时调整自身不合理的激励政策。因此，国有企业受到更强的社会监督将使得国有企业的 CEO 薪酬—业绩敏感性和强制变更—业绩敏感性高于非国有企业。

再次，国有企业获取私有收益的动机较弱，从而有利于经理人绩效激励契约的实施。大股东除享有按持股比例分成的公共收益之外，还有动机和能力获取私有收益(Grossman and Hart，1980；Shleifer and Vishny，1986，1997；Johnson et al.，2000)。众所周知，中国上市公司的股权结构较为集中，同时由于相关法律法规的不完善，大股东获取私有收益的动机更强。Holmstrom and Milgrom (1991)认为，在大股东相互冲突的目标下，激励契约的设定需要引导代理人的努力程度在多个任务之间进行分配，这时股东会减少针对某一方面的激励。由于大股东私有收益会降低企业经营绩效(Cheung et al.，2006；姜国华和岳衡，2005；邓建平等，2007)，从而给绩效激励考核下的 CEO 带来不利影响。为了争取 CEO 的配合，公司将较少以经营绩效为基础对 CEO 进行激励，进而降低了绩效激励契约的有效性(Wang and Xiao，2011；苏冬蔚和熊家财，2013)。

与非国有企业相比，国有企业获取私有收益的成本较高，而给股东带来的收益却有限(Xu，2004；Chen et al.，2009；Jiang et al.，2010)。我们认为其原因主要体现在以下几方面：第一，在国有资产管理体系中，国有企业的股东受到上级政府和证监会等部门的严格监管，转移资产的风险较大(马曙光等，2005)；第二，政府部门不能以自身名义设立企业，资产转移需要关联单位相助的条件难以实现，由此加大了政府部门转移上市公司资产的难度(徐莉萍等，2006)；第三，国有企业股东更多地考虑政治成本和声誉影响(徐莉萍等，2006)；第四，更为关键的是，个人在国有企业侵占上市公司的收益之后的受益程度有限(王鹏和周黎安，2006)。因此，与非国有企业相比，国有企业掏空动机更弱[①]，掏空程度更低[②]，从而导致国有企业 CEO 的激励契约更偏向于业绩导向。

---

① 借鉴 Cao et al.(2011)以两权分离度衡量掏空动机，我们发现 2003—2011 年国有企业存在控制权和现金流权分离的样本占总样本的 30%，而非国有企业中两权分离的样本占比为 77%；国有企业平均两权分离度为 3.988，而非国有企业平均两权分离度为 8.924。

② 借鉴叶康涛等(2007)、苏冬蔚和熊家财(2013)以其他应收账款占公司总资产的比例作为大股东占款(衡量掏空程度)的代理变量，我们发现 1999—2011 年国有企业的其他应收账款占总资产的比例为 0.051，非国有企业则为 0.063。

最后,非国有企业经理人身份的特殊性影响了经理激励契约的有效实施。中国经理人市场不发达(Jiang and Kim,2014),因此在非国有企业尤其是家族企业中,大股东(本身或家族成员)和内部人更可能担任公司 CEO。例如,2004—2011 年,家族企业大股东及内部人(非家族成员)担任公司 CEO 的比例分别为 26.77%和 56.75%,而外部职业经理人担任 CEO 的比例仅为 16.49%。[①] 与外部职业经理人相比,在家族成员担任公司 CEO 时,基于经营绩效对 CEO 进行激励考核的有效性明显较弱(Chen et al.,2013)。同时,董事长和 CEO 两职合一情况在非国有企业中更为普遍。例如,在我们的研究样本中,在 2009 年、2010 年和 2011 年,非国有企业董事长和 CEO 两职合一的比例分别为 24.91%、25.29%和 29.74%。[②] 相关研究表明,当公司董事长和 CEO 两职合一时,CEO 的堑壕效应增强,从而降低了绩效激励契约的有效性(Boeker,1992;Dahya et al.,1998;Goyal and Park,2002)。因此,非国有企业经理人身份的特殊性必然会弱化激励契约的业绩导向。

当然,作为政府控制的国有企业还承担了诸如扩大就业等政策性目标(林毅夫等,2004),冗员负担很可能会降低企业的经营绩效(曾庆生和陈信元,2006),从而给绩效激励契约下的 CEO 带来不利影响(张敏等,2013)。然而,新闻媒体、网络等对国有企业乃至 CEO 的高度关注,使得 CEO 仍具有较强的动机提高企业经营绩效。在这样一个外部压力环境下,国有企业 CEO 很可能会利用自身的信息优势,对抗作为控股股东的政府的不合理要求而导致经营业绩下降的行为,避免自己成为无谓的“牺牲品”;同时,国有企业基于经营绩效对 CEO 考核的激励契约暴露在媒体和监管部门的“聚光灯”下,会促使政府自觉遵循激励考核办法。也就是说,即使国有企业承担了一定的社会负担,政府仍会基于企业经营绩效对 CEO 进行考核。而政府为了获得 CEO 的配合,使其愿意承担一定的社会责任,很可能会采用政治晋升或在职消费等其他激励方式弥补

---

① 我们把自然人或家族作为最终控制人且持股比例超过 20%的企业界定为家族企业。由于最终控制人的数据从 2004 年开始公布,因此数据起始时间为 2004 年。

② 同期,国有企业的董事长和 CEO 两职合一比例分别为 8.90%、8.10%和 9.47%。此外,这里需要注意的是,国有企业的董事长和非国有企业的董事长在本质上是有区别的:国有企业的董事长仍旧是代理人,而非国有企业的董事长本身是大股东、所有者。

或激励 CEO 所付出的努力(陈冬华等,2005;廖理等,2009;卢锐等,2011)。因此,国有企业承担扩大就业等社会目标可能会增加 CEO 的在职消费、增大政治晋升的可能性,但是并不能降低 CEO 薪酬—业绩敏感性和强制变更—业绩敏感性。

基于以上分析,我们认为相比非国有企业,国有企业激励契约更为重视公司经营绩效,即国有企业 CEO 薪酬—经营绩效敏感性和 CEO 强制变更—经营绩效敏感性高于非国有企业。

以盈余为基础的会计绩效和以股票回报为基础的市场绩效是 CEO 激励契约中最为常用的两种指标(Natarajan,1996;Bryan et al.,2000;辛清泉和谭伟强,2009)。尽管针对西方国家的研究在探讨 CEO 的激励契约时都会考虑股票市场收益率,并得出与会计绩效基本一致的结论(Kang and Shivdasani,1995;Bushman et al.,2010;Chen et al.,2013)。然而,与西方国家相对完善、有效的资本市场不同,中国股票市场效率低下,公司股票价格信息并不能很好地反映公司基本面信息,其主要原因为:第一,中国作为一个新兴资本市场,公司股价更多的是受市场层面因素的影响,往往表现出"同涨同跌"的现象,呈现出较高的股价同步性,相关研究表明中国证券市场的股价同步性居世界首位(Morck et al.,2000;Jin and Myers,2006);第二,中国股票市场容易受到市场操纵,具有"交易恐惧"的特点,从而使得股价表现出较高的波动性,而政府政策的频繁变动及监管环境的不确定性进一步加剧了市场波动性(Fan et al.,2007);第三,中国股票市场充斥着过多的噪声交易,过度投机行为严重,股票市场换手率极高,居世界首位(曹凤岐,2010)。[①] 中国股票市场高同步性、高波动性及高换手率的特点,导致股票价格信息并不能很好地反映公司基本面信息,也使得股票收益率并不能很好地衡量 CEO 的努力程度。

因此,我们认为,中国上市公司较少采用市场绩效对 CEO 进行激励考核,进而表现出 CEO 强制变更、CEO 薪酬与市场绩效不相关。

---

① 参见:http://finance.ifeng.com/stock/special/zgzqsc20nlt/20100529/2251085.shtml

7.3　研究设计

7.3.1　数据来源与样本选择

我们从强制变更和薪酬两个方面研究 CEO 的激励契约。初始的研究样本为 1999—2011 年中国全部 A 股上市公司。由于需要 CEO 变更前一年的财务数据,因此我们选取发生在 2000—2012 年的 CEO 变更事件。由于中国上市公司经理薪酬信息披露从 2001 年开始逐渐规范(方军雄,2009),我们对 CEO 薪酬的研究区间为 2001—2011 年。CEO 变更和薪酬、CEO 背景特征、公司治理、财务数据均来自 CSMAR 数据库。

按照已有研究惯例和本研究的特点,我们按以下程序筛选样本:(1) 剔除金融行业的样本;(2) 剔除相关数据缺失的样本;(3) 为了消除极端值的影响,对所有的连续变量进行 1%—99%水平的缩尾处理。

7.3.2　CEO 变更和样本分布

CEO 变更既包括因表现不佳而被解职(强制变更),也包括退休、升迁等正常变更或者说非强制变更。我们借鉴已有研究(Dedman,2003;Defond and Hung,2003;Neumann and Voetmann,2005),将 CEO 变更事件区分为强制变更(forced turnover)和非强制变更(non-forced turnover)。然而,在现实中,很少有报道清晰地指出 CEO 变更的真实原因,因此仅仅依靠市场公开信息很难区分 CEO 的强制离职和非强制离职。尽管 CSMAR 数据库给出了 CEO 离任的 12 类原因,包括工作调动、退休、任期届满、控制权变更、辞职、解聘、健康原因、个人、完善治理结构、涉案、结束代理和其他等,但是诸如工作调动、辞职、个人等原因对于区分强制变更和非强制变更来说仍然是含糊的。

我们借鉴 Chang and Wong(2009)的做法,对 CEO 离任事件进行区分。首先将 CSMAR 数据库给出的退休、健康、涉案和控制权变更等离任事件作为正常变更事件;然后,追踪 CEO 离任后的去向,对其余离职事件进行手工搜集判断。我们将 CEO 离任后担任以下职位的变更事件界定为强制变更事件:仍然在该上市公司工作,但是新的工作职位低于 CEO;离开该上市公司,进入非上市公司任职;进入其他公司担任低于CEO的职位;信息缺失的离职事件(如果CEO离任后担任更高的职位,一般情况下数据库或相关网站会披露相关信息,信息缺失就说明该CEO很可能被降职)。我们将CEO离任后进入政府担任要职,或者担任公司董事长、副董事长或进入控股公司担任CEO等更高职位界定为晋升。我们将以下变更事件界定为平调:离任后进入其他上市公司担任高管;若公司董事长、副董事长或控股公司高管兼任公司CEO,其在离任事件发生后,虽辞去CEO职位但仍留任本公司董事长、副董事长或控股公司高管职位。

我们对2000—2012年非金融类A股上市公司的4 047起CEO变更事件进行梳理:如果一年中发生多次变更,仅保留第一次变更的事件;剔除CEO任职期限少于2年和相关数据缺失的样本;最后得到3 524起变更事件。CEO离职后的具体去向如表7-1所示。从中可以看出,2000—2012年共发生1 913起CEO强制变更事件,占总变更样本的54.3%;非强制变更事件为1 611起,其中晋升、平调和正常变更事件分别发生744起、508起和359起,分别占总变更样本的21.1%、14.4%和10.2%。

表7-1 CEO离职后的去向

变更类型	离任类型	离任样本	离任后具体去向	样本数
强制变更	降职	1 913	非上市公司高管	246
			其他公司低于CEO职位	280
			本公司低于CEO职位	669
			信息缺失	718
非强制变更	晋升	744	政府要职	25
			股东单位高管	99
			本公司董事长	620
	平调	508	保留控股公司高管职位	17
			其他上市公司高管	69
			继续担任本公司董事长、副董事长(原两职合一的不再兼任CEO)	422
	正常变更	359	意外事故	3
			进修或出国	7
			控制权变动	48
			健康	94
			退休	97
			被逮捕或案件调查	110

7.3.3 实证模型与变量

我们从 CEO 强制变更—业绩敏感性和 CEO 薪酬—业绩敏感性两个方面，对比国有企业和非国有企业激励契约对公司业绩的重视程度。

1. 产权性质和 CEO 强制变更—业绩敏感性

为了检验不同产权性质企业 CEO 强制变更—业绩敏感性的差异，我们采用 Logit 回归模型进行检验：

$$\Pr(\text{Turnover}=1)=\alpha_0+\alpha_1\text{Performance}+\alpha_2\text{Performance}\times\text{SOE}+\alpha_3\text{SOE}+\beta\text{Control}+\varepsilon \quad (7\text{-}1)$$

其中，Turnover 为是否发生强制变更的哑变量，若在第 $t+1$ 年发生 CEO 强制变更事件取值为 1；否则，取值为 0。对于公司业绩 Performance，我们借鉴已有研究（辛清泉和谭伟强，2009；Conyon and He，2011），分别采用经行业调整的会计绩效和市场绩效表示。其中，对于会计绩效 Adj_roa，我们以经行业中位数调整的总资产收益率表示[①]；对于市场绩效 Adj_return，我们以经行业平均月回报率（流通市值加权回报率）调整的个股月回报率计算的个股年度收益率（考虑现金分红）衡量。SOE 为企业产权性质哑变量，若企业最终控制人是政府，则为国有企业取值为 1；否则，取值为 0。产权性质和公司业绩的交互项 Performance×SOE，为本研究的关键变量。

与已有研究一致（Fan et al.，2007；Chang and Wong，2009；Conyon and He，2011；Chen et al.，2013），我们控制了其他一些因素的影响，以 Control 表示，具体包括：Size（公司规模）为总资产的自然对数；Debt（有息负债占比）为有息负债/总资产；List 为公司上市年限取对数；Duality（两职合一）为董事长和总经理是否两职合一的哑变量，若两职合一取值为 1，否则取值为 0；Independ 为独立董事人数；Majority 为公司是否存在控股股东的哑变量，若第一大股东持股比例大于 50%取值为 1，否则取值为 0。我们还控制了 CEO 的背景特征变量，具体包括：CEO_Gend 为 CEO 性别，若为男性取值为 1，否则取值为 0；CEO_Age 为 CEO 年龄；CEO_Tenure 为 CEO 任职年限。此外，我们在模型中控制了行业虚拟变量和年度虚拟变量。

---

① 在稳健性检验部分，我们还采用净资产收益率（ROE）进行检验，相关结论与此一致。

2. 产权性质和 CEO 薪酬—业绩敏感性

为了检验产权性质对企业 CEO 薪酬—业绩敏感性的影响,我们采用以下模型进行检验:

$$\text{Pay} = \alpha_0 + \alpha_1 \text{Performance} + \alpha_2 \text{Performance} \times \text{SOE} + \alpha_3 \text{SOE} + \beta \text{Control} + \varepsilon \tag{7-2}$$

其中,被解释变量 Pay 表示 CEO 薪酬,以公司前三名经理薪酬的平均值取对数表示(Kato et al.,2006;Firth et al.,2006a,2007;辛清泉等,2007;王克敏和王志超,2007;方军雄,2009);对于公司业绩指标 Performance,我们借鉴已有的研究(Conyon and He,2011;辛清泉和谭伟强,2009;方军雄,2012),分别采用会计绩效指标(总资产收益率 ROA)和市场绩效指标(经市场调整的个股月回报率计算的个股年度收益率 Return)衡量。[①] SOE 为公司产权性质哑变量,界定如模型(7-1)。Performance×SOE 为产权性质和公司业绩的交互项,为本研究的关键变量。

借鉴已有文献(Kato and Long,2006a;Firth et al.,2006a,2007;Conyon and He,2011),我们还控制了其他一些因素的影响,以 Control 表示,包括公司规模(Size)、有息负债占比(Debt)、两职合一(Duality)、独立董事人数(Independ)、是否存在控股股东的哑变量(Majority);我们还控制了公司的成长性(Growth),以公司销售收入增长率衡量。此外,我们在模型中控制了行业虚拟变量和年度虚拟变量。

另外,我们还借鉴已有研究(Coughlan and Schmidt,1985;Murphy,1985;Conyon and He,2011;方军雄,2012),采用 Change 模型检验业绩变动对 CEO 薪酬变动的影响,具体为:

$$\Delta \text{Pay} = \alpha_0 + \alpha_1 \Delta \text{Performance} + \alpha_2 \Delta \text{Performance} \times \text{SOE} + \alpha_3 \text{SOE} + \beta \Delta \text{Control} + \varepsilon \tag{7-3}$$

其中,ΔPay 表示 CEO 薪酬的变化;ΔPerformance 表示公司业绩的变动,分别用 ΔRoa 和 ΔSw 衡量,其中 ΔSw 为 $\text{Ln}(1+R)$,R 为经市场调整的个股年度收益

---

① 需要说明的是,这里对公司业绩指标 Performance 的界定是为了与已有文献一致,进而可以对比相关研究结论。在稳健性检验部分,我们还采用经行业调整的业绩进行检验,研究结论仍保持不变。

率。ΔPerformance×SOE 为公司业绩变化和产权性质的交互项。控制变量中除 Duality 和 Majority 外，Size、Debt、Growth 和 Independ 均采用一阶差分。同样，我们在模型中也控制了行业虚拟变量和年度虚拟变量。

需要说明的是，为了保证结论的稳健性，我们还借鉴 Petersen(2009)和 Chen et al.(2013)的方法，对上述三个回归模型的标准误差经公司层面和年份的聚类调整。

7.3.4 描述性统计

我们区分国有企业和非国有企业，分别对主要变量进行描述性统计，具体结果如表 7-2 所示。从表 7-2 结果来看，国有企业和非国有企业的 CEO 变更(Turnover)分别为 11.5%和 13.8%，表明国有企业 CEO 变更样本的比例略低于非国有企业。国有企业和非国有企业 CEO 薪酬的均值分别为 29.419 万元和 30.881 万元，中位数均为 21 万元，可知国有企业 CEO 的薪酬略低于非国有企业。从公司会计绩效来看，国有企业总资产收益率(ROA)的均值和中位数分别为 0.024 和 0.03，非国有企业总资产收益率的均值和中位数分别为 0.018 和 0.033；国有企业经行业调整 ROA 的均值和中位数分别为 −0.010和−0.002，非国有企业经行业调整 ROA 的均值和中位数分别为−0.014 和 0.002。尽管从中位数来看，国有企业会计绩效略低于非国有企业，但是从均值来看，国有企业的会计绩效好于非国有企业。因此，不能说国有企业的会计绩效低于非国有企业，这与徐莉萍等(2006)和 Chen et al.(2009)的结论一致。从市场绩效来看，国有企业经市场调整收益率的均值和中位数分别为 0.034 和−0.035，非国有企业分别为 0.055 和−0.025；而国有企业经行业调整收益率的均值和中位数分别为−0.082和−0.124，非国有企业经行业调整收益率的均值和中位数分别为−0.082 和−0.135。由此可知，尽管从市场调整收益率来看，国有企业低于非国有企业，但是经行业调整之后，两者并没有显著的差异。国有企业规模的均值和中位数分别为 21.54 和 21.42，大于非国有企业的 21.04 和 20.98。而国有企业有息负债、成长性、上市年限的均值和中位数分别为 0.251 和 0.239、0.222 和 0.147、2.06 和 2.079，非国有企业有息负债、成长性、上市年限的均值和中位数分别为 0.260 和 0.248、0.243 和 0.136、2.050 和 2.079，可知国有企业和非国有企业相差并不大。从公司治理结构来看，国有企业董事长和总经理两职合一的比例为 10.8%,低于非国有企业的 21.1%;国有企业存在绝对控股股东(持股比例大于 50%)的比例为 35%,大于非国有企业的 12.3%;国有企业和非国有企业的独立董事人数基本相同,中位数在 3 人左右。从 CEO 的个人特征来看,国有企业 CEO 的年龄 CEO_Age、CEO 的任职年限 CEO_Tenure 及男性 CEO 的比例均略高于非国有企业。

表 7-2　主要变量的描述性统计

变量	国有企业				非国有企业			
	观测值	均值	中位数	标准差	观测值	均值	中位数	标准差
Turnover	10 764	0.115	0.000	0.319	4 887	0.138	0.000	0.345
Pay	9 297	29.419	21.000	29.257	4 544	30.881	21.000	31.230
ROA	10 764	0.024	0.030	0.077	4 887	0.018	0.033	0.109
Adj_roa	10 764	−0.010	−0.002	0.076	4 887	−0.014	0.002	0.108
Return	10 764	0.034	−0.035	0.349	4 887	0.055	−0.025	0.399
Adj_return	10 764	−0.082	−0.124	0.340	4 887	−0.082	−0.135	0.387
Size	10 764	21.540	21.420	1.146	4 887	21.040	20.980	1.061
Debt	10 764	0.251	0.239	0.173	4 887	0.260	0.248	0.192
Growth	9 297	0.222	0.147	0.534	4 544	0.243	0.136	0.697
List	10 764	2.060	2.079	0.523	4 887	2.050	2.079	0.556
Duality	10 764	0.108	0.000	0.311	4 887	0.211	0.000	0.408
Majority	10 764	0.350	0.000	0.477	4 887	0.123	0.000	0.329
Independ	10 764	2.699	3.000	1.431	4 887	2.842	3.000	1.040
CEO_Age	10 764	46.680	46.000	6.379	4 887	45.140	45.000	7.126
CEO_Tenure	10 764	3.641	3.000	2.555	4 887	3.623	3.000	2.699
CEO_Gend	10 764	0.961	1.000	0.193	4 887	0.931	1.000	0.253

7.4　产权性质与 CEO 激励契约

首先,我们检验国有企业和非国有企业 CEO 强制变更—业绩敏感性的差异,分别采用水平(Level)与变化(Change)模型对比国有企业和非国有企业的 CEO 薪酬—业绩敏感性;其次,为了克服遗漏变量导致的产权性质与 CEO 激励契约的内生性关系,我们进一步以由国有企业转化为非国有企业的公司为样本,检验产权性质变化前后 CEO 强制变更—业绩敏感性和薪酬—业绩敏感性;最后,我们在排除盈余管理对公司会计绩效的影响之后,重新检验国有企业和非国有企业会计绩效激励契约的差异。

7.4.1　产权性质和 CEO 强制变更—业绩敏感性

我们利用模型(7-1)检验了不同产权性质下的 CEO 强制变更与业绩之间的关系,具体结果如表 7-3 所示。

表 7-3　产权性质和 CEO 强制变更—业绩敏感性

变量	会计绩效		市场绩效	
	(1)	(2)	(3)	(4)
Performance	−2.320***	−1.963***	−0.061	−0.064
	(−9.58)	(−6.72)	(−1.04)	(−1.09)
Performance×SOE		−0.832**		−0.001
		(−1.97)		(−0.01)
SOE		−0.277***		−0.233***
		(−4.49)		(−3.43)
Size	−0.195***	−0.173***	−0.258***	−0.238***
	(−6.14)	(−5.28)	(−8.62)	(−7.68)
Debt	−0.072	−0.140	0.470***	0.423***
	(−0.44)	(−0.89)	(3.35)	(3.10)
List	0.231***	0.262***	0.273***	0.301***
	(4.60)	(5.47)	(4.96)	(5.65)
Duality	−0.933***	−0.968***	−0.904***	−0.934***
	(−10.03)	(−10.43)	(−9.79)	(−10.15)
Majority	0.017	0.062	0.013	0.051
	(0.36)	(1.38)	(0.28)	(1.18)
Independ	−0.053	−0.044	−0.058	−0.050
	(−1.31)	(−1.07)	(−1.48)	(−1.25)
CEO_Age	0.248	0.347**	0.288*	0.374**
	(1.46)	(2.01)	(1.67)	(2.13)
CEO_Gend	−0.044***	−0.045***	−0.051***	−0.051***
	(−3.51)	(−3.56)	(−3.95)	(−3.99)
CEO_Tenure	0.015	0.038	0.056	0.079
	(0.12)	(0.32)	(0.47)	(0.65)

（续表）

变量	会计绩效		市场绩效	
	(1)	(2)	(3)	(4)
截距项	−2.005***	−1.763***	−2.172***	−1.966***
	(−14.81)	(−14.51)	(−14.86)	(−14.45)
年度	控制	控制	控制	控制
行业	控制	控制	控制	控制
观测值	15 651	15 651	15 651	15 651
Pseudo R^2	0.0362	0.038	0.0302	0.0316

注：括号内为标准误差经公司和年份层面聚类后计算得到的 t 值；*、**、*** 分别表示在10%、5%和 1%的统计水平上显著。

表 7-3 第(1)列和第(2)列探讨公司会计绩效与 CEO 强制变更的关系，我们采用经行业中位数调整的总资产收益率衡量会计绩效；第(3)列和第(4)列分析公司市场绩效与 CEO 强制变更的关系，我们以经行业加权平均收益率调整的个股收益率衡量市场绩效。第(1)列中 Performance 的系数显著为负，说明当公司经营业绩较差时，CEO 会面临被解聘的威胁。第(2)列中 Performance×SOE 为研究的关键变量，其系数显著为负，说明与非国有企业相比，国有企业的 CEO 强制变更—业绩敏感性更强，从而验证了国有企业的 CEO 激励契约更加重视会计绩效。第(3)列中 Performance 和第(4)列中 Performance×SOE 的系数均不显著，说明 CEO 强制变更—市场绩效是不敏感的，上市公司并不会因较差的市场绩效而解聘 CEO，并且国有企业和非国有企业并没有显著差异。

与 Conyon and He(2012)的结论类似，我们也发现 Size 的系数显著为负，说明大规模公司中 CEO 被解聘的可能性较小；与 Chang and Wong(2009)的研究结论一致，List 的系数显著为正，说明公司上市年限越长，CEO 被解聘的可能性越大；与 Chang and Wong(2009)、Conyon and He(2011)的结论类似，Duality 的系数显著为负，表明当董事长和总经理两职合一时，CEO 被解聘的可能性较小。与 Conyon and He(2011)研究一致，我们并没有发现公司控股股东和独立董事对 CEO 解聘的影响。从公司 CEO 的个人特征来看：我们发现 CEO 的年龄越大，被解聘的可能性越大，这与 Chang and Wong(2009)的研究结论一致；相对于女性 CEO，男性 CEO 被解聘的可能性较小；并没有发现 CEO 任期和解聘之间的关系，与 Chen et al. (2013)的研究类似。

7.4.2 产权性质和 CEO 薪酬—业绩敏感性

我们运用模型(7-2)对比国有企业和非国有企业 CEO 薪酬—业绩敏感性的差异,具体结果如表 7-4 所示。需要说明的是,表 7-4 中第(1)列和第(2)列给出 CEO 薪酬和会计绩效之间的关系(采用总资产收益率衡量会计绩效);而第(3)列和第(4)列分析 CEO 薪酬和市场绩效之间的关系(以经市场调整的月度个股收益率衡量市场绩效)。

表 7-4　产权性质和 CEO 薪酬—业绩敏感性

变量	会计绩效		市场绩效	
	(1)	(2)	(3)	(4)
Performance	1.646***	1.114***	0.059	0.056
	(8.39)	(4.44)	(1.17)	(0.91)
Performance×SOE		1.033***		0.004
		(4.56)		(0.12)
SOE		−0.067**		−0.066**
		(−2.22)		(−2.14)
Size	0.300***	0.303***	0.329***	0.335***
	(22.47)	(22.92)	(25.45)	(25.90)
Growth	−0.014	−0.015	0.025	0.023
	(−0.84)	(−0.93)	(1.52)	(1.38)
Debt	−0.414***	−0.414***	−0.721***	−0.732***
	(−5.76)	(−5.86)	(−9.69)	(−9.91)
Independ	0.067***	0.068***	0.071***	0.073***
	(4.65)	(4.72)	(4.72)	(4.91)
Duality	0.125***	0.122***	0.123***	0.114***
	(4.06)	(3.99)	(3.84)	(3.59)
Majority	−0.139***	−0.135***	−0.133***	−0.123***
	(−4.89)	(−4.70)	(−4.49)	(−4.12)
截距项	4.641***	4.619***	4.112***	4.043***
	(16.30)	(16.42)	(14.85)	(14.66)
年度	控制	控制	控制	控制
行业	控制	控制	控制	控制
观测值	13 841	13 841	13 841	13 841
Adj. R^2	0.4922	0.4949	0.4767	0.4776

注:括号内为标准误差经公司和年份层面聚类后计算得到的 t 值;*、**、*** 分别表示在 10%、5%和 1%的统计水平上显著。

由表7-4第(1)列结果可知,Performance的系数显著为正,表明上市公司CEO薪酬契约具有会计绩效敏感性,意味着公司会计绩效越好,CEO薪酬越高。进一步地,我们对比了国有企业和非国有企业的差异,结果如第(2)列所示,Performance×SOE的系数显著为正,说明国有企业CEO薪酬—会计绩效的敏感性高于非国有企业。由第(3)列的结果可知,Performance的系数不显著,说明上市公司CEO的薪酬和市场绩效并不挂钩。进一步地,第(4)列中Performance×SOE的系数也不显著,说明国有企业CEO薪酬—市场绩效敏感性和非国有企业并没有显著差异。

我们发现Size的系数显著为正,说明大规模公司给予CEO更高的薪酬,这与相关文献(如Conyon,1997;Hermalin and Wallace,2001;Firth et al.,2006a)的发现是一致的;Debt的系数显著为负,说明高负债公司CEO的薪酬是比较低的,这与Firth et al.(2007)的发现一致;与已有研究结论一致,我们也发现在独立董事人数越多(Yermack,1996;Cao et al.,2011)、董事长和总经理两职合一(Core et al.,1999;Cao et al.,2011)、不存在绝对控股股东(Wang and Xiao,2011)的样本公司中,CEO薪酬越高;与Firth et al.(2007)研究结论一致,我们也没有发现公司成长机会和CEO薪酬之间的关系。

我们利用模型(7-3)对比不同产权性质公司激励契约的有效性,分别考察公司的会计绩效和市场绩效。其中,我们以总资产收益率的变化表示公司会计绩效的变动,以股东持股价值的变化衡量市场绩效的变动,实证结果如表7-5所示。

表7-5 产权性质和CEO薪酬—业绩敏感性:Change模型

变量	会计业绩		市场业绩	
	(1)	(2)	(3)	(4)
ΔPerformance	0.218***	0.039	0.020	0.008
	(5.88)	(0.63)	(1.43)	(0.34)
ΔPerformance×SOE		0.362***		0.019
		(3.57)		(0.93)
SOE		0.002		0.016*
		(0.23)		(1.91)
ΔSize	0.170***	0.170***	0.214***	0.214***
	(10.15)	(10.24)	(5.51)	(5.51)

（续表）

变量	会计业绩		市场业绩	
	(1)	(2)	(3)	(4)
ΔGrowth	0.004	0.004	0.000	0.000
	(0.53)	(0.54)	(0.02)	(0.03)
ΔDebt	−0.204***	−0.202***	−0.282**	−0.282**
	(−3.32)	(−3.23)	(−2.18)	(−2.20)
ΔIndepend	0.016**	0.016**	0.011	0.010
	(2.23)	(2.33)	(1.00)	(0.97)
Duality	0.015	0.016	0.017***	0.020***
	(1.48)	(1.51)	(5.40)	(4.80)
Majority	0.008	0.008	0.013	0.010
	(0.72)	(0.71)	(0.58)	(0.45)
截距项	0.212***	0.211***	0.195***	0.185***
	(55.48)	(32.38)	(15.47)	(8.78)
年度	控制	控制	控制	控制
行业	控制	控制	控制	控制
观测值	12 308	12 308	12 308	12 308
Adj. R^2	0.0385	0.04	0.0202	0.0203

注：括号内为标准误差经公司和年份层面聚类后计算得到的 t 值；*、**、*** 分别表示在10%、5%和1%的统计水平上显著。

由表 7-5 第(1)列的结果可知，会计绩效变动的系数显著为正，说明公司业绩的增收将提高 CEO 薪酬的增长幅度；在第(2)列中，ΔPerformance×SOE 的系数显著为正，说明与非国有企业相比，国有企业业绩变动与 CEO 薪酬变动的敏感性更强。以上结果再次说明了国有企业激励契约更为重视公司经营业绩。第(3)列中股东价值变动 ΔPerformance 和第(4)列中 ΔPerformance×SOE 的系数均不显著，说明上市公司 CEO 薪酬变动与市场绩效的变动并没有显著的关系，并且国有企业和非国有企业也没有显著差异。

7.4.3 内生性检验

为了在一定程度上避免国有企业和非国有企业潜在的、不可观测的公司特征差异对 CEO 激励契约的影响，我们仅以曾发生产权性质变化的公司作为研究样本，对比在由国有企业转化为非国有企业前后，CEO 激励契约有效性的变化。

Post 为产权性质变化的虚拟变量，Post＝0 表示转化前的国有企业样本，Post＝1 表示转化后的非国有企业样本。我们分析在由国有企业转化为非国有企业之后，CEO 薪酬—业绩敏感性和 CEO 强制变更—业绩敏感性的变化。同样，我们分别考察会计绩效和市场绩效，其中会计绩效和市场绩效的界定与模型(7-1)、模型(7-2)一致，具体结果如表 7-6 所示。表 7-6 第(1)列和第(2)列探讨在由国有企业转化为非国有企业之后，CEO 强制变更—业绩敏感性的变化；第(3)列和第(4)列分析在由国有企业转化为非国有企业之后，CEO 薪酬—业绩敏感性的变化。从 CEO 强制变更—业绩敏感性来看：第(1)列中 Performance×Post 的系数显著为正，说明在由国有企业转化为非国有企业之后，CEO 强制变更—会计绩效敏感性显著降低；第(2)列中 Performance×Post 的系数并不显著，说明在由国有企业转化为非国有企业之后，CEO 强制变更—市场绩效敏感性并没有明显改变。从 CEO 薪酬—业绩敏感性来看：第(3)列中 Performance×Post 的系数显著为负，说明在由国有企业转化为非国有企业之后，CEO 薪酬—会计绩效敏感性显著降低；而第(4)列中 Performance×Post 的系数并不显著，说明在由国有企业转化为非国有企业之后，CEO 薪酬—市场绩效敏感性没有显著差异。由此可以看出，该结论与表(7-3)和表(7-4)给出的实证结果是一致的。

表 7-6　国有企业转化为非国有企业后 CEO 绩效激励契约的变化

CEO 强制变更—业绩敏感性			CEO 薪酬—业绩敏感性		
变量	会计绩效 (1)	市场绩效 (2)	变量	会计绩效 (3)	市场绩效 (4)
Performance×Post	1.568**	0.031	Performance×Post	−0.463**	−0.036
	(2.00)	(0.16)		(−2.45)	(−0.43)
Performance	−3.238***	−0.202	Performance	1.271***	0.105
	(−5.05)	(−0.99)		(4.74)	(0.91)
Post	0.046	−0.055	Post	−0.152**	−0.134**
	(0.23)	(−0.25)		(−2.50)	(−2.08)
Size	−0.184***	−0.243***	Size	0.376***	0.405***
	(−3.98)	(−5.67)		(10.82)	(11.17)
Debt	−0.217	0.109	Debt	−0.007	−0.221
	(−0.97)	(0.88)		(−0.05)	(−1.42)
List	−0.113	−0.080	Growth	−0.013	−0.000
	(−0.71)	(−0.49)		(−1.01)	(−0.01)

（续表）

CEO 强制变更—业绩敏感性			CEO 薪酬—业绩敏感性		
变量	会计绩效 (1)	市场绩效 (2)	变量	会计绩效 (3)	市场绩效 (4)
Duality	−1.074***	−1.047***	Duality	0.204***	0.199***
	(−5.95)	(−6.21)		(2.96)	(2.92)
Majority	0.035	0.027	Majority	−0.233***	−0.236***
	(0.21)	(0.17)		(−2.76)	(−2.73)
Independ	−0.139*	−0.153**	Independ	0.053	0.060
	(−1.76)	(−1.98)		(1.36)	(1.61)
CEO_Age	−0.150	−0.049			
	(−0.41)	(−0.14)			
CEO_Tenure	−0.065***	−0.070***			
	(−2.66)	(−2.85)			
CEO_Gend	−0.081	−0.014			
	(−0.32)	(−0.06)			
截距项	2.943	3.658**	截距项	3.119***	2.579***
	(1.61)	(2.06)		(4.03)	(3.18)
年度	控制	控制	年度	控制	控制
行业	控制	控制	行业	控制	控制
观测值	2 672	2 672	观测值	2 381	2 381
Pseudo R^2	0.052	0.044	Adj. R^2	0.522	0.511

注：括号内为标准误差经公司和年份层面聚类后计算得到的 t 值；*、**、*** 分别表示在 10%、5%和 1%的统计水平上显著。

7.4.4 排除盈余管理的影响

中国上市公司普遍存在盈余管理现象，而盈余管理会降低经营绩效指标的信息含量，进而对绩效激励契约产生影响。相关研究表明，中国上市公司为了获取首次公开募股和增发配股资格、避免亏损甚至退市以及提高经营者报酬的目的，往往存在盈余管理动机(Aharony et al.,2000；Chen and Yuan,2004；Liu and Lu,2004；王亚平等,2005)。由于正确评价经营绩效是公司激励契约的基础，因此当盈余管理程度较高时，股东通过会计绩效考核 CEO 的动机会有所减弱(廖冠民和张广婷,2012；周泽将和杜兴强,2012)。相关研究表明，国有企业进行盈余管理的动机和程度均弱于非国有企业(Ding et al.,2007；薄仙慧和吴联生,

2009;申慧慧等,2009),那么,国有企业比非国有企业更重视绩效是否由盈余管理程度较低所导致的呢？对此,我们以剔除盈余管理后的公司绩效作为考核 CEO 的指标,重新检验不同产权性质公司 CEO 激励契约的有效性。

借鉴 Cornett et al. (2008)、陈胜蓝和卢锐(2012)的研究思路,我们首先使用当年总资产收益率进行业绩配对的 Jones 模型计算公司的可操纵性应计利润(Kothari et al.,2005);然后将公司会计绩效减去可操纵性应计利润、剔除盈余管理对经营绩效的影响,以此作为绩效指标(Roa _real),重新检验不同产权性质公司的激励契约有效性。实证结果如表 7-7 所示。

表 7-7　不同产权性质公司剔除盈余管理后的绩效激励契约

CEO 强制变更—业绩敏感性			CEO 薪酬—业绩敏感性		
变量	(1)	(2)	变量	(3)	(4)
Adj_Roa real	−0.451***	−0.220	Roa _real	0.305***	0.227***
	(3.55)	(−1.15)		(6.64)	(3.08)
Adj_Roa_real×SOE		−0.420**	Roa _real×SOE		0.129**
		(−2.27)			(2.14)
SOE		−0.238***	SOE		−0.076**
		(−3.82)			(−2.54)
Size	−0.242***	−0.224***	Size	0.322***	0.329***
	(−7.82)	(−6.97)		(24.09)	(24.72)
Debt	0.357**	0.316**	Debt	−0.687***	−0.699***
	(2.29)	(2.07)		(−10.05)	(−10.24)
List	0.257***	0.286***	Growth	0.017	0.015
	(4.57)	(5.22)		(1.13)	(0.98)
Duality	−0.925***	−0.956***	Duality	0.130***	0.119***
	(−9.01)	(−9.43)		(4.27)	(3.95)
Majority	0.008	0.046	Majority	−0.136***	−0.126***
	(0.17)	(1.00)		(−4.43)	(−4.09)
Independ	−0.057	−0.050	Independ	0.070***	0.072***
	(−1.42)	(−1.22)		(4.71)	(4.92)
CEO_Age	0.277*	0.364**			
	(1.65)	(2.13)			

（续表）

CEO强制变更—业绩敏感性			CEO薪酬—业绩敏感性		
变量	(1)	(2)	变量	(3)	(4)
CEO_Gend	−0.051***	−0.051***			
	(−3.94)	(−3.99)			
CEO_Tenure	0.072	0.095			
	(0.67)	(0.86)			
截距项	1.716*	1.138	截距项	4.284***	4.205***
	(1.71)	(1.09)		(15.18)	(15.02)
年度	控制	控制	年度	控制	控制
行业	控制	控制	行业	控制	控制
观测值	15 559	15 559	观测值	14 646	14 646
Pseudo R^2	0.0303	0.0318	Adj. R^2	0.4727	0.4739

注：括号内为标准误差经公司和年份层面聚类后计算得到的 t 值；*、**、*** 分别表示在10%、5%和1%的统计水平上显著。

由表7-7第(1)列的结果可知，剔除盈余管理后绩效指标的系数仍然显著为负，说明当公司真实业绩较差时，CEO被解聘的可能性增大；第(2)列中Adj_Roa_real×SOE的系数显著为负，说明剔除盈余管理的影响之后，国有企业CEO强制变更—真实业绩敏感性仍高于非国有企业。从CEO薪酬—真实业绩敏感性来看：第(3)列中公司真实业绩的系数显著为正，说明公司真实业绩越好，CEO的薪酬越高；第(4)列中Roa _real×SOE的系数显著为正，说明国有企业CEO薪酬—真实业绩敏感性仍高于非国有企业。由此可以看出，当剔除盈余管理对会计绩效的影响之后，国有企业CEO强制变更—业绩敏感性和CEO薪酬—业绩敏感性仍高于非国有企业，从而更为稳健地验证了国有企业激励契约更加重视绩效这一观点。

7.5 社会责任对国有企业CEO激励契约的影响

众所周知，国有企业承担了政府的一些社会责任目标(如冗员负担)，并且这些政治目标的存在很可能降低企业的业绩，从而对以经营绩效为考核目标的国有企业CEO产生不利影响。那么，国有企业承担的社会责任究竟会对绩效激励契约产生何种影响?在国有企业对提高经营绩效的显性要求受到更强社会监督的情形下,如果承担社会责任并不能降低经理激励契约对经营绩效的重视,那么,国有企业是否为CEO提供了晋升或在职消费等其他隐性激励方式以弥补绩效激励契约未考虑到的CEO所付出的努力?对此,我们首先参照薛云奎和白云霞(2008)、张敏等(2013)的方法,使用全样本对公司员工人数、公司规模、资本密集度和公司成长性分年度、分行业回归,将所得残差作为各样本公司的冗员负担(El),并在此基础上分别检验冗员负担对国有企业绩效激励契约(CEO薪酬—业绩效敏感性和CEO强制变更—业绩敏感性)的影响;进一步地,我们分析公司冗员负担和CEO晋升、在职消费的关系。

我们将CEO离任后进入政府担任要职或担任公司董事长、副董事长或进入控股公司担任CEO等更高职位界定为晋升(Promotion),若是则取值为1,否则取值为0。对于在职消费,我们借鉴陈冬华等(2005)、辛清泉和谭伟强(2009)的做法,使用公司年报附注里"支付的其他与经营活动有关的现金"项目中的"办公费、差旅费、业务招待费、通信费、出国培训费、董事会费、小车费和会议费"等八项费用之和取对数衡量高管的在职消费水平[①],具体结果如表7-8所示。

表7-8 国有企业冗员负担和CEO激励契约

Panel A:冗员负担和CEO绩效激励				Panel B:冗员负担和CEO隐性激励			
变更—业绩敏感性		薪酬—业绩敏感性		晋升		在职消费	
(1)		(2)		(3)		(4)	
Adj_Roa×El	0.021	Roa×El	0.080	El	0.094***	El	0.103***
	(0.10)		(0.86)		(3.04)		(4.35)
El	0.004	El	−0.039**	Roa	0.182	Roa	0.877*
	(0.09)		(−2.55)		(0.26)		(1.67)
Adj_Roa	−3.193***	Roa	2.200***	Size	0.015	Growth	0.065
	(−8.88)		(11.43)		(0.29)		(0.98)
Size	−0.144***	Growth	−0.000	Debt	0.131	Size	0.656***
	(−3.49)		(−0.02)		(0.58)		(17.03)

① 受数据所限,样本区间为2002—2008年。

（续表）

Panel A:冗员负担和 CEO 绩效激励				Panel B:冗员负担和 CEO 隐性激励			
变更—业绩敏感性		薪酬—业绩敏感性		晋升		在职消费	
(1)		(2)		(3)		(4)	
Debt	−0.145	Size	0.280***	List	−0.000	Debt	−0.588***
	(−0.80)		(17.40)		(−0.01)		(−3.23)
List	0.192***	Debt	−0.458***	Duality	1.496***	Duality	0.077
	(2.93)		(−5.30)		(8.86)		(1.01)
Duality	−0.911***	Duality	0.059	Majority	−0.083	Majority	−0.162**
	(−5.54)		(1.19)		(−1.17)		(−2.27)
Majority	0.066	Majority	−0.141***	Independ	0.014	Independ	0.061*
	(1.06)		(−4.56)		(0.24)		(1.71)
Independ	−0.012	Independ	0.056***	Ceo_Age	1.117***		
	(−0.22)		(3.44)		(2.87)		
CEO_Age	0.341*			Ceo_Gend	−0.127		
	(1.77)				(−0.56)		
CEO_Gend	0.063			Ceo_Tenure	0.020		
	(0.31)				(1.13)		
CEO_Tenure	−0.011						
	(−0.78)						
截距项	−0.406	截距项	5.029***	截距项	−7.499***	截距项	1.552**
	(−0.36)		(14.81)		(−4.05)		(2.06)
年度	控制	年度	控制	年度	控制	年度	控制
行业	控制	行业	控制	行业	控制	行业	控制
观测值	11 108	观测值	9 568	观测值	11 089	观测值	2 559
Pseudo R^2	0.0271	Adj. R^2	0.5231	Pseudo R^2	0.0685	Pseudo R^2	0.3265

注：括号内为标准误差经公司和年份层面聚类后计算得到的 t 值；*、**、*** 分别表示在10%、5%和1%的统计水平上显著。

表 7-8 中 Panel A 报告国有企业承担的冗员负担对绩效激励契约的影响，第(1)列和第(2)列分别检验国有企业冗员负担对 CEO 强制变更—业绩敏感性和 CEO 薪酬—业绩敏感性的影响。第(1)列中 Adj_Roa×El 的系数并不显著，说明国有企业承担冗员负担并没有显著降低公司 CEO 强制变更—业绩敏感性；第(2)列中 Roa×El 的系数也不显著，说明国有企业承担冗员负担并没有显著降低 CEO 薪酬—业绩敏感性。

表7-8中Panel B报告国有企业承担冗员负担和隐性激励契约的关系,第(3)列和第(4)列分别检验国有企业承担冗员负担对CEO晋升与在职消费的影响。第(3)列中El的系数显著为正,说明当公司承担一定的冗员负担时,CEO晋升的可能性增大;第(4)列中El的系数显著为正,说明承担一定冗员负担CEO的在职消费更多。以上结果表明,国有企业为承担一定冗员负担的CEO提供了晋升和在职消费等隐性激励,但是国有企业承担的冗员负担并没有显著降低CEO薪酬—业绩敏感性和CEO强制变更—业绩敏感性,进一步证明了国有企业经理激励契约对绩效的高度重视。

7.6　稳健性检验

在本节,我们从以下几方面进行稳健性检验:

7.6.1　重新界定公司CEO

前文以总经理作为公司CEO,还有文献认为国有企业董事长是公司最高决策者(宋德舜,2004),更像发达国家的CEO(吴超鹏等,2012)。因此,我们将国有企业董事长和非国有企业总经理界定为公司CEO重新进行检验,研究结论不变。

7.6.2　重新选取业绩指标

前文采用总资产收益率作为考核CEO的会计绩效指标,有文献采用营业利润/总资产(Firth et al.,2006;Chang and Hong,2009)作为衡量绩效的指标,国资委还提出基于ROE(净利润/净资产)对CEO进行考核。因此,我们又分别采用营业利润/总资产和净利润/净资产作为衡量公司经营绩效的指标重新进行检验,研究结论不变。

关于CEO薪酬—业绩敏感性的检验,我们还采用经行业调整的绩效进行检验,研究结论仍保持不变。

7.6.3　重新界定 CEO 强制变更

前文较为保守地界定 CEO 的强制变更，而健康、进修或出国等也有可能成为 CEO 被迫离职的托辞；此外，还有研究把被逮捕或案件调查、控制权变动作为 CEO 被迫离职的原因(Chang and Hong，2009)。因此，我们在原来 CEO 强制变更的基础上，分别将健康、进修或出国、被逮捕或案件调查、控制权变动等纳入强制变更范畴重新进行检验，研究结论仍保持不变。

7.6.4　重新选取 CEO 薪酬指标

前文以上市公司前三位经理薪酬总额的平均值取对数作为 CEO 薪酬的替代变量，而中国上市公司自 2005 年开始公布 CEO 个人薪酬，为了更准确地检验 CEO 薪酬—业绩敏感性，我们采用 2005 年之后的 CEO 薪酬重新进行检验，研究结论不变。

7.6.5　模型设定问题

在探讨不同产权性质公司 CEO 薪酬—业绩敏感性时，采用的是混合 OLS 模型，为了控制公司固有特征的影响，我们还借鉴 Graham et al. (2012)、Conyon and He(2011)的研究方法，采用固定效应模型重新进行检验，研究结论不变。

7.7　结　语

在人们的固有思维中，非国有企业以利润作为经营目标，而国有企业还要考虑一定的社会效益甚至政治效益，因此国有企业的 CEO 激励契约较非国有企业更不看重绩效，表现出更弱的 CEO 变更—业绩敏感性和 CEO 薪酬—业绩敏感性。然而，从已有文献来看，该观点并没有得到相应的实证支持。同时，已有实证研究还受到研究样本和数据来源的限制，研究结论并不可靠。

我们利用 1999—2011 年中国 A 股上市公司数据，分别采用会计绩效和市场绩效指标，比较国有企业和非国有企业 CEO 强制变更—业绩敏感性与 CEO

薪酬—业绩敏感性的差异。研究发现,当采用会计绩效时,国有企业 CEO 强制变更—业绩敏感性与 CEO 薪酬—业绩敏感性显著强于非国有企业;而且,该结论在控制内生性和盈余管理的可能影响之后仍然成立。同时,与已有文献不同,我们并没有发现 CEO 强制变更、薪酬与市场绩效之间的关系,也没有发现国有企业和非国有企业市场绩效激励契约有效性存在显著差异。进一步地,国有企业承担的社会责任目标尽管增加了 CEO 的在职消费和增大了政治晋升的可能性,但是并未改变 CEO 的强制变更—业绩敏感性和薪酬—业绩敏感性,再次验证了绩效在国有企业经理激励契约中的重要性。

本研究不但为不同产权性质企业激励契约有效性的差异提供了可靠和稳健的证据支持,而且为国有企业激励契约有效性高于非国有企业提供了一个合乎逻辑的解释,还为国有企业隐性激励机制的存在提供了新的证据。从现实意义上讲,我们的研究结论有利于投资者正确地理解企业激励契约,且对制定科学、合理的激励契约也具有一定的启示意义。

附录:国有企业和非国有企业的掏空动机与掏空行为对比

我们将公司控制权和现金流权两权分离度(Cao et al.,2011)、其他应收账款占公司总资产的比例(叶康涛等,2007;苏冬蔚和熊家财,2013)作为公司掏空动机与掏空行为的代理变量,分年度比较国有企业和非国有企业的掏空,具体如表 7-9 所示。

表 7-9　国有企业和非国有企业的掏空动机与掏空行为对比

Panel A:国有企业和非国有企业两权分离度

年份	国有企业		非国有企业	
	(1) 两权分离 样本占比(%)	(2) 两权分离度 均值	(3) 两权分离 样本占比(%)	(4) 两权分离度 均值
2003	16.5	2.293	70.2	7.693
2004	27.1	3.635	87.7	11.392
2005	30.6	4.034	85.2	10.670

（续表）

Panel A：国有企业和非国有企业两权分离度

年份	国有企业		非国有企业	
	(1) 两权分离 样本占比(%)	(2) 两权分离度 均值	(3) 两权分离 样本占比(%)	(4) 两权分离度 均值
2006	30.9	4.058	82.6	9.638
2007	31.6	4.139	82.3	9.510
2008	33.3	4.364	77.6	8.964
2009	31.7	4.231	75.0	8.552
2010	31.5	4.226	71.9	7.784
2011	32.7	4.363	70.6	7.765
2003—2011	30.0	3.988	77.3	8.924

Panel B：国有企业和非国有企业其他应收账款/总资产

年份	国有企业		非国有企业	
	(1) 均值	(2) 中位数	(3) 均值	(4) 中位数
1999	0.106	0.071	0.143	0.098
2000	0.093	0.056	0.133	0.079
2001	0.069	0.039	0.109	0.068
2002	0.066	0.035	0.113	0.060
2003	0.065	0.030	0.105	0.056
2004	0.065	0.026	0.114	0.049
2005	0.062	0.025	0.102	0.040
2006	0.054	0.020	0.097	0.034
2007	0.030	0.013	0.052	0.021
2008	0.024	0.011	0.036	0.014
2009	0.020	0.009	0.031	0.012
2010	0.019	0.008	0.026	0.011
2011	0.017	0.008	0.022	0.009
1999—2011	0.051	0.0196	0.063	0.0204

表7-9 Panel A给出2003—2011年(受两权分离度数据来源的限制,我们只能从2003年开始)各年度国有企业和非国有企业控制权、现金流权两权分离样本占比与两权分离度。对比第(1)列和第(3)列可知,2003—2011年国有企业和非国有企业两权分离样本占比分别为30%、77.3%,国有企业两权分离样本占比远远低于非国有企业。对比第(2)列和第(4)列可知,2003—2011年国有企业两权分离度的均值为3.988,而非国有企业为8.924,国有企业掏空动机显著弱于非国有企业。

表7-9 Panel B给出1999—2011年各年度国有企业和非国有企业其他应收账款/总资产(大股东占款的代理变量)的比例。对比第(1)列和第(3)列可知,国有企业其他应收账款/总资产比例的均值为0.051,而非国有企业为0.063。对比第(2)列和第(4)列可知,国有企业其他应收账款/总资产比例的中位数为0.0196,而非国有企业为0.0204,国有企业其他应收账款/总资产低于非国有企业。同时,我们还发现,尽管2007年之后其他应收账款/总资产比例大幅度下降,但是国有企业仍低于非国有企业。由此可知,国有企业大股东占款低于非国有企业,说明国有企业掏空行为少于非国有企业。

第8章 经理激励、负债与企业价值

8.1 问题的提出

现代企业的典型特征是所有权和经营权相分离，不持有或持有企业较少股份的经理人控制着企业资源的配置权(Berle and Means，1932)。作为委托人的股东不可能对拥有私有信息和企业控制权的经理人进行全面、彻底的监督；同时，股东和经理人的效用函数并非完全一致。因此，理性的经理人会努力追求自身效用最大化而非股东财富最大化，由此产生的代理问题会对股东价值造成严重的损害(Jensen and Meckling，1976；Jensen，1986；Shleifer and Vishny，1986)。[①] 正是因为认识到“企业所有权和经营权的分离以及经理们非利润最大化的潜在倾向仍然是许多企业行为的主要构成要素”，寻求合理的经理激励和约束机制对于实现企业价值最大化具有重要意义。

有效的经理薪酬契约能使经理人与股东利益趋于一致(Holmstrom，1979；Grossman and Hart，1983)，从而降低代理成本，提高企业价值。诸多学者的实证研究结果表明，企业业绩与经理薪酬存在显著的正相关关系，经理薪酬对公司绩效具有直接的正向作用(Lewellen and Huntsman，1970；Morck et al.，1988)。

尽管合理的薪酬契约被认为是协调委托-代理关系的有效工具(Holmstrom，1979)，但人们越来越认识到，负债可以约束经理人按照股东的利益行事(Jain，2006)，合理的融资结构可以限制经理人追求私利的行为[②](Hart and Moore，1998)，负债融资不仅能为企业获得税收优惠(Modigliani and

---

① 这就是经济学家通常所说的道德风险问题，管理层不按股东利益最大化行事的行为可大致分为卸责、过度投资、巩固地位策略和自我交易(Tirole，2005)。

② 我们主要从激励和负债(约束)两方面讨论代理问题对企业价值的影响。海和莫瑞斯(2001)认为，理论上存在五种机制可以约束经理人的非利润最大化行为：产品市场竞争、经理人劳动力市场竞争、组织设计、经理报酬制度和公司控制权竞争。除此之外，大股东监督往往也被认为是对经理人的一种监督机制。我们认为，出于主观和客观原因，其他机制在中国目前的环境下还不能发挥作用，或者作用是有限的，或者可能发挥相反的作用(譬如大股东监督)。正因为如此，我们选择从经理薪酬和负债的视角进行研究。

Miller,1963),还具有一定的治理效应,如减少经理人的自利行为(Grossman and Hart,1982)、减少自由现金流(Jensen,1986)、充当信息传递角色和管教角色(Harris and Raviv,1990)等,从而缓解股东与经理人之间的利益冲突。相关实证研究的结果表明,负债和企业价值存在显著的正相关关系(Denis and Denis,1993;McConnell and Servaes,1995)。

既然经理激励和负债都可以影响企业价值,那么在决定企业价值上,经理薪酬激励与负债治理是什么关系呢?怎样的薪酬设计与负债水平最有利于企业实现价值最大化?遗憾的是,长期以来,该问题并没有得到学者的足够关注。尽管在实践中,负债与经理激励是相互依赖的,学者在研究中却往往将两者割裂开(Berkovitch et al.,2000)。委托-代理理论(Mirrlees,1976;Holmstrom,1979)研究经理薪酬契约并没有考虑融资结构,而资本结构的代理理论(Jensen and Meckling,1976;Grossman and Hart,1982)并没有明确考虑经理薪酬激励问题。

Berkovitch et al.(2000)率先对此问题进行了理论探讨,认为负债具有管教和监督经理人的作用。负债和经理激励的确定受到两种效应的驱动,一种是工作安全效应,另一种是自由现金流效应。前者只有在为经理人所确定的标准是现实之时才有效,且有必要为经理人提供"金色降落伞"以弱化替代威胁;后者则对经理人的努力产生不利的影响。因此,为了促使经理人更加努力,必须为经理人提供足够的激励。他们的研究表明,在激励经理人追求企业价值最大化时,负债融资与经理薪酬激励存在互补的关系,较高的经理激励/薪酬—业绩敏感度和较高的负债水平构成更好的激励与控制系统。

同样是理论分析,Jain(2006)的研究却得出与Berkovitch et al.(2000)相反的结论。Jain(2006)认为,投资者能够通过负债所产生的信息评价企业主要的经营决策和企业对经理人所进行的监督状况,从而起到学习/甄别企业和经理人的作用。更重要的是,负债还能够提供"内含"的经理激励。尽管经理人对自己的能力高低和努力程度拥有私有信息,但是由于破产的威胁,负债可以提供激励以及据此对经理人类型进行识别(Jain认为经理薪酬具有这两方面的作用),从而表现出与经理薪酬之间存在相互替代关系的特征。

从目前的文献来看,尽管Jain(2006)和Berkovitch et al.(2000)从理论层面讨论了经理激励与负债在影响企业价值上的相互关系,但是,我们还没有发现相关的实证研究文献对此问题进行探讨。基于此，我们以中国上市公司为样本进行实证研究，以期对已有的理论文献提供一定的经验证据。

中国改革开放三十多年，尤其是自 1992 年提出建立"社会主义市场经济体制"以来，中国企业行为日益表现出与西方企业趋同的特征。在经理激励方面，企业日益重视经理人对价值创造的作用，在不断提高管理层工资的同时[①]，不断引入管理层持股、期权等发达国家普遍采用的经理激励方式，对企业绩效产生了积极的影响(林浚清等，2003；刘斌等，2003)。同时，随着中国金融体制改革的不断深入，银行更加注重自身的经济利益，负债对管理层的约束力逐步"趋硬"，且对借款企业起到了一定的监督作用(胡奕明等，2008)。因此，中国上市公司的实践为本研究提供了很好的条件。

我们选择沪深两市 2002—2008 年 A 股上市公司作为研究样本，运用联立方程组控制主要变量之间的内生性，并基于经理人的效用函数和中国上市公司的实际情况，区分显性激励和隐性激励[②]，实证检验经理激励和负债在影响企业价值上究竟是替代关系还是互补关系。

进一步地，鉴于中国特殊的制度背景，以及企业和经理人行为表现因制度背景的不同而具有较大的差异性(钱颖一，1999；孙铮等，2005；方军雄，2007)，我们考察不同环境下经理激励效应和负债治理效应的关系，检验两者关系在不同的环境下是否表现出不同的特征。我们认为，在中国，企业性质和各地区市场化程度的差异是研究上市公司问题需要考虑的两大制度背景。因此，在对经理激励和负债的相互关系进行总体研究的基础上，我们进一步区分企业性质和不同市场化程度，探讨在不同的制度背景下经理激励与负债在决定企业价值时的关系是否有所不同。

实证检验结果表明，无论是企业对经理人的显性薪酬激励还是经理人"自制"的隐性激励都能提高企业价值，这种正面的激励机制与负债的约束机制之间存在显著的替代关系。同时，这一替代关系在不同环境下具有显著的差异：首先，在非国有企业中，经理薪酬作为显性激励与负债在提高企业价值时存在替代关系，而在职消费作为隐性激励与负债的替代关系并不显著；而在国有企业中，

---

① 我们对中国上市公司经理薪酬所做的统计表明，2001 年，全部上市公司经理薪酬的均值为 102 799 元，而 2008 年该数值为 354 064 元。

② 在研究设计部分，我们对为什么做这一区分给出较详细的解释。

在职消费与负债存在显著的替代关系,而经理薪酬与负债的替代关系则不显著。其次,该替代关系在市场化程度较高地区的企业中存在,而在市场化程度较低地区的企业中并没有发现这一关系存在的证据。这表明经理激励和负债的关系受到制度背景特征的影响,其替代关系的成立需要一定的前提条件。

本研究的主要贡献体现在以下三方面:第一,以中国上市公司为样本,从激励和约束两个方面,实证检验了经理激励和负债共同对企业价值的影响,为经理激励和负债在影响企业价值上的相互关系提供了直接的证据;第二,研究了经理激励和负债替代关系的存在条件,检验了该关系在不同制度背景下的稳定性,同时也为制度背景影响公司治理提供了新的证据;第三,已有文献主要以薪酬、期权等显性的经理激励为基础,我们在考虑显性激励的同时,将高管在职消费作为经理隐性薪酬纳入经理激励的研究范围。

本章后文的结构安排如下:第 2 节为研究设计;第 3 节报告主要变量的描述性统计结果;第 4 节实证检验经理激励、负债在影响企业价值上究竟是替代关系还是互补关系;第 5 节结合中国制度背景,从企业性质和市场化程度两个方面研究不同环境下两者的关系;第 6 节展开相关的稳健性检验;第 7 节为结语。

8.2　研究设计

8.2.1　经理人的显性激励与隐性激励

经理激励包涵多方面的内容,因此,我们并不是仅仅考虑经理人的货币性薪酬,而是进行综合考虑。

Williamson(1964)认为,企业经理人的直接目标是工资和其他货币报酬、向经理人报告工作的员工数量及其才能、对企业资金投向的控制和在职消费。基于数据的可得性和计量上的困难,随后关于经理激励的研究更多地关注经理人的工资、股权等方面。

高管持股在美国等发达国家是非常重要的经理激励工具,大多数西方文献认为其能有效地缓解股东—经理人代理问题,从而提高企业价值。其中,最为经典的文献是 Morck et al. (1988)对高管持股比例如何影响企业价值的研究,随后的研究包括 McConnell and Servaes (1990)、Mehran (1992)、Himmelberg et al.(1999)等。然而,在中国,股权激励计划实施得较晚,高管持股水平偏低,零持股现象较为普遍。可能正是因为股权激励在实践上比较孱弱,国内学者对于高管持股激励效应的研究较少,且大都证明高管持股对企业价值并无显著影响(魏刚,2000;吕长江和赵宇恒,2008)。因此,本研究只是将高管持股比例MHOLD作为影响企业价值的一般性控制变量,并未将其作为经理激励的主要考察因素。

在讨论经理激励时,国内学者的研究成果主要集中在货币性薪酬方面,如杜胜利和翟艳玲(2005)、吕长江和赵宇恒(2008)、方军雄(2009)、辛清泉和谭伟强(2009)等。应该说,中国属于发展中国家,在整体收入水平不高、上市公司的激励手段比较单一的情形下,关注经理人的货币性薪酬激励有其合理性。已有研究(林浚清等,2003;刘斌等,2003)表明,货币性薪酬与企业绩效存在显著的正相关关系,表明了薪酬激励作用的存在。

经理人在获得薪酬的同时,进行更多的在职消费也是经理人的主要目标之一(Williamson,1964)。最近的一些研究发现,经理人的在职消费也能起到正面的激励作用,在一定程度上相当于管理层所获的隐性货币性薪酬(Henderson and Spindler,2005;Rajan and Wulf,2006;姜付秀等,2009;Chen et al.,2010)。姜付秀等(2009)认为,中国企业对高管定价偏低,高管从企业所获的现金收入相对来说是比较少的,由此导致高管对企业有着较强的依赖性;而普遍的在职消费会更加强化这种依赖性,对企业高度的依赖性促使高管为维持目前的消费水平而努力工作,从而提升企业价值,实现高管和企业的“双赢”;尤其在经理薪酬受到严格管制的国有企业中,在职消费对高管的激励作用更强。Rajan and Wulf(2006)基于美国300家上市公司1986—1999年的调查数据所进行的实证研究结果表明,在职消费有助于提高生产率。姜付秀等(2009)以中国上市公司数据所做的研究表明,在职消费对企业绩效具有正向影响。

基于以上分析,我们以经理薪酬作为显性激励、在职消费作为隐性激励,分别研究它们与负债在影响企业价值时的关系。

8.2.2 实证模型与变量

大量研究表明,企业价值、负债和经理激励是联合或同时决定的,三者之间存在潜在的两两内生性关系(Harvey et al.,2004;Dessí and Robertson,2003;

Palia,2001;Himmelberg et al.,1999;Ortiz-Molina,2007)。因此,为了控制变量之间的内生性,我们建立了包括企业价值、负债率和经理激励三个方程的联立方程模型(SEM),并运用三阶段最小二乘法(3SLS)进行估计。同时,为了证明3SLS估计结果的稳健性,我们使用普通最小二乘法(OLS)对企业价值方程进行估计。如果 OLS 结果与 3SLS 结果在符号和显著性上一致,而且 3SLS 估计结果表明主要变量之间的内生性显著存在,那么就有充分的理由相信 3SLS 的估计方法更为稳健。

为了检验显性经理激励(经理薪酬)与负债在影响企业价值上的相互关系,借鉴 Harvey et al. (2004)、Rajan and Zingales(1995)、辛清泉和谭伟强(2009)等相关研究,联立方程组 I 为:

$$Q_{i,t}=\alpha_0+\alpha_1 \mathrm{COMP}_{i,t}+\alpha_2 \mathrm{COMP}_{i,t}\times \mathrm{LEV}_{i,t}+\alpha_3 \mathrm{LEV}_{i,t}+\alpha_4 \mathrm{SIZE}_{i,t}+\alpha_5 \mathrm{CE}_{i,t}+\alpha_6 \mathrm{MHOLD}_{i,t}+\alpha_7 \mathrm{TOP1}_{i,t}+\sum\alpha_1\phi_t+\sum\alpha_2\psi_i+\varepsilon_{i,t} \tag{8-1}$$

$$\mathrm{LEV}_{i,t}=\beta_0+\beta_1 \mathrm{COMP}_{i,t}+\beta_2 Q_{i,t}+\beta_3 \mathrm{SIZE}_{i,t}+\beta_4 \mathrm{TANG}_{i,t}+\beta_5 \mathrm{OI}_{i,t}+\beta_6 \mathrm{TOP1}_{i,t}+\sum\beta_1\phi_t+\sum\beta_2\psi_i+\varepsilon_{i,t} \tag{8-2}$$

$$\mathrm{COMP}_{i,t}=\gamma_0+\gamma_1 Q_{i,t}+\gamma_2 \mathrm{LEV}_{i,t}+\gamma_3 \mathrm{SIZE}_{i,t}+\gamma_4 \mathrm{ROA}_{i,t}+\gamma_5 \mathrm{MHOLD}_{i,t}+\sum\gamma_1\phi_t+\sum\gamma_2\psi_i+\varepsilon_{i,t} \tag{8-3}$$

其中,式(8-1)为企业价值方程。在实证公司金融领域,许多文献(如 Morck et al., 1988;Dessí and Robertson,2003;汪辉,2003;白重恩等,2005)使用托宾 Q 作为企业价值的代理变量,我们也使用托宾 Q 作为企业价值方程的被解释变量。经理薪酬、负债率分别用 COMP 和 LEV 表示,经理薪酬与负债的交互项 COMP×LEV 直接检验经理薪酬和负债在影响企业价值上的相互关系。如果经理薪酬(COMP)和负债率(LEV)的系数显著为正,且交互项 COMP×LEV 的系数显著为负,则说明经理薪酬与负债均能提高企业价值,而且在提高企业价值时存在替代关系;反之,如果交互项 COMP×LEV 的系数显著为正,则说明经理薪酬与负债在提高企业价值上存在互补关系。价值方程的控制变量包括企业规模、增长机会和第一大股东持股比例。大量文献表明,企业规模对企业价值具有负面作用(Morck et al.,1988;McConnell and Servaes,1990;Smith and Watts,1992),与这些文献的做法一致,我们用企业总资产的自然对数衡量企业规模(SIZE)。

增长机会对企业价值具有重要影响，借鉴 Harvey et al.（2004），我们用资本支出与总资产的比值（CE）衡量企业的增长机会。[①] 此外，有研究表明，对于新兴市场国家来说，第一大股东持股比例对企业价值具有重要（负面）影响（Bai ct al.，2004；白重恩等，2005；Fan et al.，2007），因此我们还控制第一大股东持股比例（TOP1）。为了控制年度和行业对企业价值的影响，我们在方程中加入年度虚拟变量 ϕ 和行业虚拟变量 ψ。

式（8-2）是负债率方程，被解释变量为资产负债率（LEV），企业价值（Q）和经理薪酬（COMP）是与被解释变量联合决定的内生控制变量。根据 Rajan and Zingales（1995）和 Harvey et al.（2004）的研究，我们选取了负债率的四个决定变量：托宾 Q、有形资产比率、企业规模和盈利能力。[②] 最近有研究发现，大股东会影响企业的资本结构决策，如肖作平（2009）证明大股东持股比例与企业债务水平负相关，因此我们还控制第一大股东持股比例（TOP1）。与其他方程一致，我们还控制行业与年度的影响。

式（8-3）为经理薪酬方程，被解释变量为经理薪酬（COMP），企业价值（Q）和负债率（LEV）是联合内生变量。根据已有研究（如 Ortiz-Molina，2007；方军雄，2009），我们在方程中控制公司规模（SIZE）、公司业绩（ROA）、高管持股比例（MHOLD）、行业和年度等因素对经理薪酬的影响。

为了检验隐性的经理激励（在职消费）与负债在影响企业价值上的相互关系，与联立方程组Ⅰ类似，企业价值方程（8-4）和负债率方程（8-5）借鉴 Harvey et al.（2004）与 Rajan and Zingales（1995）的思路，在职消费方程（8-5）的设计沿用陈冬华等（2005）的研究思路，建立联立方程组Ⅱ为：

---

① 托宾 Q 和销售收入增长率是文献中常用的衡量企业增长的代理变量，然而前者是企业价值方程的被解释变量，后者与经理薪酬和负债很可能存在相互作用甚至互为因果。因此，就本研究而言，它们均不太适用于衡量增长机会（Palia，2001）。

② 感谢审稿人的建议。在稳健性检验中，我们还控制了非债务税盾、企业波动性等因素对负债率的影响，并分别用资本支出、销售收入增长率替换托宾 Q 以衡量增长机会，研究结论不变。需要说明的是，在负债率方程中，我们用营业收入/总资产（OI）衡量企业的盈利能力，主要原因为：一是基于 Rajan and Zingales（1995）、Harvey et al.（2004）、Lemmon et al.（2008）在研究资本结构影响因素时对盈利能力代理变量的讨论，他们用营业收入（或经营现金流）与总资产的比值衡量企业盈利能力；二是企业业绩是影响薪酬的主要因素之一，为了保证经理薪酬方程可以进行识别与估计（Wooldridge，2008），我们在负债率方程中使用与薪酬方程中业绩衡量指标（ROA）不同的指标衡量企业盈利能力。

$$Q_{i,t} = \alpha_0 + \alpha_1 \mathrm{PERK}_{i,t} + \alpha_2 \mathrm{PERK}_{i,t} \times \mathrm{LEV}_{i,t} + \alpha_3 \mathrm{LEV}_{i,t} + \alpha_4 \mathrm{SIZE}_{i,t} + \alpha_5 \mathrm{CE}_{i,t} + \alpha_6 \mathrm{MHOLD}_{i,t} + \alpha_7 \mathrm{TOP1}_{i,t} + \sum \alpha_1 \phi_t + \sum \alpha_2 \psi_i + \varepsilon_{i,t} \quad (8\text{-}4)$$

$$\mathrm{LEV}_{i,t} = \beta_0 + \beta_1 \mathrm{PERK}_{i,t} + \beta_2 Q_{i,t} + \beta_3 \mathrm{SIZE}_{i,t} + \beta_4 \mathrm{TANG}_{i,t} + \beta_5 \mathrm{OI}_{i,t} + \beta_6 \mathrm{TOP1}_{i,t} + \sum \beta_1 \phi_t + \sum \beta_2 \psi_i + \varepsilon_{i,t} \quad (8\text{-}5)$$

$$\mathrm{PERK}_{i,t} = \gamma_0 + \gamma_1 Q_{i,t} + \gamma_2 \mathrm{LEV}_{i,t} + \gamma_3 \mathrm{SIZE}_{i,t} + \gamma_4 \mathrm{CF}_{i,t} + \gamma_5 \mathrm{RPAY}_{i,t} + \gamma_6 \mathrm{MHOLD}_{i,t} + \sum \alpha_1 \phi_t + \sum \alpha_2 \psi_i + \varepsilon_{i,t} \quad (8\text{-}6)$$

其中,企业价值方程(8-4)与方程(8-1)的不同之处在于,用高管的平均在职消费(PERK)替换了经理薪酬(COMP)。在职消费和负债的交互项 PERK×LEV 直接检验经理人在职消费与负债在影响企业价值上的相互关系。如果在职消费(PERK)和负债率(LEV)的系数显著为正,且交互项 PERK×LEV 的系数显著为负,则说明在职消费与负债均能提高企业价值,而且在提高企业价值上存在替代关系。

负债率方程(8-5)是在方程(8-2)的基础上,将经理薪酬(COMP)换成了在职消费(PERK),其余变量保持不变,这里不再赘述。

在职消费方程(8-6)的被解释变量是高管在职消费(PERK)。根据已有文献(Rajan and Wulf,2006;陈冬华等,2005),我们控制了在职消费的影响因素,包括企业规模(SIZE)、现金流(CF)、相对薪酬(RPAY)、高管持股比例(MHOLD)。此外,我们还控制了年度(ϕ)和行业(ψ)可能产生的影响。

主要变量的设计与计算方法如表 8-1 所示。

表 8-1　变量的设计与计算方法

变量名称	变量含义	计算方法
被解释变量		
Q	企业价值	(每股价格×流通股股数+每股净资产×非流通股股数+负债账面价值)/总资产,计算方法与夏立军和方铁强(2005)、苏启林和朱文(2003)、汪辉(2003)等一致

（续表）

变量名称	变量含义	计算方法
解释变量		
COMP	经理薪酬	排名前三高管平均薪酬的自然对数
PERK	在职消费	年报附注里的“办公费、差旅费、业务招待费、通信费、出国培训费、董事会费、小车费和会议费”等八项费用除以高管总人数后取自然对数，计算方法借鉴陈冬华等(2005)、姜付秀等(2009)
LEV	负债率	总负债/总资产
控制变量		
SIZE	企业规模	总资产的自然对数
CE	增长机会	资本支出/总资产，根据 Palia(2001)和 Harvey et al. (2004)
TOP1	第一大股东持股比例	第一大股东持股总数/总股本
MHOLD	高管持股比例	高管(含董事、监事、高管)持股总数/总股本
TANG	有形资产	(固定资产+存货)/总资产，借鉴肖泽忠和邹宏(2008)
OI	运营能力	营业收入/总资产，借鉴 Rajan and Zingales(1995)、Harvey et al. (2004)、Lemmon et al. (2008)等
ROA	企业业绩	净利润/总资产
CF	现金流	经营现金净流量/总资产
RPAY	相对薪酬	高管平均薪酬/员工平均工资
STATE-OWNED	企业性质	根据实际控制人类别划分企业的所有权性质，如果是国有控股则为国有企业，否则为非国有企业。
MINDEX	市场化指数	来自樊纲等编制的“市场化程度指数”，2007 年与 2008 年的市场化指数以 2006 年的代替

8.2.3 中国制度背景的影响

负债和经理激励在影响企业价值上的相互关系取决于两者在企业中是否确实为监督与激励机制。如果两者中的某一机制不成立，那么检验两者的替代关系或互补关系也就没有意义。尽管基于中国上市公司的研究表明，负债具有一定的监督作用(胡奕明等，2008)，经理激励与企业绩效存在正相关关系(林浚清等，2003；刘斌等，2003)，但是由于制度背景的不同，企业和经理人行为表现具有较大的差异(钱颖一，1999；孙铮等，2005；方军雄，2007)，负债和经理激励作为监督与激励机制的功能在不同的制度背景下也具有一定的差异。因此，在对负债和经理激励关系的研究上应该考虑相应的制度背景，而企业性质和企业所在地区的市场化程度是两大制度背景。

首先，从企业性质上看，非国有企业的薪酬设计更加市场化，而国有企业存在薪酬管制（陈冬华等，2005），可能扭曲企业激励机制的设计，表现为显性激励不足、在职消费等隐性激励发挥更大的作用（姜付秀等，2009）。同时，与非国有企业相比，大多数国有企业高管并不持有企业股份，相应的激励强度较弱。相关文献还表明，国有企业更容易获得银行的信贷资金（卢峰和姚洋，2004），预算约束更弱。由此可见，国有企业与非国有企业在经理激励契约上存在较大差异，而且债务合约的治理作用强度（约束力度）在两类企业中也有所不同，基于此，经理激励和负债在影响企业价值上的关系在不同所有权性质的企业中可能存在差异。

其次，伴随着市场化改革的不断深入，中国的总体市场化程度在逐步提高，然而各地区的市场化程度又存在较大差异（樊纲和王小鲁，2007）。市场化改革对上市公司尤其是国有企业的公司治理产生了显著影响，市场化进程增强了国有企业经理薪酬—业绩敏感性（辛清泉和谭伟强，2009），改善了经理薪酬契约。一方面，随着制度环境的改善，政府干预减少、市场化程度提高、预算软约束硬化（方军雄，2007），债务的治理作用在不断加强；另一方面，从横截面来看，在市场化程度较低的地区，政府干预比较普遍，而政府的干预常常使得激励和约束软化（钱颖一，1999）。不仅如此，由于投资者保护意识不足、法制环境不健全，负债对经理人的约束作用可能并不明显，可能影响经理激励和负债两种治理机制之间的关系。

基于以上分析，为了检验经理激励与负债之间关系的稳定性——不同的制度环境对替代关系或互补关系是否存在显著影响，我们从企业所有权性质和市场化程度两个角度，进行相关的分样本回归分析。首先，按企业性质将样本分为国有企业组与非国有企业组，进行联立方程组Ⅰ和联立方程组Ⅱ的回归分析，比较在不同所有权性质的企业中，经理激励和负债在影响企业价值上的相互关系是否存在差异；其次，按市场化程度的高低，将样本分为市场化程度高、中、低三组，分别进行以上回归分析，验证市场化程度对经理激励和负债在决定企业价值上的相互关系是否产生影响。

8.2.4 研究样本

研究样本为沪深两市 2002—2008 年的全部 A 股上市公司。在职消费数据根据公司年度报表手工整理,其余数据来自 CCER 数据库和 CSMAR 数据库。

按照已有的研究惯例,我们按照以下标准对样本进行筛选:(1) 剔除金融类上市公司样本;(2) 剔除首次公开募股当年的样本;(3) 剔除净资产小于 0 的样本;(4) 剔除相关数据缺失的样本。最终,我们共得到 8 412 个样本公司,占同一时间段内上市公司样本总量的 87.2%,因此样本的选取具有比较好的代表性。

由于本研究界定的在职消费并非企业会计准则等相关法规强制要求的披露内容,因此数据缺失较多。最终,我们得到的在职消费样本为 3 496 个,占上市公司样本总量的 36.2%。为了保持样本的代表性,我们用经理薪酬样本($n=$ 8 412)对联立方程组Ⅰ进行回归分析,用在职消费样本($n=$3 496)对联立方程组Ⅱ进行回归分析。

需要说明的是,我们按照中国证监会行业分类标准对样本公司进行分类,除制造业采用两位行业代码外,其他行业采用一位行业代码。最终,全部样本分属于 21 个行业。

8.3 描述性统计

我们对研究样本的主要变量进行了描述性统计分析,具体结果如表 8-2 所示。

在薪酬组中,企业价值(Q)的均值和中位数分别为 1.2211、1.0168,标准差为 0.6544,可以看出样本公司市场价值的分布比较分散,市场对不同公司估值的差异较大。2002—2008 年,中国上市公司薪酬最高的前三位高管年薪的平均数和中位数分别为 23.88 万元、16.85 万元,相对来说处于较低的水平。资产负债率(LEV)的均值和中位数分别为 0.4985、0.5087,标准差为 0.1824。其余变量的描述性统计结果详见表 8-2,这里不再赘述。

表 8-2　主要变量的描述性统计

变量	薪酬组			在职消费组		
	均值	中位数	标准差	均值	中位数	标准差
Q	1.2211	1.0168	0.6544	1.2148	1.0189	0.6417
COMP	11.9973	12.0349	0.8822	11.9925	12.0317	0.8700
MHOLD	0.0128	0.0000	0.0689	0.0133	0.0000	0.0719
LEV	0.4985	0.5087	0.1824	0.4905	0.5011	0.1813
SIZE	21.3502	21.2444	1.0337	21.3082	21.2504	0.9735
TANG	0.4710	0.4671	0.1703	0.4773	0.4746	0.1659
CE	0.0618	0.0425	0.0609	0.0651	0.0460	0.0613
OI	0.6673	0.5448	0.4884	0.7130	0.5926	0.5034
TOP1	0.3945	0.3739	0.1642	0.3921	0.3746	0.1602
ROA	0.0174	0.0161	0.0501	0.0190	0.0160	0.0473
STATE-OWNED	0.6983	1.0000	0.4590	0.7177	1.0000	0.4502
MINDEX	7.4012	7.5000	1.9990	7.2008	6.8600	1.9059
PERK	—	—	—	13.0873	13.1214	1.3725
CF	—	—	—	0.0551	0.0531	0.0753
RPAY	—	—	—	5.6174	4.2195	4.9783
观测值		8 412			3 496	

在职消费组是薪酬组的子样本。可以看出,在职消费对于薪酬并不高的高管来说,很可能具有较强的激励作用,充当了隐性薪酬的角色(姜付秀等,2009)。

整体上,在职消费组的数据特征与薪酬组的差异并不明显,表明以在职消费子样本进行回归分析不会导致结果产生较大的偏差。

为了直观地认识经理激励与负债如何影响企业价值,以及经理激励与负债在影响企业价值上的相互作用,我们利用样本分组后的三维图对经理薪酬(在职消费)、负债与企业价值进行多变量描述性统计分析。具体做法为:对样本公司按薪酬(在职消费)从高到低分为 3 组,再重新按负债率从高到低分为 3 组,得到 9 组子样本,每组子样本包含不同的薪酬(在职消费)与负债率组合;计算每组子样本企业价值的均值或中位数,代表在不同薪酬(在职消费)与负债率组合下企业价值的高低;对样本按 4×4 组分类进行相应的分析。

表 8-3 Panel A 为按经理薪酬高低和负债率高低分为 9 组后企业价值(均值)的统计结果,可以看出在薪酬(负债率)最低组,企业价值随着负债率(薪酬)

的升高先下降后上升;而在经理薪酬(负债率)最高组,企业价值随着负债率(薪酬)的升高持续下降;并且,薪酬与负债率双高组和薪酬与负债率双低组的企业价值均不是最高的;相反,薪酬与负债率一高一低组的企业价值更高。由此可以看出,当薪酬增加时,负债的作用有所减弱,在薪酬最高组,增加负债甚至有损于企业价值;反之,当负债水平提高时,薪酬的激励作用在减弱,在负债率最高组,增加薪酬反而会对企业价值产生负面影响。也就是说,经理薪酬与负债在影响企业价值上表现出一定的替代关系而非互补关系。

表 8-3 Panel B 为按照同样的分类方法,将全部样本分为 16 组的描述性统计结果,可以看出该结果与表 8-3 Panel A 具有相同的变化规律,即经理薪酬与负债在影响企业价值上呈现较为明显的替代关系。

表 8-3 薪酬、负债与企业价值

Panel A:企业价值 *Q*(9 组)			
薪酬最高组	**1.234274**	1.158034	**1.151768**
薪酬中间组	1.192001	1.168974	1.173996
薪酬最低组	**1.204524**	1.204075	**1.277284**
	负债率最低组	负债率中间组	负债率最高组

Panel B:企业价值 *Q*(16 组)				
薪酬最高组	**1.231787**	1.199512	1.14686	**1.137723**
薪酬次高组	1.176606	1.177674	1.187846	1.174693
薪酬次低组	1.193586	1.171045	1.168642	1.228063
薪酬最低组	**1.223752**	1.215733	1.19268	**1.309428**
	负债率最低组	负债率次低组	负债率次高组	负债率最高组

图 8-1 是与表 8-3 Panel A 对应的三维立体图,*X* 轴是负债率(LEV),*Y* 轴是经理薪酬(COMP),*Z* 轴是企业价值(*Q*)。我们从图 8-1 中可以更直观地看出经理薪酬与负债在影响企业价值上的替代关系。图 8-2 是与表 8-3 Panel B 对应的三维立体图,*X* 轴是负债率(LEV),*Y* 轴是经理薪酬(COMP),*Z* 轴是企业价值(*Q*)。

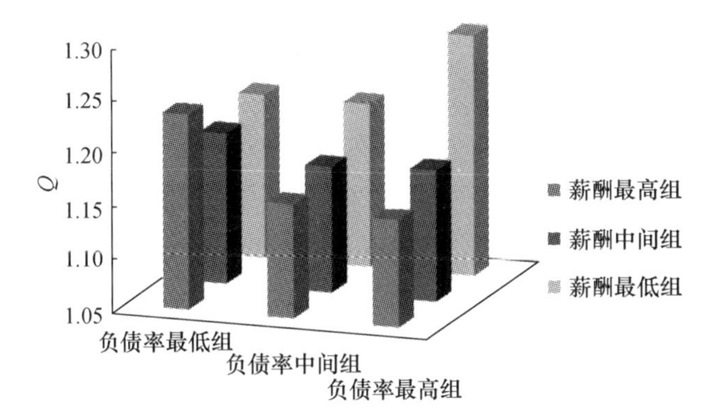

图 8-1　经理薪酬、负债与企业价值(9 组)

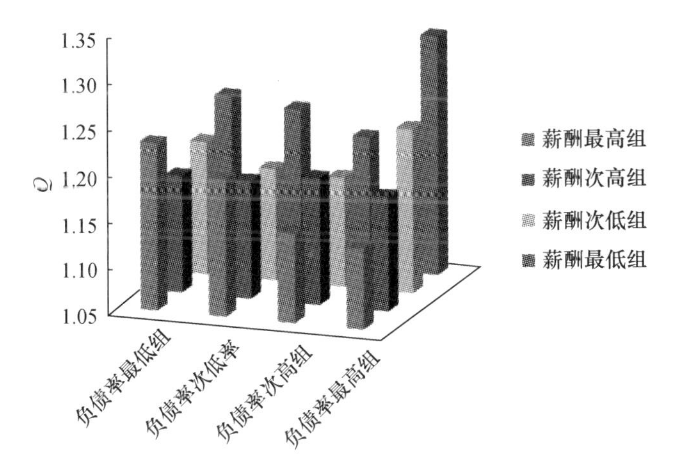

图 8-2　经理薪酬、负债与企业价值(16 组)

随后,我们对在职消费按同样的方式进行了分组检验。结果表明,无论是按经理薪酬还是按在职消费分组,子样本企业价值均值和中位数的分布均表现出同样的规律,为节省篇幅,这里不再列举其余图表。

从以上图表分析可以看出,在中国上市公司中,经理薪酬(在职消费)与负债在影响企业价值上存在明显的替代关系。当薪酬(在职消费)增加时,负债的作用逐渐减弱,甚至变为负的;反之,当负债水平提高时,薪酬(在职消费)的作用也会降低。我们还能看到,对于高经理激励和高负债这样所谓的"最后一招"[1],市场并不认同,其企业价值低于激励和负债一高一低的企业。

① Murphy(1999)称之为 last resort(最后一招),Gilson and Vetsuypens(1993)、Dial and Murphy(1995)等为此提供了典型案例。

8.4 回归结果与分析

描述性统计分析为我们认识经理激励和负债在影响企业价值上的替代关系提供了一个直观的印象，为了更可靠地证明两者可能存在的替代关系，本节采用多元回归分析的方法，运用研究设计部分的两组联立方程，对经理激励与负债的关系进行更为准确的实证检验。

8.4.1 显性激励、负债与企业价值

我们运用薪酬样本组，对联立方程组[①] Ⅰ进行三阶段最小二乘估计(3SLS)；为了增强结论的稳健性，对企业价值方程(8-1)进行普通最小二乘估计(OLS)，以检验显性经理激励、负债与企业价值之间的关系，具体结果如表 8-4 所示。

表 8-4 经理薪酬、负债与企业价值

变量	3SLS			OLS
	托宾 Q	负债率[②]	薪酬	托宾 Q
COMP	1.329***	−2.793***		0.197***
	(0.006)	(0.000)		(0.000)
LEV	20.447*		−0.029	3.587***
	(0.050)		(0.699)	(0.000)
COMP×LEV	−1.699*			−0.287***
	(0.052)			(0.000)
Q		8.077***	1.798***	
		(0.000)	(0.000)	
SIZE	−0.294***	2.272***	0.621***	−0.181***
	(0.000)	(0.000)	(0.000)	(0.000)
CE	−0.015			0.310***
	(0.854)			(0.001)

---

① 在三个方程中，我们同时剔除了企业规模，然后进行了回归，结论保持不变。在后文的相关检验中，我们都进行了类似的处理，结论依然成立。

② 在资本结构的实证文献（例如，Harvey，Lins and Rope，2004）中，经常用来衡量企业增长机会的变量包括托宾 Q、资本支出、销售收入增长率等。在负债率方程中，我们分别用资本支出、销售收入增长率对托宾 Q 做了替换，重新进行了回归分析，结论保持不变。在后文的相关检验中，我们都进行了以上替换，研究结论保持不变。

（续表）

变量	3SLS			OLS
	托宾 Q	负债率	薪酬	托宾 Q
TANG		0.569***		
		(0.000)		
OI		0.031		
		(0.73)		
ROA			1.461***	
			(0.000)	
MHOLD	−0.087		−0.004	−0.052
	(0.382)		(0.962)	(0.495)
TOP1	−0.097**	1.211***		−0.346***
	(0.017)	(0.000)		(0.000)
截距项				2.633***
				(0.000)
年度	控制	控制	控制	控制
行业	控制	控制	控制	控制
Adjusted R^2	—	—	—	0.5104
观测值		8 412		8 412
P-value	(0.000)	(0.000)	(0.000)	(0.000)

注：括号内为 P 值；*、**、*** 分别表示在10%、5%和1%的统计水平上显著。

从回归结果看，在企业价值方程中，经理薪酬(COMP)与负债率(LEV)的系数显著为正，表明经理薪酬激励与负债治理均能显著提高企业价值。更重要的是，经理薪酬与负债率交互项 COMP×LEV 的系数显著为负(−1.699，P 值为0.052)，说明经理薪酬与负债在提高企业价值上存在显著的替代关系，这与描述性统计分析的初步结果相一致，从而证明了 Jain(2006)提出的经理薪酬与负债在“激励”经理人上具有替代关系的假说。

以样本均值企业为典型企业，我们进一步分析了经理薪酬、负债对企业价值影响的经济意义[①]，薪酬最高的前三位高管的平均薪酬增长1%(增加2 388元)，则企业市场价值增加约997万元；负债率提高1%(从0.4985增至0.5085)，则

① 感谢审稿人对分析经济意义的建议。我们的计算过程为：高管平均薪酬提高1%约为2 388元[exp(11.9973)×1%≈2 388]，则公司市场价值增加约997万元[exp(21.4503)×(1.329−1.699×0.4985)/100≈9 973 272]；负债率提高0.01，则公司市场价值增加约132万元[exp(21.4503)×(20.447−1.699×11.9973)/100≈1 315 580]。后文其余回归结果的经济意义解释与此类似。

企业市场价值增加约132万元。这说明经理薪酬激励和负债约束对企业价值的经济影响力相当大，我们应当给予足够的重视。

在负债率方程中，经理薪酬(COMP)的系数显著为负，说明经理薪酬越高、企业负债率越低，经理薪酬的提高反而使经理人更保守、更不愿意负债(Friend and Lang, 1988)。

在薪酬方程中，负债率对经理薪酬的影响为负但不显著，可能的原因是在国有企业，负债存在软约束问题(卢峰和姚洋，2004)，导致从整体来看，负债对经理薪酬并没有显著影响。

此外，与已有文献一致(Harvey et al., 2004; Himmelberg et al., 1999)，企业价值对负债率(LEV)和经理薪酬(COMP)均有显著影响。由此可以看出，经理薪酬、负债与企业价值之间有着复杂的因果关系，存在较强的内生性。尽管OLS回归结果与联立方程组基本一致，但是由于OLS无法控制这些变量之间的内生性问题，其结果在很大程度上是不够稳健的。因此，在研究制度背景的影响时所进行的回归分析中，我们只使用联立方程组进行检验。

8.4.2　隐性激励、负债与企业价值

我们利用在职消费样本组，对联立方程组Ⅱ和企业价值方程(8-4)分别进行三阶段最小二乘估计(3SLS)和普通最小二乘估计(OLS)，检验隐性经理激励、负债与企业价值之间的关系，具体结果如表8-5所示。

表8-5　在职消费、负债与企业价值

变量	3SLS			OLS
	托宾 Q	负债率	在职消费	托宾 Q
PERK	0.883***	0.646***		0.095***
	(0.000)	(0.000)		(0.000)
LEV	10.593**		1.374***	1.855***
	(0.034)		(0.000)	(0.000)
PERK×LEV	−0.860**			−0.129***
	(0.026)			(0.000)
Q		−1.014***	2.270***	
		(0.000)	(0.000)	

（续表）

变量	3SLS			OLS
	托宾 Q	负债率	在职消费	托宾 Q
SIZE	−0.426***	−0.550***	0.982***	−0.184***
	(0.000)	(0.000)	(0.000)	(0.000)
CE	0.143			0.330**
	(0.346)			(0.013)
TANG		0.185***		
		(0.003)		
OI		−0.069***		
		(0.003)		
CF			−0.430	
			(0.276)	
RPAY			−0.006	
			(0.141)	
MHOLD	−0.142		−0.286*	−0.012
	(0.402)		(0.093)	(0.912)
TOP1	−0.061	0.038		−0.263***
	(0.379)	(0.556)		(0.000)
截距项				3.614***
				(0.000)
年度	控制	控制	控制	控制
行业	控制	控制	控制	控制
Adjusted R^2	—	—	—	0.5230
观测值		3 496		3 496
P-value	(0.000)	(0.000)	(0.000)	(0.000)

注：括号内为 P 值；*、**、*** 分别表示在 10%、5%和 1%的统计水平上显著。

从回归结果来看，在企业价值方程中，高管在职消费（PERK）的系数显著为正，表明在职消费能显著提高企业价值，这与姜付秀等（2009）和 Chen et al.(2010)的研究结果一致。更重要的是，在职消费与负债率交互项 PERK×LEV 的系数显著为负（−0.860，P 值为 0.026），说明在职消费作为隐性经理激励与负债在提高企业价值上存在显著的替代关系。

在负债率方程中，在职消费（PERK）的系数显著为正，说明高管的在职消费越多，企业负债率越高。我们认为，中国上市公司的经理薪酬普遍不高、薪酬管制较严、媒体对高薪批评较多，在这种背景下，在职消费能充当高管的“替代性”

薪酬,其激励作用甚至可能更强,因此在职消费能够激励经理人承担更多的债务。

在在职消费方程中,负债率(LEV)的系数显著为正(1.374,P 值为 0.000),说明负债的增加会提高经理人的在职消费水平。由此可以看出,在职消费与负债存在相互促进的关系,这和薪酬与负债的相互减弱关系完全不同。关于变量间内生性问题的讨论与联立方程组Ⅰ类似,基于同样的原因,后文的相关回归分析只使用联立方程组Ⅱ进行。

此外,在在职消费方程中,相对薪酬(RPAY)和高管持股比例(MHOLD)的系数为负,但显著性水平较低,这在一定程度上说明高管年薪与员工平均工资的倍数越低、高管层持股比例越小,经理人从薪酬中得到的激励越少,越有可能追求较高的在职消费。

8.5 进一步研究:制度背景的影响

大量研究发现,制度会通过提高或降低激励和约束来影响企业行为,尤其是会影响拥有“自由决策权”的经理人行为。因此,用来缓解代理问题的激励机制和约束机制,其效率高低及其之间的关系,也必然因制度背景的不同而有所差异(钱颖一,1999;孙铮等,2005;方军雄,2007)。基于此,我们进一步研究不同的制度环境对这种替代关系是否有显著影响,分析替代关系的稳定性及其存在的条件。我们认为,中国上市公司所有权性质不同和各地区市场化程度差异的广泛存在,为研究提供了充足的空间。我们从企业性质和市场化程度两个角度,进行相关的实证分析。

8.5.1 企业性质的影响

我们将全部样本按照企业性质划分为国有企业组与非国有企业组,进行联立方程组Ⅰ和联立方程组Ⅱ的回归分析,比较在不同所有权性质的企业中,显性经理激励和隐性经理激励与负债在影响企业价值上的相互关系是否存在差异。表 8-6 为不同企业性质下,显性经理激励、负债与企业价值之间关系的回归结果。

表 8-6　经理薪酬、负债与企业价值:不同所有权性质

变量	国有企业组(3SLS)			非国有企业组(3SLS)		
	托宾 Q	负债率	薪酬	托宾 Q	负债率	薪酬
COMP	0.338	−1.847**		2.253***	−0.826***	
	(0.683)	(0.027)		(0.000)	(0.000)	
LEV	0.391		0.012	39.838***		−0.575***
	(0.983)		(0.895)	(0.001)		(0.000)
COMP×LEV	−0.022			−3.293***		
	(0.988)			(0.001)		
Q		6.868**	2.045***		2.142***	1.415***
		(0.020)	(0.000)		(0.000)	(0.000)
SIZE	−0.244***	1.603**	0.582***	−0.397***	0.837***	0.723***
	(0.000)	(0.012)	(0.000)	(0.000)	(0.000)	(0.000)
CE	−0.016			0.233**		
	(0.910)			(0.038)		
TANG		0.440**			0.301***	
		(0.039)			(0.001)	
OI		−0.567**			−0.038	
		(0.017)			(0.198)	
ROA			2.108***			1.373***
			(0.000)			(0.000)
MHOLD	−0.217		0.156	−0.191**		0.072
	(0.798)		(0.604)	(0.046)		(0.586)
TOP1	−0.100*	0.753		−0.148**	0.525***	
	(0.092)	(0.259)		0.032	(0.003)	
年度	控制	控制	控制	控制	控制	控制
行业	控制	控制	控制	控制	控制	控制
观测值		5 874			2 538	
P-value	(0.000)	(0.000)	(0.000)	(0.000)	(0.000)	(0.000)

注:括号内为 *P* 值;*、**、*** 分别表示在 10%、5%和 1%的统计水平上显著。

从回归结果看,在非国有企业中,经理薪酬与负债在提高企业价值时的替代关系非常显著(系数−3.293,P=0.001);而在国有企业中,这种关系并不成立。我们认为这一结果的原因可能是:国有企业严格的薪酬管制使得经理薪酬的激励机制相对来说不完善,导致显性的经理激励效果较弱,使得薪酬激励与负债治理的替代关系并不成立。

薪酬方程的回归结果表明,负债率的系数在非国有企业中显著为负,说明增加负债会减少经理人的薪酬,而在国有企业中这种影响不明显。在非国有企业中,高管持股比例对企业价值的影响显著为负;而在国有企业中,高管持股比例对企业价值没有显著影响。由此可见,在中国上市公司中,高管持股并不具有激励作用,有时甚至表现出对企业价值具有负面影响,这种现象可能是“由这些微乎其微甚至可以忽略不计的持股量引起的误差所致”(白重恩等,2005)。

表8-7为不同企业性质下,隐性经理激励(在职消费)、负债与企业价值之间关系的回归结果。从回归结果看,与经理薪酬和负债的关系不同,在职消费与负债在提高企业价值上的替代关系在国有企业中显著存在(系数为-0.573,P值为0.082),而在非国有企业中则并不显著。我们对此的解释是:在薪酬管制严格的国有企业中,高管的货币性补偿激励机制缺失(吕长江和赵宇恒,2008),在职消费能起到很强的激励作用;而在非国有企业中,由于经理激励主要是通过比较市场化的货币性薪酬方式实现的,且监督机制比较完善,在职消费受到较大程度的控制,使得这种隐性的激励作用相对较弱。可能正是这种差异,导致隐性的经理激励和负债的替代关系在国有企业与非国有企业中表现出不同的特点。这一结果也证明了在薪酬管制的国有企业中,在职消费可能是经理薪酬的一种有效补充,并且对高管的激励作用很可能比薪酬更强。

表8-7 在职消费、负债与企业价值:不同所有权性质

变量	国有企业组(3SLS)			非国有企业组(3SLS)		
	托宾Q	负债率	在职消费	托宾Q	负债率	在职消费
PERK	0.716***	0.712***		0.577**	0.435***	
	(0.000)	(0.000)		(0.021)	(0.000)	
LEV	6.939		1.254***	8.086		1.502**
	(0.104)		(0.000)	(0.222)		(0.011)
PERK×LEV	-0.573*			-0.645		
	(0.082)			(0.203)		
Q		-1.248***	2.407***		-0.501**	3.497***
		(0.000)	(0.000)		(0.041)	(0.006)
SIZE	-0.386***	-0.592***	0.932***	-0.392***	-0.374***	1.474***
	(0.000)	(0.000)	(0.000)	(0.000)	(0.000)	(0.000)
CE	0.110			0.277		
	(0.415)			(0.421)		
TANG		0.091			0.650***	
		(0.113)			(0.000)	

（续表）

变量	国有企业组(3SLS)			非国有企业组(3SLS)		
	托宾 Q	负债率	在职消费	托宾 Q	负债率	在职消费
OI		−0.054*			−0.094**	
		(0.059)			(0.010)	
CF			−0.341			−1.021
			(0.362)			(0.406)
RPAY			−0.005			−0.012
			(0.345)			(0.271)
MHOLD	0.295		−0.785	−0.160		−0.169
	(0.659)		(0.379)	(0.403)		(0.753)
TOP1	−0.044	0.069		−0.095	0.087	
	(0.499)	(0.382)		(0.499)	(0.513)	
年度	控制	控制	控制	控制	控制	控制
行业	控制	控制	控制	控制	控制	控制
观测值		2 509			987	
P-value	(0.000)	(0.000)	(0.000)	(0.000)	(0.000)	(0.000)

注：括号内为 P 值；*、**、*** 分别表示在 10%、5%和 1%的统计水平上显著。

8.5.2　市场化的影响

我们按照樊纲等(2011)编制的“市场化程度指数”，将全部样本按年度分为市场化程度高中低三组[①]，分别进行联立方程组Ⅰ和联立方程组Ⅱ的回归分析，比较在不同市场化程度下，显性经理激励和隐性经理激励与负债在影响企业价值上的相互关系是否存在差异。

表 8-8 为不同市场化程度下，隐性经理激励(在职消费)、负债与企业价值之间关系的回归结果。从回归结果看，在高市场化组中，经理薪酬与负债交互项(COMP×LEV)的系数为−0.837 且统计显著，说明经理薪酬激励与负债治理的替代关系在处于市场化程度较高地区的企业中显著存在；在低市场化组中，这种关系并不成立，而且经理薪酬与负债对企业价值的影响也不明显。我们认为，这一结果的原因可能是：市场化程度较低会导致经理薪酬契约更不完善、债务软

① 表 8-8 和表 8-9 分别报告按市场化程度高中低分为三组后的最高组与最低组的实证结果，中间组与最高组结论一致。根据已有研究(饶品贵和姜国华，2008)，因最高组和最低组更有代表性、更具说服力，也为了节省篇幅，故不再列示中间组结果。

约束更加严重(辛清泉和谭伟强,2009;方军雄,2007);同时,薪酬方程中负债率(LEV)的系数为正(虽然不显著,但与高市场化组 LEV 系数显著为负存在明显差异),也为在市场化程度较低时负债治理作用更弱的观点提供了直接的证据。

表 8-8　经理薪酬、负债与企业价值:不同市场化程度

变量	高市场化组(3SLS)			低市场化组(3SLS)		
	托宾 *Q*	负债率	薪酬	托宾 *Q*	负债率	薪酬
COMP	0.751***	−0.758***		−0.422	−0.636*	
	(0.000)	(0.000)		(0.613)	(0.050)	
LEV	10.232***		−0.960***	−13.027		0.341
	(0.009)		(0.000)	(0.473)		(0.144)
COMP×LEV	−0.837**			1.152		
	(0.012)			(0.464)		
Q		2.398***	2.534***		4.227***	1.706**
		(0.000)	(0.000)		(0.004)	(0.012)
SIZE	−0.301***	0.750***	0.846***	−0.195***	0.782***	0.454***
	(0.000)	(0.000)	(0.000)	(0.000)	(0.004)	(0.000)
CE	0.216***			0.140		
	(0.006)			(0.587)		
TANG		0.130**			0.297	
		(0.015)			(0.137)	
OI		−0.037**			−0.101	
		(0.049)			(0.477)	
ROA			0.888**			3.300***
			(0.011)			(0.000)
MHOLD	0.015		−0.180	−0.105		0.095
	(0.828)		(0.266)	(0.736)		(0.849)
TOP1	−0.056**	0.130**		−0.104	0.664**	
	(0.014)	(0.033)		(0.420)	(0.020)	
年度	控制	控制	控制	控制	控制	控制
行业	控制	控制	控制	控制	控制	控制
观测值		4 808			1 164	
P-value	(0.000)	(0.000)	(0.000)	(0.000)	(0.000)	(0.000)

注:括号内为 *P* 值;*、**、*** 分别表示在 10%、5%和 1%的统计水平上显著。

表 8-9 为不同市场化程度下,隐性经理激励(在职消费)、负债与企业价值之间关系的回归结果。从回归结果看,与显性激励基本一致,作为隐性经理激励的在职消费与负债在提高企业价值上的替代关系也在处于市场化程度较高地区的

企业中成立,而在低市场化组中并不显著。其原因可能是:在市场化程度较低时,相应的激励机制和约束机制均相对较弱(钱颖一,1999)。

表 8-9　在职消费、负债与企业价值:不同市场化程度

变量	高市场化组(3SLS)			低市场化组(3SLS)		
	托宾 *Q*	负债率	在职消费	托宾 *Q*	负债率	在职消费
PERK	0.586***	0.490***		0.496	0.404***	
	(0.000)	(0.000)		(0.245)	(0.000)	
LEV	6.082		2.082***	15.304		2.489***
	(0.105)		(0.000)	(0.141)		(0.000)
PERK×LEV	−0.507*			−1.180		
	(0.073)			(0.157)		
Q		−1.036***	1.894***		0.306	−0.645
		(0.000)	(0.000)		(0.474)	(0.722)
SIZE	−0.332***	−0.423***	0.831***	−0.118**	−0.134	0.360
	(0.000)	(0.000)	(0.000)	(0.013)	(0.220)	(0.262)
CE	0.281			−0.324		
	(0.136)			(0.393)		
TANG		−0.005			0.029	
		(0.935)			(0.565)	
OI		−0.009			−0.054	
		(0.595)			(0.448)	
CF			0.155			−0.071
			(0.635)			(0.903)
RPAY			0.002			−0.003
			(0.56)			(0.762)
MHOLD	−0.157		0.027	0.206		−0.299
	(0.232)		(0.839)	(0.708)		(0.692)
TOP1	−0.187**	−0.043		0.034	0.030	
	(0.015)	(0.524)		(0.824)	(0.671)	
年度	控制	控制	控制	控制	控制	控制
行业	控制	控制	控制	控制	控制	控制
观测值		1 715			525	
P-value	(0.000)	(0.000)	(0.000)	(0.000)	(0.000)	(0.000)

注:括号内为 *P* 值;*、**、*** 分别表示在 10%、5%和 1%的统计水平上显著。

8.6 稳健性检验

此外,我们还进行了以下稳健性检验:

(1) 部分上市公司同时在境内和境外上市,而境内和境外在制度方面存在显著差异,如经理人市场、资本市场发达程度、对证券发行的不同法律规定等。为了避免不同上市地区的制度性差异对实证结果产生的潜在影响(Wallance and Naser,1995),我们剔除同时在境内与境外(如中国香港证交所和美国纽约证交所)上市的样本公司,重新进行回归分析,结论保持不变。

(2) 已有研究(McConnell and Servaes,1995)表明,负债对企业价值的影响可能具有两面性:在成长性低时为正面影响,在成长性高时为负面影响。因此,我们选择总资产增长率和销售收入增长率作为衡量企业成长性高低的分组变量,重新对联立方程组Ⅰ和联立方程组Ⅱ进行回归分析。我们发现,对于成长性较低的企业来说,作为显性激励因素的经理薪酬与负债在提高企业价值上存在显著的替代关系;作为隐性激励因素的在职消费与负债在决定企业价值上也表现出明显的替代关系;而对于成长性较高的企业来说,这种替代关系并不显著。[①]

(3) 前文选用总资产负债率衡量企业负债水平,为了保证结论的稳健性,我们使用银行债务占总资产的比率[②]做了替换,重新进行相关实证分析,结论保持不变。

(4) 前文选用薪酬最高的前三位高管平均薪酬的自然对数衡量经理薪酬,我们使用所有高管平均薪酬的自然对数做了替换,重新进行回归分析,结论保持不变。

(5) 前文选用托宾 Q 衡量企业价值,借鉴已有文献(Bai et al.,2004;Benson and Davidson,2009),我们使用市账率(MB)做了替换,重新进行回归分析,结论

---

① 我们认为,导致这一结果的原因可能有两方面:一是高成长性企业的信息不对称程度较高、经营风险较大、负债约束较多,较高的负债很可能会限制这类企业的发展,导致投资机会较多的企业发生投资不足问题,从而负债的价值效用较低甚至为负(Myser,1977;McConnell and Servaes,1995);二是在成长性较高的企业中,经理人可以借助企业的高速成长获得个人能力提升、职位晋升(包括政治晋升)、社会资本增加等非薪酬激励,薪酬的激励效果可能相对有限(Murphy,1999)。

② 需要说明的是,在对银行债务比率进行统计分析时,我们发现存在大量银行债务率非常低的样本(银行债务率小于5%的样本多达1 137个,近500个样本的银行债务率为0),说明该指标的分布很不规则,而总资产负债率并不存在类似问题。为了保证联立方程组估计结果的有效性,在稳健性检验中,我们先剔除银行债务率为0的样本,再对银行债务率的极端值进行缩尾处理。

保持不变。

（6）已有文献表明，行业因素对企业价值的影响较大（Lindenberg and Ross，1981），为了消除行业差异可能导致的回归结果偏差，我们使用经行业均值调整后的企业价值（La Porta et al.，2000），重新进行回归分析，结论保持不变。

限于篇幅，稳健性检验的具体结果未列示，读者可来函索取。

8.7　结　语

尽管已有文献对经理激励与负债治理两种机制之间的关系有所探讨，并给出两种对立的假说——替代假说（Jain，2006）和互补假说（Berkovitch et al.，2000），但是并没有实证文献对此问题给出证据支持。我们以中国上市公司为样本，实证检验经理激励与负债在影响企业价值上的相互关系，以及这种关系在不同制度背景下有何差异。

实证检验结果表明，作为显性激励因素的经理薪酬与作为约束机制的负债在提高企业价值上存在显著的替代关系；同时，作为隐性激励因素的在职消费与负债在决定企业价值上也表现出明显的替代关系。进一步地，在不同的企业所有权性质和市场化程度条件下，经理激励机制与债务约束机制具有一定的差异性，导致两者替代关系的显著性程度存在差异。这表明，负债和经理激励之间替代关系的成立需要一定的条件：只有在两种机制均能很好地发挥作用时，两者的替代关系才能更显著。

本研究为Jain（2006）所提出的经理激励与负债在影响企业价值上的替代关系假说提供了直接的证据。与以往从代理成本角度考察经理激励与负债之间关系的研究不同（Ortiz-Molina，2007），本文从企业价值角度分析了经理激励与负债约束的相互关系，丰富了经理激励、资本结构等相关文献。同时，已有研究主要以薪酬、期权等显性经理激励为基础，本研究在考虑显性激励的同时，将高管在职消费作为经理隐性薪酬纳入经理激励的研究范畴。此外，我们还研究了制度背景对这种替代关系的影响，检验了替代关系的存在条件，为制度背景影响公司治理提供了新的证据。最后，本研究还有助于分析如何组合经理激励强度与负债水平更有利于企业价值最大化，为企业进行经理薪酬决策与资本结构决策提供了启示。

第9章 产品市场竞争、公司治理与代理成本*

9.1 问题的提出

现代企业制度的一个重要特征是所有权与控制权的分离,“控制这些财富并有责任确保经营效率和生产利润的人,不再是那些身为所有者并有权获得利润的人”(Berle and Means,1932)。当双方都是效用最大化的经济人时,可以合理预期代理人并不会永远按照委托人的利益行事。来自多个国家的研究表明,这种利益冲突所导致的交易成本是巨大的(Shleifer and Vishny,1997)。代理人可能剽窃、滥用委托人的财富,可能投资于无效率项目以构建“企业帝国”,可能消极渎职或者偷懒,还可能操纵信息以蒙蔽投资者。在市场机制和相关法规均不发达的中国,这些问题表现得更加突出。根据深交所发布的《2007年证券市场主体违法违规情况报告》,2007年发生的上市公司董事、监事和高级管理人员重大违规事件多达59起。[①] 严重的代理问题成为侵害广大投资者、阻碍中国资本市场发展的痼疾之一。但是,自La Porta et al. (1999)开创法与金融学研究领域以来,学者们对发展中国家的第二类代理问题(大股东与小股东之间的利益冲突)高度关注,对第一类代理问题(股东与管理层之间的利益冲突)及其危害并没有给予应有的重视。然而,与成熟资本市场国家一样,第一类代理问题在中国等发展中国家也是广泛存在的。随着中国资本市场相关法规的不断完善,大股东与小股东的利益关系得到不断改善,而股东与管理层之间的利益冲突却越来越

---

* 本研究为中国人民大学科学研究基金项目(项目编号:07XNA005)和中国博士后基金项目(项目编号:20080440244)的阶段性成果。

① 根据深交所发布的《2007年证券市场主体违法违规情况报告》第一章第三节“2007年上市公司董事、监事和高级管理人员违规情况”统计而来。

突出,也越来越受到各方的关注。

根据现代公司财务理论,信息不对称和激励不足是代理冲突的根源。为了对代理人实施必要的监督和激励、有效协调委托和代理双方的利益,一条重要途径是借助公司内部治理机制,如通过大股东治理(Jensen and Meckling,1976;Shleifer and Vishny,1986)、董事会治理(Jensen,1993;Rosenstein and Wyatt,1993;Cadbury,1992)或者管理层激励(Murphy,1986;Jensen and Murphy,1990)等手段。而在这些内部治理机制之外,还存在一些重要的外部治理机制,如产品市场竞争。在激烈的产品市场竞争下,一方面,管理层面临着经营失败和失去职位的风险,从而被迫减少败德行为、提升管理效率;另一方面,竞争还以标杆的方式传递有关管理层经营绩效的信息,降低委托方—代理方之间的信息不对称。因此,产品市场竞争能够迫使管理层将股东价值最大化作为行事原则,从而降低代理成本。

那么,作为一项重要的外部治理机制,产品市场竞争能否有效地降低代理成本?它与公司内部治理之间又有着怎样的关系?关于这些问题,理论界一直存在很大的争议。早期研究认为,竞争能够挤出企业的一切无效率行为,因此也能够完全解决委托-代理问题(Alchian,1950;Stigler,1958)。Jensen and Meckling(1976)则认为,消费、偷懒是由管理层自己所享受的,与所有者毫不相干,因此竞争在解决代理问题上不具有任何作用。同时,Aghion et al.(1995)基于新制度经济学的理论模型分析认为,竞争能够对企业和管理层产生财务压力,从而对公司治理形成替代作用;而 Holmström and Milgrom(1994)基于多任务委托-代理框架的分析结果则表明,现有的各种管理层激励机制之间存在明显的互补关系。直到今天,这一问题仍然没有得到一致的结论。

我们认为,公司治理具有丰富的理论内涵。根据其主要机理,可以将现有内部治理机制划分为监督机制与激励机制两大类。例如,大股东治理和董事会治理主要是通过对管理层进行监督,减少信息不对称所导致的败德行为,属于监督机制;而激励合约的设计则通过货币或非货币的方式为管理层提供努力工作的动力,属于激励机制。在产品市场竞争的约束作用和信息效应下,监督、激励机制在与产品市场竞争联合约束管理层方面所起的作用可能存在差异,而且在不同国家以及同一国家、不同发展阶段可能存在极大的差异。因此,本研究以处于“转轨经济+新兴市场”的中国上市公司为研究对象,从产品市场竞争与不同公司治理机制的相互关系入手,对这一问题展开深入研究。这不但能够丰富现有理论,而且对处于经济转型过程中公司治理机制的选择和相关政策的制定具有重要的启示意义。

我们研究了产品市场竞争与代理成本的关系,并在此基础上,对产品市场竞争与大股东治理、董事会治理和管理层激励三种公司治理机制的关系进行了探讨,还从成本与效率两方面研究了两者对代理成本的共同影响。研究结果表明,在控制公司治理等因素的情形下,产品市场竞争有助于降低代理成本;产品市场竞争与不同公司治理机制之间的交互关系并不相同。具体而言,在约束管理层的在职消费、不当开支等方面,产品市场竞争压力弱化了大股东的合谋动机、强化了大股东的监督作用,从而替代了董事会的部分监督功能;在约束管理层无效率行为、激励管理层提高经营效率等方面,产品市场竞争能够先强化后弱化监事会与董事会的监督作用,还能够对激励机制的不足形成弥补。这一研究结论意味着在中国当前资本市场(整体上公司治理存在诸多问题、改革进展缓慢)这一既定的前提下,要想有效解决代理问题,一个有效可行的途径是:在采取得力措施改善公司治理的同时,以降低进入壁垒等方式加强产品市场竞争,配合使用一定的外部治理机制。

本研究的主要贡献有两方面:一是深入讨论了产品市场竞争与公司治理在降低管理层代理成本上的关系,在实证检验基础上得出的产品市场竞争与公司治理机制的关系,既不是 Alchian(1950)或 Aghion et al. (1995)所认为的绝对替代,也不是 Holmström and Milgrom(1994)所认为的完全互补,而是随不同治理机制有所差异,还体现出 Schmidt(1997)所提出的“状态依存特性”的研究结论,对于深化委托-代理理论、公司治理理论提供了可行的思路;二是紧密结合了中国上市公司的治理实践,研究了产品市场竞争与公司治理机制各方面的关系,并形成了有意义的结论,为上市公司选用恰当的治理机制、监管机构完善相关政策提供了有益的借鉴和参考。

本章后文的结构安排如下:第 2 节对相关文献进行了简要回顾;第 3 节对变量、模型和样本进行了界定;第 4 节以中国上市公司为例,对产品市场竞争、公司治理与代理成本之间的关系进行了实证分析;第 5 节为结语。

9.2 文献回顾

Jensen and Meckling(1976)认为,代理问题产生的一个关键原因在于委托和代理双方的信息不对称,对管理层进行事后监督能够有效降低由此诱发的道德风险。根据Shleifer and Vishny(1986)的观点,小股东往往缺乏监督管理层的激励,大股东则有动机且有能力行使这一权利,因此股权的适度集中能够解决小股东的"搭便车"问题,从而减小管理层偷懒或者滥用资源的可能性。

为了切实"保护企业和管理层的契约关系",股东还经由董事会这种重要机制对管理层的经营决策进行监督和控制(Williamson,1988)。董事会的有效性对解决代理问题具有决定性作用,而董事会的规模和独立性是影响有效性的关键因素。董事会规模过大可能导致沟通和决策效率的降低,从而削弱整个董事会的治理作用(Jensen,1993);董事会独立性不强则可能产生"内部人控制"问题。为了保持董事会的独立性,可以考虑引入非执行董事,并明确区分董事长和总经理的职责。Rosenstein and Wyatt(1993)认为,非执行董事能够更好地代表外部股东的利益,因此董事会中非执行董事比例的增大有助于对管理层进行更好的监督。Cadbury(1992)认为,由不同的人士担任董事长和总经理能够形成一种权力制衡,从而强化董事会的审批和监督职能。

Jensen and Meckling(1976)指出,导致代理问题的另一个重要原因是管理层不能参与剩余收益的分配,从而欠缺努力工作的必要激励。此时,让管理层持有部分股权能够对其产生激励作用,从而形成利益协同效应。除股权激励之外,货币性薪酬同样能够产生积极的激励作用。Murphy(1986)认为,管理层薪酬合约的设计是降低代理成本的重要手段,薪酬水平上升能够显著激励管理层提高代理效率。但是与此同时,Jensen and Murphy(1990)则发现,相比薪酬合约而言,股权激励具有更强的激励作用,实施管理层持股计划,让管理层参与剩余财产索取权的分配,能够更加有效地实现管理层与所有者的利益协同。

管理层的行为不但受到公司内部治理机制的约束,而且深受控制权市场、产品市场的影响。Alchian(1950)认为,在公司治理机制以外,来自产品市场的竞争压力可能在约束和激励管理层方面产生积极的作用。根据Alchian(1950)和Stigler(1958)的经济变迁进化论,产品市场竞争是提高经济效率的最强大的力量,迫于外部环境的压力,企业将自觉完善生产经营,从而解决可能存在的信息与激励问题。因而从某种意义上来说，借助市场竞争就可以完全解决公司治理问题。为了对 Alchian(1950)和 Stigler(1958)的经验判断提供正式的证明，Hart(1983)提出一个隐藏信息模型，模型中管理层的工资取决于所在企业的实际利润，市场竞争能够促使企业披露更多的信息，从而减小管理层偷懒的可能性。不过 Scharfstein(1988)指出，Hart(1983)的结论是否成立还取决于管理层的效用函数。如果假设管理层对收入水平的边际效用严格为正，那么上述结论就会发生颠倒，产品市场竞争不仅不能解决代理问题，反而可能激化管理层的激励问题。对于这个问题，Jensen and Meckling(1976)的观点则更为直接，认为消费和偷懒是管理层自己所享受的，与所有者毫不相干，因此竞争在约束管理层方面不具有任何作用。不过，来自多个国家的经验证据表明，产品市场竞争在降低管理层代理成本方面能够起到积极的作用，如 Jagannathan and Srinivasan (1999)、Baggs and De Bettignies(2007)、蒋荣和陈丽蓉(2007)、李寿喜(2007)等。

至于产品市场竞争与公司治理的关系，学术界并没有得出一致的观点。在 Aghion et al. (1995)基于新制度经济学的理论模型中，竞争能够对企业和管理层产生财务压力，从而对公司治理形成替代作用。而 Holmström and Milgrom (1994)基于多任务委托-代理框架的分析结果则表明，在现有的各种管理层激励机制之间存在明显的互补关系。Schmidt(1997)基于竞争的非信息效应视角构建的多阶段博弈模型则表明，产品市场竞争对管理层激励具有两种不同效应：一方面，竞争可能产生清算压力，从而对管理层产生积极作用；另一方面，竞争可能降低利润水平，从而削弱管理层积极工作的激励。两种效应综合起来构成一种非线性关系：当产品市场由完全垄断向竞争过渡时，产品市场竞争与公司治理之间是替代关系，能够使管理层工作更加积极；而如果市场竞争程度进一步上升，产品市场竞争对公司治理就会产生相反的作用。由此，Schmidt(1997)提出，产品市场竞争与公司治理可能存在某种状态依存关系，一个成功的公司治理系统应当是内部治理机制与外部市场竞争的有机结合，日本的竞争性主银行制企业集团也许就是一个例子(Mayer，1997)。

为了对产品市场竞争和公司治理的关系提供经验证据，Nickell et al. (1997)对英国企业进行研究，发现产品市场竞争、股东控制和负债均能够对生产力增长产生积极作用，而产品市场竞争与股东控制则存在相互替代的关系。Januszewski et al. (2002)对德国企业的研究则发现，产品市场竞争对生产率增长具有积极作用,而股权集中对生产率增长则具有消极作用,产品市场竞争在一定程度上能够弥补股权集中的消极作用。Grosfeld and Tressel(2002)对波兰企业的研究也得出类似的结论。张功富和宋献中(2007)从过度投资的角度检验产品市场竞争与公司治理的关系,发现在竞争激烈的行业,公司治理对于抑制企业过度投资的边际作用更强,体现出一种互补关系。而牛建波和李维安(2007)以企业生产率作为判断标准,发现不同的公司治理机制与产品市场竞争存在不同的相互关系。其中,股权结构与产品市场竞争为互补关系,董事会治理、董事长兼任CEO与产品市场竞争则为替代关系。

总之,国内外学术界对产品市场竞争与公司治理关系的研究主要集中在产品竞争对经营绩效、生产率增长等影响方面,直接从代理成本的视角进行讨论的并不多见。而作为中国当前迫切需要解决的现实问题,如何降低上市公司的管理层代理冲突值得我们进一步思考。在此过程中,产品市场竞争和公司治理作为两种不同的机制分别起到怎样的作用?产品市场竞争和不同的公司治理机制之间又是怎样的关系?它们怎样共同对代理成本产生影响?从现有的文献来看,这些问题还没有得到应有的关注,本研究拟对此进行一定的探讨。

9.3 研究设计

9.3.1 主要变量定义

1. 产品市场竞争

在产业组织理论中,如何界定市场是一个难题。学术界公认,目前还没有一个合理的指标可以准确反映产品市场竞争。现有产业组织理论文献常用于反映市场竞争强度的指标是行业的市场集中度比率(一般表示为CRn)和交叉价格弹性等。但是,市场集中度比率(CRn)所度量的是行业中最大的n家厂商产出占行业总产出的比例,反映不出企业之间行为的相互影响程度,因此也难以准确衡量企业之间的竞争强度;而由于常常难以获取全体企业的定价资料,因此也难以计量交叉价格弹性。

为此，我们权衡并借鉴已有研究与实践的做法[①]，采用企业数目(N)和赫芬达尔-赫希曼指数(Herfindahl-Hirschman Index，HHI)[②]两个指标度量产品市场竞争强度。

由于难以得到行业内所有企业的财务数据，而且根据产业组织理论，行业竞争更多地体现为产业内大企业之间的竞争，因此我们根据国务院发展研究中心企业研究所编制的系列《中国大企业集团年度发展报告》[③]，整理出产品市场竞争的相关数据。我们查阅了2003—2005年的《中国大企业集团年度发展报告》，根据三级行业分类，以各行业规模超过10亿元的企业数目作为变量N，计算了各行业的赫芬达尔-赫希曼指数，最终得到53个三级分类行业的数据。[④] 所得数据不仅包含上市公司，还包含大量的非上市公司，较为全面地反映了中国产品市场的竞争情况。

2. **公司治理**

早期的公司治理研究主要从股权结构、董事会与管理层激励三方面进行考察(Shleifer and Vishny，1997)；后期的研究则倾向于构造指数，从更综合的角度考察公司治理，如Durnev and Kim(2005)等。考虑到综合指数通常带有一定的主观性，研究结果受指数构造方法的影响较大，我们选择从公司治理的具体方面进行研究。

(1) 监督机制。根据现有研究，大股东和董事会是最为重要的监督机制。在大股东治理方面，我们主要考察大股东持股比例(First)的作用；在董事会治理方面，我们主要考察董事会规模(Board)、独立董事占比(Indirector)、监事会规模(Spvboard)和是否两职合一(Dual)。

---

① 例如，美国司法部在反托拉斯调查过程中使用了赫芬达尔-赫希曼指数。

② 赫芬达尔-赫希曼指数是反映市场集中度的综合指数，计算公式为：$\text{HHI} = \sum (X_i/X)^2$，$X = \sum X_i$。其中，$X_i$为产业内企业$i$的销售额。赫芬达尔-赫希曼指数合理地反映了产业的竞争情况，当产业可容纳的企业数目一定时，赫芬达尔-赫希曼指数越小，产业内相同规模的企业越多，产业内的竞争也就越激烈；反之亦然。

③ 报告中的大企业集团是指列入国家统计局企业调查统计范围且销售收入位于前500的大企业集团。列入国家统计局企业调查统计范围的企业集团包括中央企业集团，由国务院主管部门批准的国家试点企业集团，自治区、直辖市由国务院主管部门批准的企业集团，由各省份政府批准的企业集团，以及营业收入和资产总额均在5亿元以上的各类企业集团。

④ 《中国大企业集团年度发展报告》仅提供销售收入在10亿元以上企业的主要财务数据。

(2) 激励机制。基于货币的薪酬合约和持股计划是管理层激励机制的重要内容。当前,中国上市公司对管理层的激励主要依赖于货币性薪酬,少数公司实施持股计划,因此我们主要考察管理层薪酬水平(Salary)和是否实施管理层持股计划(Mgthold)。

3. 代理成本

现有文献对代理成本的定量研究主要有两种思路:一种是根据经营绩效或企业价值研究代理问题的综合影响,如 Morck et al. (1988)。这一思路的内在假设为:管理层与股东的利益冲突能够反映在价值和绩效中,而内外部治理机制则能够降低代理成本,从而削弱代理冲突对企业价值的消极作用(Florackis and Ozkan,2008)。另一种方法是直接计算代理问题所造成的效率损失和成本支出,如 Ang et al. (2000)。

为了对管理层代理成本进行更加直接的度量,我们参照 Ang et al. (2000)等的做法,选用管理费用率和资产周转率分别度量代理成本的两个方面。

(1) 管理费用率(Expense)。管理费用是企业行政管理部门为组织和管理生产经营活动而发生的各项费用,包含办公费、差旅费、业务招待费、坏账准备、存货跌价准备等内容。因此,管理费用占主营业务收入的比率能够对管理层的在职消费、不当开支等代理成本提供良好度量。

(2) 资产周转率(Turnover)。资产周转率是对企业总体代理效率的直接度量,能够反映管理层在经营股东财富的过程中是否存在低效率决策、不当投资或偷懒等情况。因此,主营业务收入与总资产的比率能够从产出的角度对管理层的无效率经营或偷懒等代理成本提供良好度量。

9.3.2 研究方法与模型设计

实证检验包括两个步骤:第一,检验产品市场竞争是否具有降低代理成本的作用;第二,检验产品市场竞争与公司治理机制在降低代理成本方面存在怎样的关系。

为了实现步骤一,我们构建模型为:

$$AgencyCost = \alpha + \beta Competition + \gamma Governance + \lambda ControlVariable + \varepsilon \tag{9-1}$$

其中,AgencyCost 为代理成本变量,分别以管理费用率和资产周转率替代;Competition 为产品市场竞争变量,分别以企业数目和赫芬达尔-赫希曼指数替代;Governance 为公司治理变量,包含大股东持股比例(First)、董事会规模(Board)、独立董事占比(Indirector)、监事会规模(Spvboard)、两职合一(Dual)、管理层薪酬水平(Salary)和管理层持股计划(Mgthold);ControlVariable 为控制变量,包含产权性质(State)、企业规模(Size)、负债水平(Debt)、增长机会(Growth)、自由现金流量(FCF)和年度固定效应(Year)等可能对代理成本产生影响的因素(见表 9-1)。

表 9-1 主要变量定义

变量	名称	计算方法
代理成本		
Expense	管理费用率	管理费用/主营业务收入
Turnover	资产周转率	主营业务收入/总资产
产品市场竞争		
N	企业数目	样本所在行业规模超过 10 亿元的企业数目
HHI	赫芬达尔-赫希曼指数	行业内所有企业主营业务收入的赫芬达尔-赫希曼指数
公司治理		
First	大股东持股比例	第一大股东持股比例
Board	董事会规模	董事会总人数
Indirector	独立董事占比	独立董事人数/董事会总人数
Spvboard	监事会规模	监事会总人数
Dual	是否两职合一	当董事长兼任总经理时,取值为 1;否则,取值为 0
Salary	管理层薪酬水平	董事、监事及高管年薪总额的自然对数
Mgthold	管理层持股计划	当企业实施管理层持股计划时,取值为 1;否则,取值为 0
控制变量		
State	产权性质	当终极控制人为国家、政府和国有事业单位时,取值为 1;否则,取值为 0
Size	企业规模	主营业务收入的自然对数
Debt	负债水平	总负债/总资产
Growth	增长机会	主营业务收入的年度增长率
FCF	自由现金流量	(经营活动产生的现金流量净额－净营运资金变化－购建固定资产、无形资产和其他长期资产所支付的现金)/总资产
$Year_t$	年度哑变量	当样本选自第 t 年时取值为 1;否则,取值为 0

为了实现步骤二,我们按照产品市场竞争强度将样本划分为高、中、低竞争度行业,分别利用模型(9-2)检验公司治理在不同产品市场竞争程度下的治理作用,最后在组间比较的基础上得出研究结论。

$$\text{AgencyCost} = \alpha + \gamma\text{Governance} + \lambda\text{ControlVariable} + \varepsilon \qquad (9\text{-}2)$$

9.3.3　样本选取与数据来源

研究对象是沪深两市全部非金融行业上市公司,研究区间是2003—2005年。在样本选取的过程中,我们剔除中小板上市公司、发行B/H股、交易状态为ST/PT、2003年之后上市的公司以及数据不全的观测值,并采用Hadi(1992)的多变量异常值判定法剔除财务状况异常的观测值,最终我们得到一个包含2 303个观测值的非平衡面板数据。需要说明的是,我们之所以选择2003—2005年为研究区间,主要是基于产品市场竞争数据的可得性。为了消除异常值的影响,我们采用Hadi(1992)提出的多元变量异常值判定方法,对回归变量进行异常值剔除。

9.4　实证分析

9.4.1　描述性统计

我们对样本企业在研究区间内的产品市场竞争、公司治理、代理成本和控制变量进行描述性统计分析,具体结果如表9-2所示。由表9-2可知,样本企业管理费用率的均值为0.091,最大值高达0.447;资产周转率的均值为0.660,最小值仅为0.029,对比Ang et al.(2000)等的研究可知,中国上市公司普遍存在较高的代理成本和较低的代理效率。产品市场竞争变量显示,样本行业大企业数目的均值约为41家,但分布较为离散,最大高达160家,最少仅为1家;赫芬达尔-赫希曼指数的均值为0.166,分布同样非常离散,最大值为1.000,最小值仅为0.029。

公司治理变量结果显示,约76%的样本企业为国家控制,第一大股东持股比例平均高达44.4%,表明中国上市公司的股权过度集中,普遍存在大股东等问题。董事会平均人数约为10,最少仅为3,而独立董事占比的均值为0.339,

最小为 0，表明样本企业董事会治理机制仍然参差不齐。在管理层激励方面，管理层薪酬水平表现出一定的离散性，而实施持股计划的样本仅占 9.5%，说明中国上市公司在管理层激励方面仍然存在较大的改进空间。

表 9-2　变量的描述性统计

变量	样本数量	均值	标准差	中位数	最大值	最小值
Expense	2 303	0.091	0.067	0.076	0.447	0.001
Turnover	2 303	0.660	0.442	0.542	2.890	0.029
N	2 303	40.862	26.014	42.000	160.000	1.000
HHI	2 303	0.166	0.232	0.076	1.000	0.029
First	2 303	0.444	0.166	0.443	0.850	0.070
Board	2 303	9.751	2.145	9.000	19.000	3.000
Indirector	2 303	0.339	0.050	0.333	0.750	0.000
Spvboard	2 303	4.264	1.466	4.000	13.000	1.000
Dual	2 303	0.096	0.295	0.000	1.000	0.000
Salary	2 303	13.903	0.758	13.913	16.292	10.463
Mgthold	2 303	0.095	0.293	0.000	1.000	0.000
State	2 303	0.760	0.427	1.000	1.000	0.000
Size	2 303	20.675	1.120	20.611	24.922	17.012
Debt	2 303	0.480	0.169	0.496	0.965	0.008
Growth	2 303	0.210	0.310	0.183	1.881	−0.871
FCF	2 303	0.069	0.119	0.069	0.618	−0.577

进一步地，我们根据产品市场竞争强度变量（企业数目和赫芬达尔-赫希曼指数）将样本划分为低、中、高竞争三组，并对中—低、高—低竞争样本进行组间的均值 t 检验，结果如表 9-3 所示。具体分组规则为：综合考虑企业数目和赫芬达尔-赫希曼指数两种衡量产品市场竞争的指标，当样本所在行业的 N 值大于中位数而 HHI 小于中位数时，为高竞争性行业；当 N 值小于中位数而 HHI 大于中位数时，为低竞争性行业；其余样本为中等竞争性行业。[①] 低、中、高竞争性行业的样本数量分别为 858、599 和 846。组间 t 检验结果显示，当竞争程度由低升高时，样本企业管理费用率表现出显著的先升后降的非单调趋势，资产周转率

① 这样做主要是为了避免单一指标的局限性。假定一个行业的企业数目很多，但是仅以此判断行业的竞争度很高可能存在一定的问题，因为各行业企业销售收入的分布可能并不均衡。在企业数目相同的情形下，“一超多强”行业和“诸强鼎立”行业的赫芬达尔-赫希曼指数是不同的。

则表现出显著的单调上升趋势。这初步说明随着竞争的加剧，样本企业的代理成本和经营效率发生了一定的变化，为进一步的研究奠定了基础。随着竞争的加剧，公司治理机制也发生一定的变化，具体表现为大股东持股比例上升、董事会规模下降、独立董事比例上升、监事会规模下降、管理层薪酬增加，表明公司治理与产品市场竞争可能存在某种联系。

表 9-3　单变量分析

变量	按竞争强度分组			*t* 统计量		
	低竞争	中竞争	高竞争	中—低	高—中	高—低
样本数量	858	599	846			
Expense	0.089	0.103	0.083	3.76***	−5.90***	−1.91**
Turnover	0.593	0.679	0.716	3.72***	1.56*	0.99
N	16.375	41.030	65.578	37.61***	28.51***	61.95***
HHI	0.351	0.076	0.044	−22.40***	−42.39***	−29.73***
First	0.436	0.454	0.446	2.01**	−0.92	1.18
Board	9.875	9.619	9.717	−2.20**	0.86	−1.54*
Indirector	0.337	0.342	0.339	1.84*	−0.96	1.05
Spvboard	4.359	4.249	4.177	−1.41	−0.92	−2.56***
Dual	0.097	0.090	0.100	−0.42	0.66	0.26
Salary	13.863	13.947	13.913	2.08**	−0.81	1.41*
Mgthold	0.089	0.092	0.103	0.21	0.69	1.00
State	0.753	0.748	0.775	−0.22	1.21	1.09
Size	20.544	20.666	20.813	2.11**	2.46**	4.94***
Debt	0.465	0.482	0.494	1.83*	1.44	3.60***
Growth	0.223	0.187	0.213	−2.16**	1.57*	−0.66
FCF	0.067	0.071	0.070	0.62	−0.15	0.47

注：*、**、*** 分别表示在10%、5%和1%的统计水平上显著(单尾)。

9.4.2　产品市场竞争与代理成本关系的检验

根据模型(9-1)的回归分析结果如表9-4所示。回归采用Panel Data模型，利用可行的广义最小二乘法(FGLG)进行估计，同时，对异方差进行控制，还控制年度固定效应。表9-4的第(1)列至第(4)列以管理费用率为被解释变量。第(1)列显示，在控制了企业产权性质、规模、负债、增长、自由现金流和年度因素之后，企业所在行业大企业数目(N)的回归系数显著为负，表明产品市场企业数目增加、竞争程度加剧，往往伴随着代理成本的显著下降。第(2)列使用赫芬达尔-赫希曼指数度量产品市场竞争，HHI的回归系数显著为正，表明随着市场集中度上升、竞争程度减弱，代理成本显著上升，与第(1)列的结论一致。由此可以初步认为，当产品市场竞争程度加剧，样本企业管理层的在职消费和不当开支显著下降，产品市场竞争在约束管理层攫取私人利益方面可能具有一定的作用，为Alchian(1950)的观点提供了一定的支持。第(3)列和第(4)列加入了公司治理变量，结果表明在控制了公司治理机制后，产品市场竞争变量仍然存在约束管理层、降低代理成本的效应。第(5)列至第(8)列以资产周转率为被解释变量。第(5)列和第(6)列显示，在控制其他因素之后，随着企业数目增加、产品市场竞争强度加剧，样本企业的代理效率有了明显提升。这说明产品市场竞争对管理层形成了一定的压力和约束，减少了他们的偷懒行为和无效率投资，为 Hart (1983)的观点提供了支持。第(7)列和第(8)列显示，在控制了公司治理因素之后，产品市场竞争对管理层的激励作用仍然显著存在。

9.4.3 产品市场竞争、公司治理与代理成本关系的检验

我们进一步对不同竞争环境下公司治理机制的作用进行检验。回归采用Panel Data 模型，利用可行的广义最小二乘法(FGLG)进行估计，并对异方差进行控制，还控制年度固定效应。

以管理费用率为被解释变量的检验结果如表 9-5 所示。全样本的回归结果表明，公司治理与代理成本存在显著的相关关系。在监督机制方面，大股东持股比例的回归系数显著为正，说明大股东并没有起到 Shleifer and Vishny(1986)所说的积极监督作用，大股东持股比例的增大可能诱发管理层和大股东的“合谋”，从而导致代理成本上升。董事会规模与代理成本呈正 U 形关系，拐点约为10 人。[①] 说明当董事会人数在 10 之下时，董事的增加能够减少管理层代理成本；而当董事会人数超过 10 时，董事的增加则可能增加管理层代理成本。这一结论与 Lipton and Lorsch(1992)保持了一致。与此同时，独立董事的增加也有助于降低代理成本。而在激励机制方面，管理层薪酬水平与代理成本呈显著的

---

① Board 和 $Board^2$ 的回归系数分别为−0.005 和 0.0003，根据对称轴计算公式，拐点约为 10。

表 9-4　产品市场竞争与代理成本的关系检验

变量	管理费用率				资产周转率			
	(1)	(2)	(3)	(4)	(5)	(6)	(7)	(8)
N	−0.0001*		−0.0001*		0.001***		0.001***	
	(−1.64)		(−1.75)		(2.76)		(2.84)	
HHI		0.013***		0.012**		−0.046*		−0.044*
		(2.69)		(2.37)		(1.86)		(1.81)
First			0.006*	0.007*			−0.260***	−0.255***
			(1.82)	(1.88)			(−5.74)	(−5.63)
Board			−0.005*	−0.005*			−0.016	−0.015
			(−1.74)	(−1.74)			(−0.81)	(−0.77)
Board 2			0.0003*	0.0003*			0.0001	0.0001
			(1.71)	(1.69)			(0.16)	(0.11)
Indirector			−0.054**	−0.054**			−0.083	−0.072
			(−2.25)	(−2.29)			(−0.59)	(−0.51)
Spvboard			0.0003	0.0003			−0.006	−0.006
			(0.37)	(0.38)			(−1.15)	(−1.30)
Dual			0.002	0.001			0.032	0.030
			(0.47)	(0.37)			(1.42)	(1.32)
Salary			0.010***	0.010***			−0.002	−0.004
			(5.76)	(5.73)			(−0.22)	(−0.40)
Mgthold			0.005	0.005			−0.028	−0.024
			(1.37)	(1.34)			(−1.20)	(−1.03)

（续表）

变量	管理费用率				资产周转率			
	(1)	(2)	(3)	(4)	(5)	(6)	(7)	(8)
State	0.012***	0.012***	0.011***	0.012***	−0.023	−0.019	0.016	0.019
	(4.32)	(4.40)	(3.89)	(3.94)	(−1.41)	(−1.18)	(0.92)	(1.11)
Size	−0.030***	−0.030***	−0.033***	−0.033***	0.270***	0.272***	0.285***	0.287***
	(−26.53)	(−26.87)	(−26.27)	(−26.56)	(40.42)	(40.98)	(38.62)	(39.18)
Debt	0.025***	0.027***	0.028***	0.030***	−0.259***	−0.249***	−0.299***	−0.290***
	(3.55)	(3.75)	(3.97)	(4.16)	(−6.18)	(−5.92)	(−7.12)	(−6.85)
Growth	−0.035***	−0.035***	−0.036***	−0.036***	0.014	0.014	0.017	0.017
	(−9.10)	(−9.05)	(−9.28)	(−9.24)	(0.63)	(0.61)	(0.76)	(0.74)
FCF	−0.010	−0.011	−0.011	−0.012	−0.110*	−0.102*	−0.098*	−0.090*
	(−1.07)	(−1.12)	(−1.16)	(−1.20)	(−1.91)	(−1.77)	(−1.71)	(−1.67)
常数项	0.704***	0.701***	0.663***	0.662***	−4.828***	−4.863***	−4.799***	−4.823***
	(31.69)	(31.59)	(20.49)	(20.47)	(−37.04)	(−37.23)	(−25.29)	(−25.38)
观测值	2 303	2 303	2 303	2 303	2 303	2 303	2 303	2 303
Wald Chi^2	1 026.39***	1 033.41***	1 092.79***	1 098.72***	1 943.59***	1 934.11***	2 036.99***	2 026.16***
Log likelihood	3 394.37	3 396.80	3 417.11	3 419.12	−681.57	−684.15	−656.52	−659.40

注：限于篇幅，年度哑变量没有报告；括号中数值为 Z 统计量；*、**、*** 分别表示在10%、5%和1%的统计水平上显著。

正相关关系,管理层持股计划则没有表现出显著的效应,这与 Murphy(1986)的理论预期有所不同。对此,本研究认为中国上市公司的管理层薪酬可能没有起到应有的激励作用,反而产生一种“传染性贪婪”效应(Nofsinger and Kim,2003)。也就是说,企业向管理层支付的薪酬越高,越有可能引发管理层更强的资源滥用倾向。当然,这也可能与变量的衡量方法有一定的关系,因为管理层薪酬也是计入管理费用的,这可能造成它们之间产生正相关关系。

表 9-5　不同产品市场竞争下公司治理与代理成本的关系检验:管理费用率

变量	全样本	按竞争强度分组			Wald Chi² 统计量		
		低竞争	中竞争	高竞争	中—低	高—中	高—低
First	0.006*	0.011*	−0.0005	−0.001*	0.05	0.01	3.92*
	(1.80)	(1.82)	(−0.01)	(−2.13)			
Board	−0.005*	−0.004*	−0.002	−0.001	0.13	0.02	0.20
	(−1.74)	(−1.69)	(−0.40)	(−0.16)			
Board²	0.0003*	0.0002*	0.0001	0.0001	0.05	0.01	0.17
	(1.72)	(1.82)	(0.23)	(0.47)			
Indirector	−0.054**	−0.084**	0.009	−0.086**	3.16*	3.39*	0.01
	(−2.28)	(−2.14)	(0.26)	(−2.25)			
Spvboard	0.0004	−0.001	−0.0005	0.003**	0.05	2.43	4.64**
	(0.42)	(−1.00)	(−0.29)	(2.09)			
Dual	0.002	−0.004	0.004	0.007	0.64	0.10	1.73
	(0.48)	(−0.64)	(0.51)	(1.26)			
Salary	0.010***	0.011***	0.013***	0.005**	0.20	3.96**	2.42
	(5.82)	(3.59)	(3.98)	(2.13)			
Mgthold	0.005	0.014**	0.006	−0.004	0.56	1.04	4.08**
	(1.31)	(2.01)	(0.74)	(−0.72)			
State	0.011***	0.003	0.010*	0.022***	0.96	2.85*	8.35***
	(3.83)	(0.64)	(1.85)	(4.77)			
Size	−0.033***	−0.038***	−0.033***	−0.029***	2.10	1.62	9.69***
	(−26.59)	(−16.67)	(−12.72)	(−16.30)			
Debt	0.028***	0.046***	0.004	0.036***	11.61***	6.92***	0.37
	(3.94)	(3.94)	(1.01)	(3.13)			
Growth	−0.036***	−0.039***	−0.026***	−0.038***	1.63	1.48	0.01
	(−9.26)	(−6.09)	(−3.29)	(−6.45)			

（续表）

变量	全样本	按竞争强度分组			Wald Chi² 统计量		
		低竞争	中竞争	高竞争	中—低	高—中	高—低
FCF	−0.012	−0.017	−0.047**	0.006	1.20	4.01**	1.15
	(−1.21)	(−1.06)	(−2.11)	(0.42)			
常数项	0.664***	0.746***	0.629***	0.596***	2.06	0.18	3.90**
	(20.53)	(13.41)	(10.54)	(11.52)			
观测值	2 303	858	599	846			
Wald Chi²	1 090.48***	495.42***	247.23***	452.09***			
Log likelihood	3 416.33	1 246.50	893.75	1 334.33			

注：限于篇幅，年度哑变量没有报告；括号中数值为 Z 统计量；*、**、*** 分别表示在 10%、5%和 1%的统计水平上显著。

在此基础上，我们根据产品市场竞争状况进行分组回归，所得结果发生了一定的变化。当外部市场竞争程度较低时，能够显著抑制管理层在职消费、不当开支的只有董事会规模和独立董事占比两种监督机制，而且当董事会规模在 10 人之上时，董事的增加会削弱董事会的监督效应；大股东监督、管理层薪酬水平和股权激励则体现出显著的消极作用，监事会、董事长和总经理两职合一没有体现出显著的治理作用。当竞争程度达到中等强度时，几乎所有的监督、激励机制均未体现出显著的治理效应，管理层薪酬水平则仍然体现出消极的“传染性贪婪”效应。而当竞争强度达到最高水平时，管理层薪酬激励的消极作用仍保持不变。当然，正如我们在前文指出的，这也可能是变量衡量方法所引起的。大股东和独立董事两种监督机制则再次表现出积极的治理作用，监事会则开始表现出消极作用，监事会成员的增加显著伴随着代理成本的上升。

这些结果表明，在约束管理层的在职消费、不当开支等方面，产品市场竞争与公司治理体现出较为复杂的关系。首先，竞争本身就具有约束管理层、提高信息对称程度、降低代理成本的作用。而在公司治理方面，能够有效降低代理成本的只有部分监督机制，如大股东、董事会。根据本研究的结果，对管理层进行货币或股权形式的激励并不能抑制其资源滥用行为。其次，外部竞争与公司内部监督机制之间具有一定的交互作用。外部市场竞争压力弱化了大股东的合谋动机，强化了大股东的监督作用，替代了董事会的部分监督功能，使得董事人数在降低代理成本方面不再重要。而产品市场竞争与独立董事机制的关系并不单调,具有先替代后互补的关系。

由此可见,产品市场竞争与公司治理的关系既不是 Alchian(1950)或 Aghion et al.(1995)所认为的绝对替代,也不是 Holmström and Milgrom(1994)所认为的完全互补,这一关系一方面随不同治理机制而有所差异,另一方面体现出 Schmidt(1997)所提出的状态依存特性。

以资产周转率为被解释变量的回归结果如表 9-6 所示。全样本的回归结果显示,当不考虑产品市场竞争时,第一大股东持股比例与代理效率呈显著负相关关系,说明总体而言大股东的存在并不有利于代理效率的提升。其他治理机制均没有表现出显著的作用。

表 9-6　不同产品市场竞争下公司治理与代理成本的关系检验:资产周转率

变量	全样本	按竞争强度分组			Wald Chi^2 统计量		
		低竞争	中竞争	高竞争	中—低	高—中	高—中
First	-0.258***	-0.198**	-0.316***	-0.293***	1.07	0.04	0.78
	(-5.68)	(-2.50)	(-3.84)	(-4.01)			
Board	-0.015	-0.024	-0.089***	0.079**	2.92*	12.35***	4.36**
	(-0.78)	(-1.28)	(-2.69)	(2.29)			
Board2	0.0001	0.0002	0.004**	-0.004***	2.97*	13.25***	3.76**
	(0.13)	(0.13)	(2.53)	(-2.62)			
Indirector	-0.072	-0.182	-0.132	0.147	0.02	0.71	0.91
	(-0.51)	(-0.74)	(-0.58)	(0.61)			
Spvboard	-0.006	-0.006	0.020**	-0.023***	4.37**	12.68***	2.09
	(-1.28)	(-0.70)	(2.22)	(-2.86)			
Dual	0.032	0.065*	-0.025	0.024	2.83*	0.76	0.58
	(1.40)	(1.65)	(-0.69)	(0.65)			
Salary	-0.003	0.006	0.002	-0.021	0.03	0.92	1.31
	(-0.34)	(0.34)	(0.11)	(-1.34)			
Mgthold	-0.024	-0.076*	0.030	-0.022	3.19*	0.87	0.99
	(-1.05)	(-1.85)	(0.70)	(-0.62)			
State	0.018	-0.038	0.069***	0.047*	6.49***	0.28	4.37**
	(1.05)	(-1.31)	(2.27)	(1.65)			
Size	0.287***	0.262***	0.298***	0.294***	3.45**	0.05	3.38*
	(39.14)	(19.57)	(21.26)	(26.40)			
Debt	-0.296***	-0.301***	-0.232***	-0.405***	0.44	2.64*	1.11
	(-7.03)	(-4.42)	(-2.95)	(-5.65)			

（续表）

变量	全样本	按竞争强度分组			Wald Chi^2 统计量		
		低竞争	中竞争	高竞争	中—低	高—中	高—中
Growth	0.016	0.049	0.018	0.011	0.29	0.02	0.50
	(0.72)	(1.29)	(0.42)	(0.29)			
FCF	−0.090	−0.050	−0.066	−0.087	0.01	0.02	0.09
	(−1.58)	(−0.54)	(−0.55)	(−1.00)			
常数项	−4.814***	−4.336***	−4.911***	−5.153***	1.56	0.28	3.12*
	(−25.34)	(−13.22)	(−15.23)	(−15.81)			
观测值	2 303	858	599	846			
Wald Chi^2	2 021.89***	558.95***	704.97***	889.97***			
Log likelihood	−660.54	−276.50	−116.97	−222.14			

注：限于篇幅，年度哑变量没有报告；括号中数值为 Z 统计量；*、**、*** 分别表示在 10%、5%和 1%的统计水平上显著。

进一步地，根据产品市场竞争状况分组的回归结果表明，当市场竞争程度较低时，在监督机制方面，大股东体现出显著的消极效应，董事会规模、独立董事占比、监事会规模均未体现出显著的作用，而当董事长和总经理两职合一时，代理效率显著上升；在激励机制方面，货币性激励没有表现出显著的作用，而对管理层实施持股计划则导致代理效率下降。这说明当外部竞争压力较小时，管理层参与公司股权无法起到应有的激励作用，反而诱发其职位固守动机。当竞争程度逐渐上升时，更多的监督机制（如董事会规模、监事会规模）开始发生作用，其中董事会规模呈非单调的正 U 形关系。当董事人数小于 11 时，董事增加将降低代理效率；当董事人数超过 11 时，董事增加将提升代理效率。在激励机制方面，货币性薪酬仍然没有体现出积极的作用，管理层持股的消极作用则趋于消失。当竞争程度达到最高水平时，激励机制仍然没有显著的作用，而监督机制中董事会规模和监事会规模的作用则发生显著逆转，董事会规模转为倒 U 形关系。当董事人数小于 10 时，董事增加将提升代理效率；当董事人数超过 10 时，董事增加则降低代理效率。监事人数的增加则产生单调的消极作用。

根据这些结果，可以认为，在约束无效率投资、激励管理层努力工作等方面，产品市场竞争与公司治理具有非常复杂的关系。标杆竞争效应能够促进管理层提升经营效率，而公司内部的监督和激励机制在总体上则未表现出显著的积极效应。在竞争的作用下，内部机制发生了一定的变化。在监督方面，竞争能够先强化后弱化监事会与董事会的监督作用。当董事会规模较小(小于 11 人)时,竞争对董事会的监督作用表现为先弱化后强化。在激励方面,竞争可以弥补管理层股权激励的消极作用。因此,产品市场竞争与公司治理的这种复杂关系再一次支持了 Schmidt(1997)的状态依存观点。

9.4.4　稳健性检验

为了增强产品市场竞争、公司治理与代理成本之间关系检验结果的稳健性,我们采用另一种分组方法对不同竞争强度下公司治理与代理成本的关系进行检验,分别以企业数目和赫芬达尔-赫希曼指数是否超过、低于中位数为划分标准,按照这两个产品市场竞争变量将样本划分为高竞争、低竞争两组,并分两组进行单变量分析和分组回归分析。结果显示,分两组的分析结果与分三组情形下高竞争和低竞争两组子样本的结果和系数之间的差异基本保持一致,为本研究结论提供了进一步的支持。

此外,为了消除行业因素的影响,我们对代理成本替代变量(管理费用率和资产周转率)进行行业调整,重新进行回归分析,结果基本一致。

9.5　结　语

对现代公司制企业的管理层实施有效的监督和激励一直是公司财务理论界的重大课题。通过合理的内外部机制设计,将这种由两权分离所导致的冲突与代理成本降到最低,是投资者权益保护的重要内容,更是促进新兴市场国家企业健康成长、保障资本市场稳健发展的必要措施。本研究在梳理相关理论的基础上,以 2003—2005 年沪深两市上市公司为样本,考察产品市场竞争、公司治理与代理成本之间的关系。

本研究表明,适度的产品市场竞争和公司治理结构的合理安排能够降低企业的代理成本、提升管理层的代理效率。而在不同的产品市场竞争环境下,公司治理机制的作用则有所不同。具体而言,在约束管理层的在职消费、不当开支等代理成本方面,当产品市场企业数目较少、行业集中度较高时,可以利用部分监督机制降低代理成本,如董事会、独立董事;随着竞争的逐渐加剧,这些机制的监督作用趋于消失,与产品市场竞争之间形成完全替代;而当产品市场竞争达到最高水平时，大股东持股、独立董事再次表现出积极的监督作用，与产品市场竞争形成互补。

在约束管理层无效率投资、激励管理层提高代理效率方面，当市场竞争程度较低时，只有两职合一这种监督机制具有积极的治理效应，大股东表现出显著的合谋倾向，董事会、独立董事没有起到相应的监督作用，管理层持股激励则可能诱发职位固守动机并由此产生消极作用；随着竞争程度上升，董事会、监事会开始表现出一定的监督作用，与产品市场竞争形成互补，其中董事会规模体现出正U形非单调效益，两职合一的积极作用和管理层股权激励的消极作用趋于消失；而当竞争达到最高水平时，董事会和监事会的作用均发生逆转。

本研究结果意味着，在中国当前的资本市场上，要有效地消除代理成本、提高代理效率，应当综合考虑市场环境、结合企业具体问题、配合使用不同的治理机制。例如，对于那些处于竞争激烈行业的企业而言，当面临的主要代理问题为在职消费、不当开支等资源滥用行为时，可以考虑利用大股东、独立董事等监督机制，并合理规避监事会、管理层薪酬合约设计等治理机制的消极作用；而当面临的主要问题为无效率经营、管理层偷懒松懈时，则应当合理设计各种监督机制，扬长避短、充分发挥不同监督机制的积极作用。

本研究结果还意味着，当前中国上市公司的治理主要倚赖大股东、董事会、监事会等各类监督机制，对管理层激励机制的利用非常不充分，这一点在不同竞争环境下没有差异。因此，要想有效降低代理成本，除根据不同竞争特征设计公司监督机制外，还应当大力开发管理层激励机制。同时，在相应的公司治理改革进展缓慢这一既定的前提下，以降低进入壁垒等方式加强产品市场竞争也是一条可行途径。

第 10 章 投资者权益保护与股权融资成本

10.1 问题的提出

近年来,投资者权益保护是国内外理论界和实务界普遍关注的热点问题,在新兴资本市场的国家里更是焦点问题,因为在这些国家里,相关法律法规不完善,更容易发生损害投资者权益的行为。最近的研究表明,不同国家在上市公司的股权集中度、资本市场的广度和深度、股利政策及公司接近外部资本市场的能力等方面存在极大的差异,而不同国家之间的投资者(包括股东和债权人)能否获得法律保护以免遭经理人和控股股东盘剥的差异,是造成以上差异的重要原因(La Porta et al.,1998)。

在中国资本市场上,侵害股东尤其是小股东利益的行为屡屡发生,已成为制约资本市场和上市公司发展的重要问题。中国的证券市场如何才能健康发展?广大投资者权益如何得到有效保护?这些已经成为社会各界关注的焦点问题。对于上市公司而言,投资者权益保护方面存在的问题极大地影响了公司的发展。例如,近年来,中国上市公司股权融资的速度大幅下降,资本市场对上市公司的增发和配股行为持抵触态度,公司首次公开募股的数量也急剧减少。我们认为,这些现象的出现与当前中国投资者权益保护较差是密切相关的。

投资者对公司进行投资是为了获得投资回报,即现在对公司投入 1 元,预期未来资本的回收将远远高于 1 元。因此,投资者权益保护的根本在于保护投资者获得投资回报。公司的盈利能力保证了投资者可以获得长期回报,而现金红利和股票红利及股票持有收益则是投资者短期回报的反映。现实也一再地证明,只有在投资者权益受到高度重视的情形下,投资者才有意愿向公司提供资本,公司才能很便利、快捷、低成本地获得发展所需资本。Himmelberg et al.(2002)的研究表明,投资者权益保护状况对公司的融资成本产生较大的影响。

投资者权益保护做得越好,公司的融资成本越低;反之亦然。基于此,本研究的主要目的是:在目前普遍认为中国上市公司投资者权益保护存在重大问题的情形下,探讨上市公司投资者权益保护的现状及其与上市公司股权融资成本之间的关系,以期对中国相关部门和上市公司有所启示。

纵观现有投资者权益保护的相关文献,我们可以看出,学者基本上采用 La Porta et al. (1998)开创的研究方法,从国家的法律规则(《公司法》和《破产法》)是否包含投资者(股东和债权人)的相关权利以及这些法律规则是否得到有效执行进行跨国比较研究,探讨不同国家投资者权益保护的不同及其导致的后果。但是,这种方法存在的问题是,它只适用于对不同国家的投资者权益保护及其经济后果进行对比研究,而对于处于同样的法律规则和法律规则执行的情形,这种方法则不适用。我们试图对处于同样的法律规则以及这些法律规则执行效率环境下的公司的投资者权益保护状况进行研究,探讨不同公司投资者权益保护的差异及其导致的经济后果——是否导致不同公司之间股权融资成本的差异。

本研究表明,中国上市公司投资者权益保护的状况较差。按照我们设计的投资者权益保护指数对中国上市公司打分,2000—2004 年,60 分以上公司数目仅分别占全部上市公司的 29.91%、9.36%、8.90%、16.15%和 17.53%,大部分公司得分在 40—60 分。本研究还表明,投资者权益保护对上市公司股权融资成本产生显著影响,两者存在显著的负相关关系,即上市公司的投资者权益保护状况越好,公司股权融资成本越低。

本研究的主要贡献有两方面:其一,不同于现有文献主要从法律制度规则及其执行的宏观层面研究投资者权益保护这一视角,我们在问卷调查的基础上,从投资者对公司的权益出发,兼顾微观公司层面和宏观制度执行层面,设计中国上市公司投资者权益保护指数,为投资者及相关人员评价上市公司的投资者权益保护提供了一个客观、可行的标准;其二,利用我们设计的投资者权益保护指数,对中国上市公司的投资者权益保护与股权融资成本的关系进行了检验。

本章后文的结构安排如下:第 2 节对该领域的相关文献进行了简要的回顾;第 3 节对研究样本和主要变量进行了界定,介绍了我们所设计的投资者权益保护指数,并利用该指数对中国上市公司投资者权益保护状况进行了考察;第 4 节以中国上市公司为例,对投资者权益保护与股权融资成本的关系进行了实证检验;第 5 节为结语。

10.2　文献回顾

投资者权益保护问题之所以很重要，是因为在许多国家，损害小股东和债权人利益的行为非常普遍(La Porta et al.,1998)。在他们看来，公司治理在很大程度上是指外部投资者采取一系列机制阻止内部人(控股股东和经理人)的盘剥行为，由此开创了公司治理的法—金融学的研究方法，从一国对投资者权益保护的法律法规及其执行的状况研究公司治理。这一视角与传统的有关财务契约的法—经济学观点是截然不同的。传统的有关财务契约的法—经济学观点认为，大多数金融市场法规没有存在的必要。Stigler(1964)、Easterbrook and Fischel (1991)认为，只要财务契约的履行良好，金融市场就不需要法律管制。但 La Porta et al. (2000)指出，契约的履行是需要成本的，当这种成本大到一定程度后，用法律制度对投资者权益的保护代替契约履行并以此控制管理者，或许是更有效的手段。他们认为，相比传统的银行主导型和市场主导型，以投资者权益保护的差异划分和理解各国金融制度、公司治理结构的差异，可能是更为合理的。

La Porta et al. (1999b)将不同国家按照法律的起源、现有法律对投资者权益保护的不同划分为不同组别，研究这些差异对资本市场、金融发展造成的影响。他们的研究表明，与大陆法系国家相比，在投资者权益保护做得较好的英美法系国家，公司内部治理结构更为合理，资本在公司间的配置更有效率；而在投资者权益保护做得较差的大陆法系国家，公司的股权集中程度较高且公司绩效较差。

La Porta et al. (1998)所开创的研究方法普遍为该领域的学者所采用。Himmelberg et al.(2002)在研究股权结构、投资者权益保护与资本成本之间的关系时就采用 La Porta et al. (1998)的研究方法，对不同法律环境下投资者权益保护程度的差异所导致的不同国家公司资本成本的差异进行了研究，得出了公司资本成本在投资者权益保护较好的国家里较低的研究结论。Bris and Cabolis (2005)也利用了 La Porta et al. (1998)界定的投资者权益保护概念和含义，研究了不同投资者权益保护状况下跨国并购的收益问题。他们对 39 个国家的 506 起并购案进行的研究表明，如果并购方所在国家的投资者权益保护和会计准则很好，那么跨国并购将比国内并购产生更多的并购溢价，原因是并购方须补偿内部人的个人控制权收益,但这一结果只在100%股份收购的情形下才是显著的。

目前,从国外这一研究领域的现状来看,有关投资者权益保护的研究大多局限于对比不同国家法律(主要是《公司法》和《破产法》)对投资者权益保护的现实状况,探讨不同投资者权益保护状况所带来的不同国家的公司治理和公司业绩的表现、金融市场和资本市场的发展、经济增长的经济后果等,所利用的投资者权益保护指标借用La Porta et al.(1998)的方法。该指标主要考察一国现有的法律条文是否含有投资者有关权利的规定及其实施状况。以股东投资者权益保护为例,La Porta et al.(1998)主要是从七个方面分析不同国家在投资者权益保护方面的差异,分别为是否一股一票、能否以通信的形式委托他人行使代理权、能否在股东大会之前将所持股份集中、投票权是否累积、是否存在压制小股东的机制、提议召开临时股东大会的股份比例、是否强制分红,并在此基础上考虑一个国家的法律实施环境,如腐败情况等。应该说,La Porta et al.(1998)的投资者权益保护指标可能只适用于不同国家之间的对比研究,不适用于同一国家内不同公司之间的研究。从现有的文献中,我们还没有发现存在一个适合对同一国家内不同公司的投资者权益保护状况及其经济后果进行研究的复合指标。

近年来,中国学者也开始关注投资者权益保护这一比较前沿的领域,将投资者权益保护与公司绩效等结合起来进行研究。但是,由于目前人们对投资者权益保护的内涵尚没有一个清晰的界定,国外学者所使用的进行国别比较的投资者权益保护指标不适用于单一国家的上市公司,因此中国学者往往以单一指标[如审计意见类型(王克敏和陈井勇,2004)]简单地替代投资者权益保护。可能正是因为指标界定的困难,尽管学术界和实务界意识到投资者权益保护是一个值得研究的领域,但许多文献只是停留在简单的泛泛而论上,相应的实证检验文献还很少见。本研究从构建适用于单一国家的投资者权益保护指标出发,简要探讨中国投资者权益保护的现状,并研究投资者权益保护与股权融资成本的关系。

10.3 样本、变量与描述性统计

10.3.1 研究样本与研究区间

我们以中国深沪两市的全部 A 股非金融类上市公司为研究样本。基于数据的全面性和可得性,我们将研究区间定为 2000—2004 年。全部样本为 5 850 个,其中 2000 年为 1 033 个、2001 年为 1 111 个、2002 年为 1 180 个、2003 年为 1 245 个、2004 年为 1 278 个。数据部分来自华泰证券聚源数据分析系统,部分来自 CCER 色诺芬数据库,部分(如上市公司受到处罚的相关资料)系笔者从中国证监会网站、深圳证券交易所和上海证券交易所网站摘录。

10.3.2 投资者权益保护

我们认为,投资者权益保护是一个复合的概念,具有多方面的含义,现实中没有一个指标可以准确地反映这一概念所包含的内容。为了准确地揭示中国上市公司投资者权益保护的状况,使人们在评价和研究上市公司的投资者权益保护时有一个可以利用的指标,我们设计了一个指数——投资者权益保护指数,试图从多个方面将投资者权益尽量多地包含其中。

1. 投资者权益保护指数的构建

构建投资者权益保护指数的一项关键工作,就是确定该指数应包含哪些内容及其在总体中的权重。由于投资者权益保护是一个复合的概念,绝不是一个方面或一个指标就可以准确地确定的,也没有一种非常明确的理论可以作为指数构建的依据。因此,为了使指数设计更加科学、合理,我们采用德尔菲法[①],通过专家调查打分确定投资者权益保护指数包含的内容及其在总体中的权重。

步骤 1,确定专家组成员,将咨询问题编制成表,函询征求专家的意见。专

---

① 德尔菲法是一种定性预测方法,采用背对背群体决策咨询,群体成员各自独立工作,然后以系统的、独立的方式综合他们的判断,克服为某些权威所左右的缺点,减轻被调查对象的心理压力,增大预测的可靠性。

家组成员包括理论界和实务界的人士，所在城市分别为北京、上海、广州、南京、厦门、温州等。其中，理论界专家来自经济学、会计学、金融学、统计学和法学等领域，所在院校分别为北京大学、南京大学、复旦大学、厦门大学等，这些专家长期以来一直关注和研究中国资本市场与上市公司的发展及其存在的问题，并在这一领域做出非常有价值的研究成果。实务界人士包括基金公司经理、上市公司董秘、散户投资者(投资额在 100 万元以上)和法院法官。

步骤 2，在不通气的情况下，专家经独立思考，写出自己的意见并反馈给我们。

步骤 3，我们对专家反馈意见进行整理、综合，然后将经整理、综合的意见匿名寄给专家，再度征询意见。

步骤 4，重复进行步骤 3 的工作，并在再次发给专家问卷时，询问是否会再次根据他人的意见调整观点。

步骤 5，在专家确定观点后，将所有专家意见整理、汇总，确定所构建的投资者权益保护指数包含的内容及其权重。

在确定指数包含内容的权重时，我们将回收的 18 份专家意见按被调查对象的身份进行分组。由于这一问题的学术性较强，因此我们对非常熟悉资本市场和上市公司的学术界专家的意见给予高度重视。具体地，在确定权重中，6 位学术界专家的意见的影响因子为 0.6，其他 12 位专家的意见的影响因子为 0.4。

在设计和发放问卷的过程中，为了使专家的观点能与我们的出发点或者说思考问题的角度一致，不至于相差很远，我们明确指出，所设计的投资者权益保护指数不是站在中小股东的角度，而是站在全体投资者的角度，从投资者为公司提供资本后应享有的权益出发，考虑该指数所包含的内容及其权重。

在汇总整理各位专家意见的基础上，我们所设计的投资者权益保护指数包含的内容及其权重如表 10-1 所示。从表 10-1 可以看出，根据专家意见所设计的投资者权益保护指数是站在全体投资者的角度、完全从投资者对公司所享有的权益出发进行构建的。投资者对公司投资是为了获得投资回报，而公司的盈利能力保证了投资者可以获得长期回报，现金红利和股票红利及股票持有收益则是投资者短期回报的反映。因此，投资者获得投资回报是投资者权益保护的根本，考察公司的相应指标，可以了解公司投资者权益保护的基本状况。当然，除此之外，投资者必须获得决策所需的信息，真正了解公司的经营状况，了解他们向公司提供的资本是否完好地存在、是否得到很好的利用并产生效益；在公司组织中，每位投资者的地位是平等的，不存在某些股东利用自己的控股权或其他地位获得超过资本份额应享有的权益，这些对投资者权益保护也是很重要的。

表 10-1　投资者权益保护指数包含的内容及其权重

项目	分值	备注
一、知情权(information)		
财务报告质量	10	
二、股东对公司利益的平等享有权(equality)		
1. 关联交易	10	关联交易占总销售收入的比例
2. 大股东占款	10	大股东占款与总资产的比
三、股东财富最大化(profitability)		
1. 盈利性	15	净资产收益率
2. 市场评价	10	Tobin's Q
3. 盈利潜力	10	利润增长率
四、投资回报(return)		
1. 现金分红	10	现金红利占股本的比例
2. 股票股利	10	股票红利占总股本的比例
3. 持有股票收益	15	回报率
五、上市公司诚信(penalty)		
1. 被中国证监会处罚	−15	
2. 被中国证监会、证券交易所通报批评	−5	

毫无疑问，制度层面对投资者权益保护的影响极大，但是宏观制度层面不是公司能够控制的，因此我们仅考虑上市公司对相关制度的执行。具体而言，如果上市公司因诚信问题而受到中国证监会或证券交易所的处罚和批评，那么就相应扣减其得分。由于监管部门的处罚与通报批评所对应行为的恶劣程度是不同的，我们对此进行区分，对处罚扣减的分值多于对通报批评扣减的分值。此外，考虑到中国上市公司投资者权益保护普遍较差，得分普遍较低，因此对两种行为的扣分最终确定为 15 和 5。

2. 我国上市公司投资者权益保护的现实状况

根据表 10-1 投资者权益保护指数包含的内容及其权重，我们对沪深两市全部上市公司的投资者权益保护状况进行了考察。在 1999 年及之前年度中，由于相关制度不健全，监管部门对上市公司的许多信息未做出披露要求，难以收集指数构建所需的相关数据，因此我们主要考察2000年及之后年度的上市公司投资者权益保护状况，所得结果如表10-2所示。从表10-2可以看出，中国的投资者权益保护程度是很低的。2000—2004年，全部上市公司投资者权益保护指数的均值分别为51.66、40.08、40.42、42.91和41.95，分值最集中的区间为30—60，得分在该区间公司的比例分别为62.92%、66.06%、68.14%、62.73%和57.36%。一个非常明显的现象是，2001—2004年上市公司得分比2000年得分明显下降，降幅多达10分。我们认为，其中一个主要原因是2000年中国股市形势比较好，投资者获得较高的股票持有收益，从而得分较高；而其他年度由于股市萧条，大部分投资者的股票持有收益为负，从而影响这些年的得分，没有使投资者获得较好的股票持有收益，投资者权益遭受极大的损害，其得分较低也是一个合理的现象。以上结果与现实生活中人们的直观判断基本一致。近年来，中国上市公司在投资者权益保护方面做得较差，广受社会各界的批评。

表10-2 2000—2004年中国上市公司投资者权益保护状况

分值	2000年		2001年		2002年		2003年		2004年	
	企业数	占比(%)	企业数	占比(%)	企业数	占比(%)	企业数	占比(%)	企业数	占比(%)
90—100	1	0.10		0.00		0.00	2	0.16	8	0.63
80—90	19	1.84	4	0.36	2	0.17	19	1.53	22	1.72
70—80	93	9.00	23	2.07	16	1.36	66	5.30	73	5.71
60—70	196	18.97	77	6.93	87	7.37	114	9.16	121	9.47
50—60	288	27.88	182	16.38	216	18.31	216	17.35	181	14.16
40—50	222	21.49	281	25.29	295	25.00	294	23.61	242	18.94
30—40	140	13.55	271	24.39	293	24.83	271	21.77	310	24.26
20—30	57	5.52	194	17.46	189	16.02	196	15.74	207	16.20
≥20	17	1.65	79	7.11	82	6.95	67	5.38	114	8.92
总计	1 033	100.00	1 111	100.00	1 180	100.00	1 245	100.00	1 278	100.00
均值	51.66		40.08		40.42		42.91		41.95	
中位数	52.00		40.00		41.00		42.00		40.00	
最小值	−6.00		2.00		−4.00		−3.00		−5.00	
最大值	90.00		87.00		81.00		100.00		98.00	
方差	211.80		208.10		194.30		265.40		322.50	
偏度	(0.21)		0.15		(0.01)		0.25		0.30	
峰度	(0.12)		(0.22)		(0.23)		(0.14)		(0.12)	

为了更清楚地了解中国上市公司投资者权益保护的实际状况，包括投资者的哪些权益没有得到很好的保护，上市公司投资者权益保护的哪些方面应改进和加强，我们按照投资者权益保护指数包含的四方面内容，考察中国上市公司的具体情况，结果如表 10-3 所示。

表 10-3　2000—2004 年中国上市公司投资者权益保护指数各组成部分的得分

项目	2000 年		2001 年		2002 年		2003 年		2004 年	
	均值	中位数	均值	中位数	均值	中位数	均值	中位数	均值	中位数
Information(10)	9.293	10	9.438	10	9.677	10	9.635	10	9.143	10
equality(20)	10.344	10	10.009	10	10.112	10	10.263	10	11.586	12
profitability(35)	18.812	19	16.292	15	16.497	16	17.370	18	16.803	16
return(35)	13.777	13	4.927	2	4.630	2	5.986	2	4.581	0
N	1 018		1 096		1 160		1 232		1 223	

表 10-3 表明，除投资者对上市公司的知情权（财务报告质量）外，投资者的其他权益并没有得到很好的保护，投资者在公司中的平等地位和公司盈利能力的得分稍好一些，但只是该部分分值的 50% 左右；而上市公司在投资者获得投资回报方面做得最差，该项总分值为 35，除 2000 年稍高一点（也就是满分的约 1/3），其他年度该部分的均值为 5 分左右，中位数则低得可怜，2001—2003 年均为 2 分，2004 年为 0 分。这表明，大部分上市公司的投资者既没有得到现金红利，也没有得到股票红利，更没有从持有公司股票中获得收益。由此，我们可以理解为什么中国上市公司投资者权益保护得分是如此之低了。

10.3.3　股权融资成本

1. 股权融资成本的测算方法

在测算股权融资成本方面，主要有资本资产定价法（CAPM）、多因子模型法、历史平均收益法、股利折现法和股利增长模型法等。这些方法主要基于实际收益计算公司的资本成本，目前应用最为广泛的是资本资产定价法和多因子模型法，以资本资产的各项风险因子预测其收益。由于投资者来自资本资产的收益即公司为此应支付的资本成本，因此通过该方式计算得到的资本收益就是公司的资本成本。历史平均收益法由于使用较为简便，应用范围也较为广泛。而股利折现法和股利增长模型法由于较难以对未来股利进行预测,应用范围则较为有限。

自20世纪90年代以后,西方公司财务研究中关于资本成本的计量,基本上认可资本资产定价模型在确定经风险调整后所有者权益成本中的主流地位。Lowenstein(1991)指出,根据资本资产定价模型计算所得的所有者权益成本,代表调整风险因素之后所有者权益资本的机会成本。因此,我们利用资本资产定价法计算中国上市公司的所有者权益资本(股权融资)成本,计算公式为:

$$\text{所有者股权融资成本} = \text{无风险收益率} + \beta(\text{市场年收益率} - \text{无风险收益率}) \tag{10-1}$$

其中,无风险收益率为在上海证券交易所交易的当年期限最长的国债年收益率,β为上市公司的系统性风险系数,市场年收益率为2001—2004年考虑现金股利再投资的综合月平均市场收益率乘以12。

2. 不同投资者权益保护水平下的股权融资成本

我们将全部上市公司按照投资者权益保护状况分组,详细考察2000—2004年不同投资者权益保护水平下上市公司的股权融资成本,具体结果如表10-4所示。

表10-4 不同投资者权益保护水平下的股权融资成本

分值	2000年		2001年		2002年		2003年		2004年	
	均值	中位数	均值	中位数	均值	中位数	均值	中位数	均值	中位数
≤20	0.0979	0.0975	0.1051	0.1091	0.1119	0.1131	0.1007	0.1040	0.0942	0.0978
20—40	0.0968	0.0971	0.1049	0.1069	0.1103	0.1111	0.0971	0.0984	0.0931	0.0951
40—60	0.0962	0.0956	0.1013	0.1044	0.0982	0.0984	0.0875	0.0890	0.0884	0.0898
60—80	0.0947	0.0951	0.0889	0.0915	0.0846	0.0852	0.0784	0.0795	0.0848	0.0833
80—100	0.0934	0.0946	0.0866	0.0821	0.0724	0.0724	0.0754	0.0746	0.0787	0.0803

从表10-4可以看出,在全部研究区间,股权融资成本无论是以均值还是以中位数衡量,随着投资者权益保护水平的逐步提升,中国上市公司股权融资成本均呈现逐步下降的趋势。

10.4　投资者权益保护与股权融资成本关系的实证检验

Gebhardt et al.(2004)的研究表明,行业特性、账面市值比、长期增长率预测和分析师盈余预测差异能够较好地解释公司资本成本的差异(在其模型中,公司资本成本差异的60%可以由上述四个变量解释),而且该相关关系在不同时期均具有较高的稳定性。叶康涛和陆正飞(2004)的研究表明,股票β系数、负债率、公司规模、账面市值比等是影响中国公司股权融资成本的重要因素。我们认为,现实中,资本成本的影响因素很多,而且处于不同国家、不同时期,公司资本成本的影响因素可能有所不同。因此,在借鉴已有研究成果的基础上,为了检验投资者权益保护与公司资本成本的关系,我们选择的控制变量包括[①]:

(1) 账面市值比(B/M)。这是公司的账面价值与市场价值的比率。该指标越大,说明公司越不被资本市场看好,或者说公司价值被市场低估,因此公司的股权融资成本可能越高。

(2) 财务风险(Lev)。公司最优资本结构理论指出,负债率越高,则公司面临的破产风险随之上升,从而股东会相应地要求高回报以弥补其承担的破产风险,即股权融资成本将上升。已有研究一般以资产负债率衡量公司财务风险,我们也采用这一指标。

(3) 公司的成长性(Growth)。就股东而言,公司成长性越高,未来获得的回报也越高,公司越受到股票市场投资者的追捧,从而公司股权融资成本可能越低。我们以主营业收入增长率衡量公司成长性。

(4) 公司规模(Size)。公司规模越大,抵抗其所面临的各种风险的能力越强,股东所承受的投资风险越小,从而公司股权融资成本越低。我们以公司总资产的自然对数代表公司规模。

---

① 基于数据的可得性和国情差异,控制变量的选取更多地借鉴了叶康涛和陆正飞(2004)的研究成果。由于股权融资成本是根据资本资产定价模型计算出来的,因此我们没有选择股票β系数作为控制变量。同时,由于我们更多地关注与公司特征相关的变量(如公司规模、负债率、成长性等)对资本成本的影响,而这些变量与行业特征具有较强的相关性,因此没有选择行业特征作为控制变量。

在加入控制变量的基础上，我们建立的实证模型为：

$$Re = \beta_0 + \beta_1 \text{Protection} + \beta_2 \text{Size} + \beta_3 B/M + \beta_4 \text{Lev} + \beta_5 \text{Growth} + \varepsilon \tag{10-2}$$

其中，Re 为股权融资成本。

我们混合了中国深沪两市上市公司在整个样本期间的横截面数据和时间序列数据，形成了一个面板数据。采用面板数据进行回归分析，可以在一定程度上克服变量之间的多重共线性。面板数据通常含有很多数据点，带来较大的自由度；同时，截面变量和时间变量的结合能够有效地提高短期时间序列动态模型估计的准确性。在实际使用面板数据模型时，研究者通常假设模型系数不变，而截矩项随时间和截面数据单位的变化而改变。解决变截矩问题主要有两种方法：一种是使用固定效应模型，另一种是使用随机效应模型。Hausman 检验提供了在两种模型之间选择的方法，而本研究样本数据的 Hausman 检验结果支持使用固定效应模型。

利用面板数据进行分析必须考虑两个问题——残差的横截面相关性和时间序列相关；否则，检验结果可能出现偏差。针对这一问题，同时验证利用面板数据进行回归所得的结果，我们计算了每家上市公司 5 年期间各变量的算术平均值[①]，得到了一个包含 979 个样本的横截面数据，并对其进行多元回归。

由于我们的研究区间截至 2004 年，而中国上市公司数量是逐年递增的，如果使用平衡的面板数据模型，那么研究区间越往前延伸、丢失的样本越多，这样得到的估计结果可能存在较大的偏差。为此，在研究的过程中，我们又将 2002—2004 年作为一个研究区间，得到一个面板数据。这样做尽管研究期间缩短了，但是公司数目(截面样本)增多了。同时，我们还计算了这一区间各变量的算术平均值，并对其进行了回归分析。我们认为，使用不同的数据进行详细的回归分析，可以对比各种数据所得的结果，使研究更加严谨、准确。

我们利用面板数据和平均数据，分别对投资者权益保护与股权融资成本的关系进行实证检验，所得结果如表 10-5 所示。

---

① 算术平均值还可以减少变量各年度之间的随机波动而产生的测量误差。

表 10-5　投资者权益保护与股权融资成本关系的实证检验

变量	2000—2004 年		2002—2004 年	
	面板	平均	面板	平均
Protection	−0.0001***	−0.0005***	−0.0001***	−0.0005***
Growth	−2.50E-06	−0.00001	0.00002***	−2.10E-05
Size	−1.38E-08***	−5.21E-09***	−8.8E-09**	−1.79E-09**
Lev	0.0001***	0.0000*	0.0001***	0.0001**
B/M	0.0048***	0.0138***	0.002**	0.0104***
_cons	0.1032	0.1114***	0.1000***	0.1087***
观测值	4 980	979	3 411	1 137
F	37.34	36.21	30.74	40.94
P	0.000	0.000	0.000	0.000
Adj R^2(R^2)	0.037	0.153	0.042	0.150
Hausman	0.000		0.000	

注：***、**、*分别表示在 1%、5%和 10%的统计水平上显著。

从表 10-5 的结果看，公司规模与股权融资成本呈负相关关系，而且在两个模型中均表现出 1%的统计显著水平，说明公司规模越大，股权融资成本越低；公司成长性与股权融资成本负相关，但在两个模型中均不显著；账面市值比与股权融资成本正相关，而且在两个模型中均表现出显著的统计水平，表明账面市值比越高，公司越不被投资者看好，股权融资成本越高；但公司资产负债率与股权融资成本正相关，而且在两个模型中均表现出显著水平，与前面的分析是一致的。

就投资者权益保护与股权融资成本的关系来看，两者在两个模型中均呈负相关关系，而且在 1%的统计水平上显著，表明上市公司的投资者权益保护做得越差，股权融资成本越高，从而正面支持我们的研究假设，也与 La Porta et al. (1998)、Himmelberg et al. (2002)等研究是一致的。

10.5　结　语

La Porta et al. (1998)开创的法—金融学研究方法引起了公司金融等相关领域学者的高度关注，为人们研究公司治理等问题提供了另外一个视角，使人们对公司治理领域的研究可以更加深入。投资者权益保护是公司治理中很重要的组成部分,它不仅影响上市公司本身的发展,还对国家的资本市场发展和经济增长具有重要的影响,因为上市公司已成为国家经济的重要组成部分。

本研究在问卷调查的基础上,从投资者对公司的权益出发,兼顾微观层面与宏观制度执行层面,设计了中国上市公司投资者权益保护指数,使得投资者和相关人员在评价上市公司投资者权益保护时有了一个客观、可行的标准;同时,我们利用这一指数对中国上市公司的投资者权益保护与股权融资成本的关系进行了检验。我们的研究结果表明,与国外已有的相关研究结果一致,中国上市公司的投资者权益保护与股权融资成本呈显著的负相关关系。具体而言,投资者的投资回报、公司的盈利能力及投资者在公司组织中的地位与股权融资成本显著负相关,而投资者对公司的知情权与股权融资成本正相关但不显著,上市公司受到中国证监会和证券交易所处罚与股权融资成本负相关。除上市公司本身存在问题以外,这可能与中国投资者自身存在某些问题(如过分关注眼前的盈利、投机性过强等)有关。

本研究对上市公司的启示为:保护公司投资者的权益不但有利于公司进行外部融资,而且对降低公司的融资成本具有一定的实际意义。

参 考 文 献

中文文献

白重恩、刘俏、陆洲、宋敏、张俊喜，中国上市公司治理结构的实证研究，《经济研究》，2005年第2期。

薄仙慧、吴联生，国有控股与机构投资者的治理效应：盈余管理视角，《经济研究》，2009年第2期。

陈传明、孙俊华，企业家人口背景特征与多元化战略选择——基于中国上市公司面板数据的实证研究，《管理世界》，2008年第5期。

陈德萍、陈永圣，股权集中度、股权制衡度与公司绩效关系研究——2007—2009年中小企业板块的实证检验，《会计研究》，2011年第1期。

陈冬华、陈信元、万华林，国有企业中的薪酬管制与在职消费，《经济研究》，2005年第2期。

陈胜蓝、卢锐，股权分置改革、盈余管理与高管薪酬业绩敏感性，《金融研究》，2012年第10期。

陈小林、王玉涛、陈运森，事务所规模、审计行业专长与知情交易概率，《会计研究》，2013年第2期。

陈晓、王琨，关联交易、公司治理与国有股改革，《经济研究》，2005年第4期。

戴亦一、潘越、陈芬，媒体监督、政府质量与审计师变更，《会计研究》，2013年第10期。

戴亦一、潘越、刘思超，媒体监督、政府干预与公司治理：来自中国上市公司财务重述视角的证据，《世界经济》，2011年第11期。

邓建平、曾勇、何佳，改制模式、资金占用与公司绩效，《中国工业经济》，2007年第1期。

邓建平、曾勇，金融关联能否缓解民营企业的融资约束，《金融研究》，2011年第8期。

邓可斌、曾海舰，中国企业的融资约束：特征现象与成因检验，《经济研究》，2014年第2期。

杜胜利、翟艳玲，总经理年度报酬决定因素的实证分析——以我国上市公司为例，《管理世界》，2005年第8期。

杜兴强、冯文滔、裴红梅，IPO公司“董秘”非正常离职的经济后果：基于中国资本市场的经验证据,《投资研究》,2013 年第 8 期。

樊纲、王小鲁,《中国市场化指数——各地区市场化相对进程报告》,北京:经济科学出版社,2007 年。

樊纲、王小鲁、朱恒鹏,《中国市场化指数——各地区市场化相对进程 2011 年报告》,北京:经济科学出版社,2011 年。

方军雄,高管超额薪酬与公司治理决策,《管理世界》,2012 年第 11 期。

方军雄,所有制、制度环境与信贷资金配置,《经济研究》,2007 年第 12 期。

方军雄,我国上市公司高管的薪酬存在粘性吗?《经济研究》,2009 年第 3 期。

高雷、何少华、黄志忠,公司治理与掏空,《经济学》,2006 年第 3 期。

高强、伍利娜,兼任董秘能提高信息披露质量吗——对拟修订《上市规则》关于董秘任职资格新要求的实证检验,《会计研究》,2008 年第 1 期。

何威风、刘启亮,我国上市公司高管背景特征与财务重述行为研究,《管理世界》,2010 年第 7 期。

贺建刚、魏明海、刘峰,利益输送、媒体监督与公司治理:五粮液案例研究,《管理世界》,2008 年第 10 期。

洪剑峭、薛皓,股权制衡如何影响经营性应计的可靠性——关联交易视角,《管理世界》,2009 年第 1 期。

侯青川、靳庆鲁、陈明端,经济发展、政府偏袒与公司发展——基于政府代理问题与公司代理问题的分析,工作论文,2014 年。

胡奕明、林文雄、李思琦、谢诗蕾,大贷款人角色:我国银行具有监督作用吗?《经济研究》,2008 年第 10 期。

胡奕明、唐松莲,独立董事与上市公司盈余信息质量,《管理世界》,2008 年第 9 期。

黄继承、朱冰、向东,法律环境与资本结构动态调整,《管理世界》,2014 年第 5 期。

姜付秀、黄继承,CEO 财务经历与资本结构决策,《会计研究》,2013 年第 5 期。

姜付秀、黄继承,高管背景特征有信息含量吗——基于高管变更的事件研究,工作论文,2011 年。

姜付秀、黄继承、李丰也、任梦杰,谁选择了财务经历的 CEO?《管理世界》,2012 年第 2 期。

姜付秀、陆正飞,多元化与资本成本研究,《会计研究》,2006 年第 6 期。

姜付秀、伊志宏、苏飞、黄磊,管理者背景特征与企业过度投资行为,《管理世界》,2009 年第 1 期。

姜付秀、张敏,在职消费与公司绩效,工作论文,2009 年。

姜付秀、支晓强、张敏,投资者利益保护与股权融资成本,《管理世界》,2008 年第 2 期。

姜国华、岳衡，大股东占用上市公司资金与上市公司股票回报率关系的研究，《管理世界》，2005 年第 9 期。

蒋荣、陈丽蓉，产品市场竞争治理效应的实证研究：基于 CEO 变更视角，《经济科学》，2007 年第 2 期。

蒋瑛琨、刘艳武、赵振全，货币渠道与信贷渠道传导机制有效性的实证分析——兼论货币政策中介目标的选择，《金融研究》，2005 年第 5 期。

靳庆鲁、孔祥、侯青川，货币政策、民营企业投资效率与公司期权价值，《经济研究》，2012 年第 5 期。

鞠晓生、卢荻、虞义华，融资约束、营运资本管理与企业创新可持续性，《经济研究》，2013 年第 1 期。

雷光勇、刘慧龙，大股东控制、融资规模与盈余操纵程度，《管理世界》，2006 年第 1 期。

李华晶、张玉利，创业型领导：公司创业中高管团队的新角色，《软科学》，2006 年第 3 期。

李培功、沈艺峰，经理薪酬、轰动报道与媒体的公司治理作用，《管理科学学报》，2013 年第 10 期。

李培功、沈艺峰，媒体的公司治理作用：中国的经验证据，《经济研究》，2010 年第 4 期。

李寿喜，产权、代理成本和代理效率，《经济研究》，2007 年第 1 期。

李焰、秦义虎、张肖飞，企业产权、管理者背景特征与投资效率，《管理世界》，2011 年第 1 期。

李增福、董志强、连玉君，应计项目盈余管理还是真实活动盈余管理？基于我国 2007 年所得税改革的研究，《管理世界》，2011 年第 1 期。

李增泉、孙铮、刘凤委，企业绩效与薪酬契约，工作论文，2004 年。

李增泉、孙铮、王志伟，“掏空”与所有权安排，《会计研究》，2004 年第 12 期。

廖冠民、张广婷，盈余管理与国有公司高管晋升效率，《中国工业经济》，2012 年第 4 期。

廖理、廖冠民、沈红波，经营风险、晋升激励与公司绩效，《中国工业经济》，2009 年第 8 期。

廖秀梅，会计信息的信贷决策有用性：基于所有权制度制约的研究，《会计研究》，2007 年第 5 期。

林浚清、黄祖辉、孙永祥，高管团队内薪酬差距、公司绩效和治理结构，《经济研究》，2003 年第 4 期。

林毅夫、李志赟，政策性负担、道德风险与预算软约束，《经济研究》，2004 年第 2 期。

林毅夫、孙希芳，信息、非正规金融与中小企业融资，《经济研究》，2005 年第 7 期。

刘斌、刘星、李世新、何顺文，CEO 薪酬与企业业绩互动效应的实证检验，《会计研究》，2003 年第 3 期。

刘新民、王垒，上市公司高管更替模式对企业绩效的影响，《南开管理评论》，2012 年第 2 期。

刘志远、张西征，投资/现金流敏感性能反映公司融资约束吗？基于外部融资环境的研究，《经济管理》，2010 年第 5 期。

柳木华，大众传媒对会计舞弊的监督：一项经验研究，《证券市场导报》，2010 年第 8 期。

卢峰、姚洋，金融压抑下的法制、金融发展和经济增长，《中国社会科学》，2004 年第 5 期。

卢锐、柳建华、许宁，内部控制、产权与高管薪酬业绩敏感性，《会计研究》，2011 年第 10 期。

吕长江、赵宇恒，国有企业管理者激励效应研究——基于管理者权力的解释，《管理世界》，2008 年第 11 期。

罗党论、甄丽明，民营控制、政治关系与企业融资约束——基于中国民营上市公司的经验证据，《金融研究》，2008 年第 12 期。

罗进辉，媒体报道的公司治理作用——双重代理成本视角，《金融研究》，2012 年第 10 期。

洛温斯坦，张蓓译，《公司财务的理性与非理性》，上海：上海远东出版社，1999 年。

马国臣、李鑫、孙静，中国制造业上市公司投资——现金流高敏感性实证研究，《中国工业经济》，2008 年第 10 期。

马曙光、黄志忠、薛云奎，股权分置、资金侵占与上市公司现金股利政策，《会计研究》，2005 年第 9 期。

毛洪涛、沈鹏，我国上市公司 CFO 薪酬与盈余质量的相关性研究，《南开管理评论》，2009 年第 5 期。

毛新述、王斌、林长泉、王楠，信息发布者与资本市场效率，《经济研究》，2013 年第 10 期。

牛建波、李维安，产品市场竞争和公司治理的交互关系研究，《南大商学评论》，2007 年第 1 期。

钱颖一，激励与约束，《经济社会体制比较》，1999 年第 5 期。

饶品贵、姜国华，机构投资者行为与交易量异象，《中国会计评论》，2008 年第 3 期。

申慧慧、黄张凯、吴联生，股权分置改革的盈余质量效应，《会计研究》，2009 年第 8 期。

沈艺峰、肖珉、黄娟娟，中小投资者法律保护与公司权益资本成本，《经济研究》，2005 年第 6 期。

盛松成、吴培新，中国货币政策的二元传导机制，《经济研究》，2008 年第 10 期。

宋德舜，国有控股，最高决策者激励与公司绩效，《中国工业经济》，2004 年第 3 期。

苏冬蔚、林大庞，股权激励、盈余管理与公司治理，《经济研究》，2010 年第 11 期。

苏冬蔚、熊家财，大股东掏空与 CEO 薪酬契约，《金融研究》，2013 年第 12 期。

苏启林、朱文,上市公司家族控制与企业价值,《经济研究》,2003 年第 8 期。

孙铮、刘凤委、李增泉,市场化程度、政府干预与企业债务期限结构,《经济研究》,2005 年第 5 期。

谭跃、夏芳,股价与中国上市公司投资——盈余管理与投资者情绪的交叉研究,《会计研究》,2011 年第 8 期。

汪辉,上市公司债务融资、公司治理与市场价值,《经济研究》,2003 年第 8 期。

王克敏、陈井勇,股权结构、投资者保护与公司绩效,《管理世界》,2004 年第 7 期。

王克敏、王志超,高管控制权、报酬与盈余管理——基于中国上市公司的实证研究,《管理世界》,2007 年第 7 期。

王鹏,投资者保护、代理成本与公司绩效,《经济研究》,2008 年第 2 期。

王鹏、周黎安,控股股东的控制权、所有权与公司绩效:基于中国上市公司的证据,《金融研究》,2006 年第 2 期。

王少飞、孙铮、张旭,审计意见、制度环境与融资约束——来自我国上市公司的实证分析,《审计研究》,2009 年第 2 期。

王亚平、吴联生、白云霞,中国上市公司盈余管理的频率与幅度,《经济研究》,2005 年第 12 期。

王彦明、贾翱,论股东的临时股东大会召集请求权——兼论中国相关公司立法的完善,《社会科学战线》,2010 年第 5 期。

王跃堂、朱林、陈世敏,董事会独立性、股权制衡与财务信息质量,《会计研究》,2008 年第 1 期。

魏刚,高级管理层激励与上市公司经营绩效,《经济研究》,2000 年第 3 期。

魏明海、黄琼宇、程敏英,家族企业关联大股东的治理角色——基于关联交易的视角,《管理世界》,2013 年第 3 期。

魏志华、曾爱民、李博,金融生态环境与企业融资约束——基于中国上市公司的实证研究,2014 年第 5 期。

吴超鹏、叶小杰、吴世农,媒体监督、政治关联与高管变更——中国的经验证据,《经济管理》,2012 年第 2 期。

夏立军、方轶强,政府控制、治理环境与公司价值——来自中国证券市场的经验证据,《经济研究》,2005 年第 5 期。

夏立军,盈余管理计量模型在中国股票市场的应用研究,《中国会计与财务研究》,2003 年第 2 期。

肖泽忠、邹宏,中国上市公司资本结构的影响因素和股权融资偏好,《经济研究》,2008 年第 6 期。

肖作平,制度因素对资本结构选择的影响分析——来自中国上市公司的经验证据,《证券市场导报》,2009年第12期。

辛清泉、谭伟强,市场化改革、企业业绩与国有企业经理薪酬,《经济研究》,2009年第11期。

熊艳、李常青、魏志华,媒体“轰动效应”:传导机制、经济后果与声誉惩戒——基于“霸王事件”的案例研究,《管理世界》,2011年第10期。

徐莉萍、辛宇、陈工孟,股权集中度和股权制衡及其对公司经营绩效的影响,《经济研究》,2006年第1期。

徐莉萍、辛宇,媒体治理与中小投资者保护,《南开管理评论》,2011年第6期。

薛云奎、白云霞,国家所有权、冗余雇员与公司业绩,《管理世界》,2008年第10期。

杨德明、赵璨,媒体监督、媒体治理与高管薪酬,《经济研究》,2012年第6期。

叶康涛、陆正飞、张志华,独立董事能否抑制大股东的“掏空”?《经济研究》,2007年第4期。

叶康涛、陆正飞,中国上市公司股权融资成本影响因素分析,《管理世界》,2004年第4期。

〔英〕多纳德·海、德理克·莫瑞斯,《产业经济学与组织》,北京:经济科学出版社,2001年。

于蔚、汪淼军、金祥荣,政治关联和融资约束:信息效应与资源效应,《经济研究》,2012年第9期。

于忠泊、田高良、齐保垒、张皓,媒体关注的公司治理机制——基于盈余管理视角的考察,《管理世界》,2011年第9期。

余明桂、潘红波,政治关系、制度环境与民营企业银行贷款,《管理世界》,2008年第8期。

余明桂、夏新平,控股股东、代理问题与关联交易:对中国上市公司的实证研究,《南开管理评论》,2004年第6期。

喻坤、李治国、张晓蓉、徐剑刚,企业投资效率之谜:融资约束假说与货币政策冲击,《经济研究》,2014年第5期。

曾庆生、陈信元,国家控股、超额雇员与劳动力成本,《经济研究》,2006年第6期。

曾颖、陆正飞,信息披露质量与股权融资成本,《经济研究》,2006年第2期。

张纯、吕伟,信息披露、市场关注与融资约束,《会计研究》,2007年第11期。

张功富、宋献中,产品市场竞争能够替代公司内部治理吗——来自中国上市公司过度投资的经验证据,中国金融国际年会,2007年。

张军、易文斐、丁丹,中国的金融改革是否缓解了企业的融资约束,工作论文,2006年。

张敏、王成方、刘慧龙,冗员负担与国有企业的高管激励,《金融研究》,2013年第5期。

郑国坚、林东杰、张飞送,大股东财务困境、掏空与公司治理的有效性——来自大股东财务数据的证据,《管理世界》,2013 年第 5 期。

郑志刚、邓贺斐,法律环境差异和区域金融发展——金融发展决定因素基于我国省级面板数据的考察,《管理世界》,2010 年第 6 期。

支晓强、童盼,盈余管理、控制权转移与独立董事变更——兼论独立董事治理作用的发挥,《管理世界》,2005 年第 11 期。

周泽将、杜兴强,税收负担、会计稳健性与薪酬业绩敏感度,《金融研究》,2012 年第 10 期。

朱红军、汪辉,"股权制衡"可以改善公司治理吗? 宏智科技股份有限公司控制权之争的案例研究,《管理世界》,2004 年第 10 期。

邹雄,2004 年深市关联交易的总量、模式及发展趋势,《证券市场导报》,2005 年 7 月号。

英文文献

Adams, J. and S. Mansi, CEO turnover and bondholder wealth, *Journal of Banking and Finance*, 2009, 33: 522-533.

Adams, R., H. Almeida and D. Ferreira, Powerful CEOs and their impact on corporate performance, *Review of Financial Studies*, 2005, 18: 1403-1432.

Admati, A. R. and P. Pfleiderer, The "Wall Street walk" and shareholder activism: Exit as a form of voice, *Review of Financial Studies*, 2009, 22: 2445-2485.

Aghion, P. and J. Tirole, Formal and real authority in organizations, *Journal of Political Economy*, 1997, 105: 14-29.

Aghion, P., C. Harris and J. Vickers, Competition and growth with step-by-step technological progress, Unpublished Paper, 1995.

Aghion, P., M. Dewatripont and P. Rey, Competition, financial discipline and growth, *Riview of Economic Studies*, 1999, 66: 825-852.

Aghion, P., P. Bolton and J. Tirole, Exit options in corporate finance: Liquidity versus incentives, *Review of Finance*, 2004, 8: 327-353.

Agrawal, A., C. R. Knoeber and T. Tsoulouhas, Are outsiders handicapped in CEO successions? *Journal of Corporate Finance*, 2006, 12: 619-644.

Aharony J., C. J. Lee and T. J. Wong, Financial packaging of IPO firms in China, *Journal of Accounting Research*, 2000, 38: 103-126.

Aharony, J., J. Wang and H. Yuan, Tunneling as an incentive for earnings management during the IPO process in China, *Journal of Accounting and Public Policy*, 2010, 29: 1-26.

Ahmad, M., Religiosity as a function of rigidity and anxiety, *Indian Journal of Experimental Psychology*, 1973, 7: 49-50.

Alchian, A., Uncertainty, evolution, and economic theory, *Journal of Political Economy*, 1950, 58: 211-221.

Allen, F., J. Qian and M. Qian, Law, finance and economic growth in China, *Journal of Financial Economics*, 2005, 77: 57-116.

Almeida, H. and M. Campello, Financial constraints, asset tangibility, and corporate investment, *Review of Financial Studies*, 2007, 20: 1429-1460.

Ancona, D. G. and D. F. Caldwell, Bridging the boundary: External activity and performance in organizational teams, *Administrative Science Quarterly*, 1992, 37: 634-665.

Anderson, R. C. and D. M. Reeb, Founding-family ownership and firm performance: Evidence from the S&P 500, *Journal of Finance*, 2003b, 58: 1301-1328.

Anderson, R. C. and D. M. Reeb, Founding-family ownership, corporate diversification, and firm leverage, *Journal of Law and Economics*, 2003a, 46: 653-684.

Andres, C., Large shareholders and firm performance: An empirical examination of founding-family ownership, *Journal of Corporate Finance*, 2008, 14: 431-445.

Ang, J. S., R. A. Cole and J. W. Lin, Agency costs and ownership structure, *Journal of Finance*, 2000, 55: 81-106.

Attig, N., E. Ghoul and O. Guedhami, Do multiple large shareholders play a corporate governance role? Evidence from East Asia, *Journal of Financial Research*, 2009, 32: 395-422.

Attig, N., O. Guedhami and D. Mishra, Multiple large shareholders, control contests, and implied cost of equity, *Journal of Corporate Finance*, 2008, 14: 721-737.

Baber, W. R., P. M. Fairfield and J. A. Haggard, The effect of concern about reported income on discretionary spending decisions: The case of research and development, *The Accounting Review*, 1991, 66: 818-829.

Bae, K. H., J. K. Kang and J. M. Kim, Tunneling or value added? Evidence from mergers by Korean business groups, *Journal of Finance*, 2002, 57: 2695-2740.

Baek, J. S., J. K. Kang and I. Lee, Business groups and tunneling: Evidence from private securities offerings by Korean Chaebols, *Journal of Finance*, 2006, 61: 2415-2449.

Baggs, J. and J. E. De Bettignies, Product market competition and agency costs, *Journal of Industrial Economics*, 2007, 55: 289-323.

Bai, C. E., Q. Liu, J. Lu, F. M. Song and J. Zhang, Corporate governance and market valuation in China, *Journal of Comparative Economics*, 2004, 32: 599-616.

Bai, C., Y. Du, Z. Tao and S. Y. Tong, Local protectionism and regional specialization: evidence from China's industries, *Journal of International Economics*, 2004, 63: 397-418.

Baker, M. J. Stein and J. Wurgler, When does the market matter? Stock prices and the investment of equity-dependent firms, *Quarterly Journal of Economics*, 2003, 118: 969-1006.

Bantel, K. A. and S. E. Jackson, Top management and innovations in banking: Does the composition of the top team make a difference? *Strategic Management Journal*, 1989, 10: 107-124.

Barker, V. L. and G. C. Mueller, CEO characteristics and firm R&D spending, *Management Science*, 2002, 48: 782-801.

Barro, J. R. and R. J. Barro, Pay, performance, and turnover of bank CEOs, *Journal of Labor Economics*, 1990, 8: 448-481.

Barro, R. and R. McClearly, Religion and economic growth, *American Sociological Review*, 2003, 68: 760-781.

Barsky, R., F. Juster, M. Kimball and M. Shapiro, Preference parameters and behavioral heterogeneity: An experimental approach in the health and retirement study, *Quarterly Journal of Economics*, 1997, 112: 537-579.

Bartov, E., The timing of asset sales and earnings manipulation, *The Accounting Review*, 1993, 68: 840-855.

Beatty, A., S. Liao and J. Weber, Financial reporting quality, private information, monitoring, and the lease-versus-buy decision, *The Accounting Review*, 2010, 85: 1215-1238.

Beatty, R., Auditor reputation and the pricing of initial public offerings, *The Accounting Review*, 1989, 64: 693-709.

Bebchuk, L. A. and J. M. Fried, Executive compensation as an agency problem, *Journal of Economic Perspectives*, 2003, 17: 71-92.

Bebchuk, L., M. Cremers and U. Peyer, pay distribution in the top executive team, SSRN Working Paper, 2009.

Becker, C. L., M. L. DeFond, J. Jiambalvo and K. R. Subramanyam, The effect of audit quality on earnings management, *Contemporary Accounting Research*, 1998, 15: 1-24.

Beck, T. and A. Demirguc-Kunt, Small and medium-size enterprises: Access to finance as a growth constraint, *Journal of Banking & Finance*, 2006, 30: 2931-2943.

Bennedsen, M., K. M. Nielsen, F. Perez-Gonzalez and D. Wolfenzon, Inside the family firm: The role of families in succession decisions and performance, *Quarterly Journal of Economics*, 2007, 122: 647-691.

Benson, B. W. and W. N. Davidson III, Reexamining the managerial ownership effect on firm value, *Journal of Corporate Finance*, 2009, 15: 573-586.

Bergstresser, D. and T. Philippon, CEO incentives and earnings management, *Journal of Financial Economics*, 2006, 12: 511-529.

Berkovitch, E., R. Israel and Y. Spiegel, Managerial compensation and capital structure, *Journal of Economics & Management Strategy*, 2000, 9: 549-584.

Berle, A. A. and G. C. Means, *The Modern Corporation and Private Property*, New York: MacMillan, 1932.

Bertrand, M. and A. Schoar, Managing with style: The effect of managers on firm policies, *Quarterly Journal of Economics*, 2003, 118: 1169-1208.

Bertrand, M. and A. Schoar, The role of family in family firms, *Journal of Economic Perspectives*, 2006, 20: 73-96.

Bertrand, M. and S. Mullainathan, Are executives paid for luck? The ones without principals, *Quarterly Journal of Economics*, 2001, 116: 901-932.

Bertrand, M., P. Mehta and S. Mullainathan, Ferreting out tunneling: An application to Indian business groups, *Quarterly Journal of Economics*, 2002, 117: 121-148.

Bharath, S. T., S. Jayaraman and V. Nagar, Exit as governance: An empirical analysis, *Journal of Finance*, 2013, 68: 2515-2547.

Bhide, A., The hidden costs of stock market liquidity, *Journal of Financial Economics*, 1993, 34: 31-51.

Biddle, G. and G. Hilary, Accounting quality and firm-level capital investment, *The Accounting Review*, 2006, 81: 963-982.

Bierman, H., Capital budgeting in 1992: A survey, *Financial Management*, 1993, 22: 24.

Black, F. and M. Scholes, The pricing options and corporate liability, *Journal of Political Economics*, 1973, 81: 637-654.

Bloom, N. and J. Van Reenen, Measuring and explaining management practices across firms and countries, *Quarterly Journal of Economics*, 2007, 122: 1341-1408.

Boeker, W. Power and managerial dismissal: Scapegoating at the top, *Administrative Science Quarterly*, 1992, 37: 400-421.

Boone, C., W. V. Olffen, A. V. Witteloostuijn and B. D. Brabander, The genesis of top management team diversity：Selective turnover among top management teams in Dutch newspaper publishing，1970-1994，*Academy of Management Journal*，2004，47：633-656.

Booth，J. R. and D. N. Deli，On executives of financial institutions as outside directors，*Journal of Corporate Finance*，1999，5：227-250.

Botosan，C.，Disclosure level and the cost of equity capital，*The Accounting Review*，1997，72：323-349.

Boubakri，N.，J. Cosset and O. Guedhami，From state to private ownership：Issues from strategic industries，*Journal of Banking & Finance*，2009，33：367-379.

Bris，A. and C. Cabolis，The value of investor protection：Firm evidence from cross-border mergers，SSRN Working Paper，2005.

Bruns，W. and K. Merchant，The dangerous morality of managing earnings，*Management Accounting*，1990，72：22-25.

Bryan S.，L. Hwang and S. Lilien，CEO stock-based compensation：An empirical analysis of incentive-intensity，relative mix，and economic determinants，*Journal of Business*，2000，73：661-693.

Bushman，R. and A. Smith，Financial accounting information and corporate governance，*Journal of Accounting and Economics*，2001，32：237-333.

Bushman，R.，Z. Dai and X. Wang，Risk and CEO turnover，*Journal of Financial Economics*，2010，96：381-398.

Byoun，S.，How and when do firms adjust their capital structures toward targets? *Journal of Finance*，2008，63：3069-3096.

Cadbury，A.，*Report of the Committee on the Financial Aspects of Corporate*，London：Gee Publishing，1992.

Camelo-Ordaz，C.，A. B. Hernandez-Lara and R. Valle-Cabrera，The relationship between top management teams and innovative capacity in companies，*Journal of Management Development*，2005，24：683-705.

Cao，J.，D. Cumming and X. Wang，One-child policy and family firms in China，*Journal of Corporate Finance*，2015，33：317-329.

Cao，J.，X. Pan and G. Tian，Disproportional ownership structure and pay-performance relationship：Evidence from China's listed firms，*Journal of Corporate Finance*，2011，17：541-554.

Caprio，L.，E. Croci and A. Del Giudice，Ownership structure，family control，and acquisition decisions，*Journal of Corporate Finance*，2011，17：1636-1657.

Caramanis，C. and C. Lennox，Audit effort and earnings management，*Journal of Accounting and Economics*，2008，45：116-138.

Carlsson，G. and K. Karlsson，Age，cohorts and the generation of generations，*American Sociological Review*，1970：710-718.

Carpenter，M. A.，The implications of strategy and social context for the relationship between top management team heterogeneity and firm performance，*Strategic Management Journal*，2002，23：275-284.

Certo，S. T.，R. H. Lester and D. R. Dalton，Top management teams，strategy and financial performance：A meta-analytic examination，*Journal of Management Studies*，2006，43：813-839.

Chang，E. C. and S. M. L. Wong，Governance with multiple objectives：Evidence from top executive turnover in China，*Journal of Corporate Finance*，2009，15：230-244.

Chang，X.，S. Dasgupta and G. Hilary，Analyst coverage and financing decisions，*Journal of Finance*，2006，61：3009-3048.

Chan，W.，External recruitment versus internal promotion，*Journal of Labor Economics*，1996，14：555-570.

Charles，P.，R. Himmelberg，G. Hubbard and I. Love，Investment，protection，ownership，and the cost of capital，NBB Working Paper 25，2002.

Chava，S. and A. Purnanandam，CEOs vs. CFOs：Incentives and corporate policies，*Journal of Financial Economics*，2010，97：263-278.

Chen，D.，O. Z. Li and S. Liang，Do managers perform for perks? Nanjing University Working Paper，2010.

Cheng，B.，I. Ioannou and G. Serafeim，Corporate social responsibility and access to finance，*Strategic Management Journal*，2014，35：1-23.

Chen，G.，M. Firth and L. Xu，Does the type of ownership control matter? Evidence from China's listed companies，*Journal of Banking Finance*，2009，33：171-181.

Chen，J.，Determinants of capital structure of Chinese-listed companies，*Journal of Business Research*，2004，57：1341-1351.

Chen，K. C. and H. Yuan，Earnings management and capital resource allocation：Evidence from China's accounting-based regulation of rights issues，*The Accounting Review*，2004，79：645-665.

Chen，S.，Z. Sun，S. Tang and D. Wu，Government intervention and investment efficiency：Evidence from China，*Journal of Corporate Finance*，2011，17：259-271.

Chen, X., Q. Cheng and Z. Dai, Family ownership and CEO turnovers, *Contemporary Accounting Research*, 2013, 30: 1166-1190.

Chen, Z., Y. Guan and B. Ke, Are stock option grants to directors of state-controlled chinese firms listed in Hong Kong genuine compensation? *The Accounting Review*, 2013, 88: 1547-1574.

Cheung, Y., P. R. Rau and A. Stouraitis, Tunneling, propping, and expropriation: Evidence from connected party transactions in Hong Kong, *Journal of Financial Economics*, 2006, 82: 343-386.

Chow, C. W., The demand for external auditing: Size debt and ownership influence, *The Accounting Review*, 1982, 13: 291.

Chung, K. H., R. C. Rogers, M. Lubatkin and J. E. Owers, Do insiders make better CEOs than outsiders? *The Academy of Management Executive*, 1987, 1: 325-331.

Claessens, S. and K. Tzioumis, Measuring firms' access to finance, *World Bank*, 2006.

Claessens, S., S. Djankov and L. H. P. Lang, The separation of ownership and control in East Asian corporations, *Journal of Financial Economics*, 2000, 58: 81-112.

Claessens, S., S. Djankov, J. P. H. Fan and L. H. P. Lang, Disentangling the incentive and entrenchment effects of large shareholdings, *Journal of Finance*, 2002, 57: 2741-2771.

Coffee, J. C., Liquidity versus control: The institutional investor as corporate monitor, *Columbia Law Review*, 1991, 91: 1277-1368.

Conyon, M. J. and L. He, CEO compensation and corporate governance in China, *Corporate Governance: An International Review*, 2012, 20: 575-592.

Conyon, M. J. and L. He, CEO turnover in China: The role of market based and accounting performance measures, *European Journal of Finance*, 2014, 20: 657-680.

Conyon, M. J. and L. He, Executive compensation and corporate governance in China, *Journal of Corporate Finance*, 2011, 17: 1158-1175.

Conyon, M. J., Corporate governance and executive compensation, *International Journal of Industrial Organization*, 1997, 15: 493-509.

Cook, D. and T. Tang, Macroeconomic conditions and capital structure adjustment speed, *Journal of Corporate Finance*, 2010, 16: 73-87.

Core, J. E. and D. F. Larcker, Performance consequences of mandatory increases in executive stock ownership, *Journal of Financial Economics*, 2002, 64: 317-340.

Core, J. E., R. W. Holthausen and D. F. Larcker, Corporate governance, chief executive officer compensation, and firm performance, *Journal of Financial Economics*, 1999, 51: 371-406.

Cornett, M. M., A. J. Marcus and H. Tehranian, Corporate governance and pay for performance: The impact of earnings management, *Journal of Financial Economics*, 2008, 87: 357-373.

Coughlan, A. T. and R. M. Schmidt, Executive compensation, management turnover, and firm performance: An empirical investigation, *Journal of Accounting and Economics*, 1985, 7: 43-66.

Cronqvist, H., A. Makhija and S. Yonker, Behavioral consistency in corporate finance: CEO personal and corporate leverage, *Journal of Financial Economics*, 2012, 103: 20-40.

Cronqvist, H. and M. Nilsson, Agency costs of controlling minority shareholders, *Journal of Financial and Quantitative Analysis*, 2003, 38: 695-719.

Cullinan, C. P. and P. B. Roush, Has the likelihood of appointing a CEO with an accounting/finance background changed in the post Sarbanes Oxley Era? *Research in Accounting Regulation*, 2011, 23: 71-77.

Cullinan, C., What types of companies chose CEOs with a marketing background, *The Business Review*, *Cambridge*, 2008, 11: 195-200.

Custódio, C. and D. Metzger, Financial expert CEOs: CEO's work experience and firm's financial policies, *Journal of Financial Economics*, 2014, 114: 125-154.

Custódio, C. and D. Metzger, How do CEOs matter? The effect of industry expertise on acquisition returns, *Review of Financial Studies*, 2013, 26: 2008-2047.

Custódio, C., M. A. Ferreira and P. Matos, Generalists versus specialists: Lifetime work experience and chief executive officer pay, *Journal of Financial Economics*, 2013, 108: 471-492.

Dadalt, P., G. D. Gay and J. Nam, Asymmetric information and corporate derivatives use, *Journal of Futures Markets*, 2002, 22: 241-267.

Dahya, J., A. A. Lonie and D. M. Power, Ownership structure, firm performance and top executive change: An analysis of UK firms, *Journal of Business Finance & Accounting*, 1998, 25: 1089-1118.

Dalton, D. R. and I. F. Kesner, Inside/outside succession and organizational size: The pragmatics of executive replacement, *Academy of Management Journal*, 1983, 26: 736-742.

Dalton, D. R. and I. F. Kesner, Organizational performance as antecedent of inside/outside chief executive succession: An empirical assessment, *Academy of Management*

Journal,1985,28:749-762.

Daniel, A. C., A. Dey and T. Z. Lys, Real and accrual-based earnings management in the pre and post Sarbanes-Oxley periods, *The Accounting Review*, 2008, 83: 757-787.

DeAngelo, H. and R. Masulis, Optimal capital structure under corporate and personal taxation, *Journal of Financial Economics*, 1980, 8: 3-29.

De Angelo, H., L. DeAngelo and T. Whited, Capital structure dynamics and transitory debt, *Journal of Financial Economics*, 2011, 99: 235-261.

De Angelo, L., Auditor size and audit quality, *Journal of Accounting and Economics*, 1981, 3: 183-199.

Dearborn, D. C. and H. A. Simon, Selective perceptions: A note on the departmental identification of executives, *Sociometry*, 1958, 21: 140-144.

Dechow, P. M. and R. G. Sloan, Executive incentives and the horizon problem, *Journal of Accounting and Economics*, 1991, 14: 51-89.

Dechow, P., R. Sloan and A. Sweeney, Detecting earnings management, *The Accounting Review*, 1995, 70: 193-225.

Dedman, E., Executive turnover in UK firms: The impact of cadbury, *Accounting and Business Research*, 2003, 33: 33-50.

DeFond, M. L. and M. Hung, An empirical analysis of analysts' cash flow forecasts, *Journal of Accounting and Economics*, 2003, 35: 73-100.

Demirgüç Kunt, A. and V. Maksimovic, Law, finance, and firm growth, *Journal of Finance*, 1998, 53: 2107-2137.

Demsetz, H. and K. Lehn, The structure of corporate ownership: Causes and consequences, *Journal of Political Economy*, 1985, 93: 1155-1177.

Demsetz, H., The structure of ownership and the theory of the firm, *Journal of Law and Economics*, 1983, 26: 375-390.

Denis, D. J. and D. K. Denis, Managerial discretion organizational structure and corporate performance, *Journal of Accounting and Economics*, 1993, 16, 209-236.

Denis, D. J. and D. K. Denis, Performance changes following top management dismissals, *Journal of Finance*, 1995, 50: 1029-1057.

Dessí, R. and D. Robertson, Debt, incentives and performance: Evidence from UK panel data, *Economic Journal*, 2003, 113: 903-919.

Dewenter, K. L. and P. H. Malatesta, Public offerings of state-owned and privately owned enterprises: An international comparison, *Journal of Finance*, 1997, 52: 1659-1679.

Dewenter, K. L. and P. H. Malatesta, State-owned and privately owned firms: An empirical analysis of profitability, leverage and labor intensity, *American Economic Review*, 2001,91:320-334.

Dial, J. and K. J. Murphy, Incentives, downsizing, and value creation at general dynamics, *Journal of Financial Economics*, 1995,37:261-314.

Diaz, J., Religion and gambling in sin-city: A statistical analysis of the relationship between region and gambling patterns in Las Vegas residents, *Social Science Journal*, 2000, 37: 453-458.

Ding, Y., H. Zhang and J. Zhang, Private vs state ownership and earnings management: Evidence from Chinese listed companies, *Corporate Governance: An International Review*, 2007, 15: 223-238.

Dittmar, A. K. and R. Duchin, Looking in the rear view mirror: The effect of managers' professional experience on corporate cash holdings, University of Michigan Working Paper, 2013.

Durfee, D., Why more companies are tapping their finance chiefs for CEO, *CFO*, 2005, 21: 52-60.

Durnev, A. and E. H. Kim, To steal or not to steal: Firm attributes, legal environment, and valuation, *Journal of Finance*, 2005, 60: 1461-1493.

Dwyer, S., O. C. Richard and K. Chadwick, Gender diversity in management and firm performance: The influence of growth orientation and organizational culture, *Journal of Business Research*, 2003, 56: 1009-1019.

Dyck, A. and L. Zingales, Private benefits of control: An international comparison, *Journal of Finance*, 2004, 59: 537-600.

Dyck, A., N. Volchkova and L. Zingales, The corporate governance role of the media: Evidence from Russia, *Journal of Finance*, 2008, 63: 1093-1135.

Dye, R., Auditing standards, legal liability, and auditor wealth, *Journal of political Economy*, 1993, 5: 887-914.

Easterbrook, F. and D. Fischel, *The Economic Structure of Corporate Law*, Harvard University Press, Cambridge, MA. 1991.

Edmans, A. and G. Manso, Governance through trading and intervention: A theory of multiple blockholders, *Review of Financial Studies*, 2011, 24: 2395-2428.

Edmans, A., Blockholder trading, market efficiency, and managerial myopia, *Journal of Finance*, 2009, 64: 2481-2513.

Edmans, A., V. W. Fang and E. Zur, The effect of liquidity on governance, *Review of Financial Studies*, 2013, 26: 1443-1482.

Engel, E., R. M. Hayes and X. Want, CEO turnover and properties of accounting information, *Journal of Accounting and Economics*, 2003, 36: 197-226.

Erel, I., Y. Jang and M. S. Weisbach, Do acquisitions relieve target firms' financial constraints? *Journal of Finance*, 2015, 70: 289-328.

Ewert, R. and A. Wagenhofer, Economic effects of tightening accounting standards to restrict earnings management, *The Accounting Review*, 2005, 80: 1101-1124.

Faccio, M. and L. H. P. Lang, The ultimate ownership of Western European corporation, *Journal of Financial Economics*, 2002, 65: 365-395.

Faccio, M., L. H. P. Lang and L. Young, Dividends and expropriation, *American Economic Review*, 2001, 91: 54-78.

Fama, E. F., Agency problems and the theory of the firm, *Journal of Political Economy*, 1980, 88: 288-307.

Fama, E. F. and M. C. Jensen, Separation of ownership and control, *Journal of Law and Economics*, 1983, 26: 301-325.

Fan, D. K., K. C. Lau and M. Young, Is China's corporate governance beginning to come of age? The case of CEO turnover, *Pacific-Basin Finance Journal*, 2007, 15: 105-120.

Fan, J. P. H. and T. J. Wong, Do external auditors perform a corporate governance role in emerging markets? Evidence from East Asia, *Journal of Accounting Research*, 2005, 43: 35-72.

Fazzari, S. M., R. G. Hubbard, B. C. Petersen, A. S. Blinder and J. M. Poterba, Financing constraints and corporate investment, *Brookings Papers On Economic Activity*, 1988, 1: 141-206.

Finkelstein, S. and D. C. Hambrick, *Strategic Leadership: Top Executives and Their Effects on Organizations*, West: St Paul, MN. 1996.

Finkelstein, S., Power in top management teams: Dimensions, measurement, and validation, *Academy of Management Journal*, 1992, 35: 505-538.

Firth, M. P., M. Y. Fung and O. M. Rui, Corporate performance and CEO compensation in China, *Journal of Corporate Finance*, 2006a, 12: 693-714.

Firth, M. P., M. Y. Fung and O. M. Rui, Firm performance, governance structure, and top management turnover in a transitional economy, *Journal of Management Studies*, 2006b, 43: 1289-1330.

Firth, M. P., M. Y. Fung and O. M. Rui, How ownership and corporate governance influence chief executive pay in China's listed firms, *Journal of Business Research*, 2007, 60: 776-785.

Flannery, M. and K. Rangan, Partial adjustment toward target capital structures, *Journal of Financial Economics*, 2006, 79: 469-506.

Fligstein, N., The intraorganizational power struggle: Rise of finance personnel to top leadership in large corporations, 1919-1979, *American Sociological Review*, 1987, 52: 44-58.

Florackis, C. and A. Ozkan, Agency costs and corporate governance mechanisms: Evidence for UK firms, *International Journal of Managerial Finance*, 2008, 4: 37-59.

Francis, J., A. H. Huang and S. Rajgopal, CEO reputation and earnings quality, *Contemporary Accounting Research*, 2008, 25: 109-147.

Frank, M. and V. Goyal, Corporate leverage: How much do managers really matter, University of Minnesota Working Paper, 2007.

Frank, M. Z. and V. K. Goyal, Capital structure decisions: Which factors are reliably important? *Financial Management*, 2009, 38: 1-37.

Friend, I. and L. Lang, An empirical test of the impact of managerial self-interest on corporate capital structure, *Journal of Finance*, 1988, 6: 271-280.

Gasper, K. and G. Clore, The persistent use of negative affect by anxious individuals to estimate risk, *Journal of Personality and Social Psychology*, 1998,74: 1350-1363.

Gebhardt, W., C. Lee and B. Swaminathan, Toward an implied cost of capital, *Journal of Accounting Research*, 2004, 39: 135-176.

Geiger, M. and D. North, Does hiring a new CFO change things? An investigation of changes in discretionary accruals, *The Accounting Review*, 2006, 81: 781-809.

Gibbons, R., Incentives in organizations, *Journal of Economic Perspectives*, 1998, 12: 115-132.

Gillan, S. L. and L. T. Starks, Corporate governance proposals and shareholder activism: The role of institutional investors, *Journal of Financial Economics*, 2000, 57: 275-305.

Gilson, S. and M. Vetsuypens, CEO compensation in financially distressed firms: An empirical analysis, *Journal of Finance*, 1993, 48: 425-458.

Gómez-Mejía, L. R., K. T. Haynes, M. Núñez-Nickel, K. J. L. Jacobson and J. Moyano-Fuentes, Socioemotional wealth and business risks in family-controlled firms:

Evidence from Spanish oil mills, *Administrative Science Quarterly*, 2007, 52: 106-137.

Güner, A. B., U. Malmendier and G. Tate, Financial expertise of directors, *Journal of Financial Economics*, 2008, 88: 323-354.

Godthelp, M. and U. Glunk, Turnover at the top: Demographic diversity as a determinant of executive turnover in the Netherland, *European Management Journal*, 2003, 21: 614-625.

Goergen, M. and L. Renneboog, Managerial compensation, *Journal of Corporate Finance*, 2011, 17: 1068-1077.

Gomez-Mejia, L. and R. M. Wiseman, Reframing executive compensation: An assessment and outlook, *Journal of Management*, 1997, 23: 291-374.

Goyal, V. K. and C. W. Park, Board leadership structure and CEO turnover, *Journal of Corporate Finance*, 2002, 8: 49-66.

Graham, J. and C. Harvey, The theory and practice of corporate finance: Evidence from the field, *Journal of Financial Economics*, 2001, 60: 187-243.

Graham, J., C. Harvey and S. Rajgopal, The economic implications of corporate financial reporting, *Journal of Accounting and Economics*, 2005, 40: 3-73.

Graham, J., How big are the tax benefits of debt, *Journal of Finance*, 2000, 55: 1901-1941.

Graham, J. R., C. R. Harvey and M. Puri, Managerial attitudes and corporate actions, *Journal of Financial Economics*, 2013, 109: 103-121.

Graham, J. R., S. Li and J. Qiu, Managerial attributes and executive compensation, *Review of Financial Studies*, 2012, 25: 144-186.

Grosfeld, I. and T. Tressel, Competition and ownership structure: Substitutes complements? Evidence from the warsaw stock exchange, *Economics of Transition*, 2002, 10: 525-551.

Grossman, S. J. and O. D. Hart, An analysis of the principal-agent problem, *Econometrica*, 1983, 51: 7-45.

Grossman, S. J. and O. D. Hart, Corporate financial structure and managerial incentives, In: McCall, J. J., *Economics of Information and Uncertainty*, 1982, 107-140.

Grossman, S. J. and O. D. Hart, One share-one vote and the market for corporate control, *Journal of Financial Economics*, 1988, 20: 175-202.

Grossman, S. J. and O. D. Hart, Takeover bids, the free-rider problem, and the theory of the corporation, *Bell Journal of Economics*, 1980, 11: 42-64.

Guiso, L., P. Sapienza and L. Zingales, People's opium? Religion and economic attitudes, *Journal of Monetary Economics*, 2003, 50: 225-282.

Gupta, A., Contingency linkages between strategy and general manager characteristics: A conceptual examination, *Academy of Marmgement Review*, 1984, 9: 399-412.

Gupta, A., Contingency perspectives on strategic leadership: Current knowledge and future research directions, In Hambrick DC (Ed.), *The Executive Effect: Concepts and Methods for Studying Top Managers*: 147-178, Greenwich, CT: JAI Press, 1988.

Guthrie, J. and J. Olian, Does context affect staffing? The case of general managers, *Personnel Psychology*, 1991, 44: 263-292.

Hadi, A. S., Identifying multiple outliers in multivariate data, *Journal of the Royal Statistical Society*, Series B (Methodological), 1992, 54: 762-771.

Hadlock, C. J. and J. R. Pierce, New evidence on measuring financial constraints: Moving beyond the Kz Index, *Review of Financial Studies*, 2010, 23: 1909-1940.

Halek, M. and J. Eisenhauer, Demography of risk aversion, *Journal of Risk and Insurance*, 2001, 68: 1-24.

Hambrick, D. and P. Mason, Upper echelons: The organization as a reflection of its managers, *Academy Management Review*, 1984, 9: 193-206.

Hambrick, D. C. and G. D. Fukutomi, The seasons of a CEO's tenure, *Academy of Management Review*, 1991, 16: 719-742.

Hambrick, D. C., T. S. Cho and M. J. Chen, The influence of top management team heterogeneity on firms' competitive moves, *Administrative Science Quarterly*, 1996, 4: 659-684.

Hambrick, D. C., Upper echelons theory: An update, *Academy of Management Review*, 2007, 32: 334-343.

Harford, J., S. Klasa and N. Walcott, Do firms have leverage targets? Evidence from acquisitions, *Journal of Financial Economics*, 2009, 93: 1-14.

Harhoff, D., Firm formation and regional spillovers:Evidence from Germany,*Economics of Innovation and New Technology*,1999,8:27-55.

Harris, M. and A. Raviv, Capital structure and the informational role of debt, *Journal of Finance*, 1990, 45: 321-349.

Hart,O. D. and J. Moore,Default and renegociation:A dynamic model of debt,*Quarterly Journal of Economics*,1998,113:1-41.

Hart, O., The market as an incentive mechanism, *Bell Journal of Economics*, 1983,

14: 366-382.

Harvey, C., K. Lins and A. Roper, The effect of capital structure when expected agency costs are extreme, *Journal of Financial Economics*, 2004, 74: 3-30.

Healy, P. M., The effect of bonus scheme on accounting decisions, *Journal of Accounting and Economics*, 1985, 7: 85-107.

Henderson, M. and J. Spindler, Corporate heroin: A defense of perks, executive loans, and conspicuous consumption, *Georgetown Law Journal*, 2005, 93: 1835-1883.

Hermalin, B. E. and N. E. Wallace, Firm performance and executive compensation in the savings and loan industry, *Journal of Financial Economics*, 2001, 61: 139-170.

Hermalin, B., Trends in corporate governance, *Journal of Finance*, 2005, 60: 2351-2384.

Hilary, G. and K. W. Hui, Does religion matter in corporate decision making in America? *Journal of Financial Economics*, 2009, 93: 455-473.

Himmelberg, C. P., R. G. Hubbard and I. Love, Investor protection, ownership, and the cost of capital, Columbia University Working Paper, 2002.

Himmelberg, C., R. Hubbard and D. Palia, Understanding the determinants of managerial ownership and the link between ownership and performance, *Journal of Financial Economics*, 1999, 53: 353-384.

Hitt, M. and B. Tyler, Strategic decision models: Integrating different perspectives, *Strategic Management Journal*, 1991, 12: 327-351.

Holderness, C. G., A survey of blockholders and corporate control, *Economic Policy Review*, 2003, 9: 51-64.

Holland, K. and J. Horton, Initial public offerings on the unlisted securities market: The impact of professional advisers, *Accounting and Business Research*, 1993, 24: 19-34.

Holmström, B. and P. Milgrom, The firm as an incentive system, *American Economic Review*, 1994, 84: 972-991.

Holmstrom, B. and P. Milgrom, Multitask principal-agent analyses: Incentive contracts, asset ownership, and job design, *Journal of Law, Economics, and Organization*, 1991, 7: 24-52.

Holmstrom, B., Moral hazard and observability, *Bell Journal of Economics*, 1979, 10: 74-91.

Hong, H., T. Lim and J. Stein, Bad news travels slowly: Size, analyst coverage, and the profitability of momentum strategies, *Journal of Finance*, 2000, 55: 265-295.

Hopfe, L. M. and M. R. Woodward, *Religions of the World* (12th ed.), Pearson

Prentice Hall, Upper Saddle River, NJ, 2011.

Hoshi, T., A. Kashyap and D. Scharfstein, Corporate structure, liquidity, and investment: Evidence from Japanese industrial groups, *Quarterly Journal of Economics*, 1991, 106: 33-60.

Houston, J. F. and C. M. James, Do relationships have limits? Banking relationships, financial constraints, and investment, *Journal of Business*, 2001, 74: 347-374.

Hovakimian, A., T. Opler and S. Titman, The debt-equity choice: An analysis of issuing firms, *Journal of Financial and Quantitative Analysis*, 2001, 36: 1-24.

Hu, A. and P. Kumar, Managerial entrenchment and payout policy, *Journal of Financial and Quantitative Analysis*, 2004, 39: 759-790.

Huang, S., Managerial expertise, corporate decisions and firm value: Evidence from corporate refocusing, *Journal of Financial Intermediation*, 2014, 23: 348-375.

Hubbard, R. G., Capital-market imperfections and investment, *National Bureau of Economic Research*, 1997.

Hu, C. and Y. Liu, Valuing diversity: CEOs' career experiences and corporate investment, *Journal of Corporate Finance*, 2015, 30: 11-31.

Huson, M., Does governance matter? Evidence from calpers interventions, University of Alberta Working Paper, 1997.

Huson, M. R., P. H. Malatesta and R. Parrino, Managerial succession and firm performance, *Journal of Financial Economics*, 2004, 74: 237-275.

Hutton, A. P. and P. C. Stocken, Effect of reputation on the credibility of management forecasts, SSRN Working Paper, 2006.

Iannaccone, L. R., Introduction to the economics of religion, *Journal of Economic Literature*, 1998, 36: 1465-1495.

Imbens, G. and J. Wooldridge, Recent developments in the econometrics of program evaluation, *Journal of Economic Literature*, 2009, 47: 5-86.

Isakov, D. and J. P. Weisskopf, Pay-out policies in founding family firms, *Journal of Corporate Finance*, 2015, 33: 330-344.

Jackson, S. E., J. F. Brett, V. I. Sessa, D. M. Cooper, J. A. Julin and K. Peyronnin, Some differences make a difference: Individual dissimilarity and group heterogeneity as correlates of recruitment, promotions, and turnover, *Journal of Applied Psychology*, 1991, 76: 675-689.

Jagannathan, R. and S. B. Srinivasan, Does product market competition reduce agency costs? *The North American Journal of Economics and Finance*, 1999, 10: 387-399.

Jain, N., Debt, managerial compensation and learning, *European Economic Review*, 2006, 50: 377-399.

Januszewski, S. I., F. J. Köke and J. K. Winter, Product market competition, corporate governance and firm performance: An empirical analysis for Germany, *Research in Economics*, 2002, 56: 299-332.

Jensen, M., Agency costs of free cash flow, corporate finance, and takeovers, *American Economic Review*, 1986, 76: 323-329.

Jensen, M. and E. Zajac, Corporate elites and corporate strategy: How demographic preferences and structural position shape the scope of the firm, *Strategic Management Journal*, 2004, 25: 507-524.

Jensen, M. C. and K. J. Murphy, CEO incentives: It's not how much you pay, but how, *Harvard Business Review*, 1990, 68: 138-149.

Jensen, M. C. and R. S. Ruback, The market for corporate control: The scientific evidence, *Journal of Financial Economics*, 1983, 11: 5-50.

Jensen, M. C. and W. H. Meckling, Theory of the firm: Managerial behavior, agency costs and ownership structure, *Journal of Financial Economics*, 1976, 3: 305-360.

Jensen, M. C., The modern industrial revolution, exit, and the failure of internal control systems, *Journal of Finance*, 1993, 48: 831-880.

Jiang, F., K. A. Kim, J. R. Nofsinger and B. Zhu, Product market competition and corporate investment: Evidence from China, *Journal of Corporate Finance*, 2015, 35: 196-210.

Jiang, F. X. and K. A. Kim, Corporate governance in China: A modern perspective, *Journal of Corporate Finance*, 2015, 32: 190-216.

Jiang, F. X., J. C. Huang and K. A. Kim, Appointments of outsiders as CEOs, state-owned enterprises, and firm performance: Evidence from China, *Pacific-Basin Finance Journal*, 2013, 23: 49-64.

Jiang, G. C., M. C. Lee and H. Yue, Tunneling through intercorporate loans: The China experience, *Journal of Financial Economics*, 2010, 98: 1-20.

Jiang, J., K. R. Petroni and I. Wang, CFOs and CEOs: Who have the most influence on earnings management? *Journal of Financial Economics*, 2010, 96: 513-526.

Jian, M. and T. J. Wong, Propping through related party transactions, *Review of*

Accounting Studies, 2010, 15: 70-105.

Jin, L. and S. C. Myers R2, around the world: New theory and new tests, *Journal of Financial Economics*, 2006, 79: 257-292.

Joe, J. R., H. Louis and D. Robinson, Managers' and investors' responses to media exposure of board ineffectiveness, *Journal of Financial and Quantitative Analysis*, 2009, 44: 579-605.

Joe, J. R., Why press coverage of a client influences the audit opinion, *Journal of Accounting Research*, 2003, 41: 109-133.

Johnson, S., P. Boone, A. Breach and E. Friedman, Corporate governance in the Asian financial crisis, *Journal of Financial Economics*, 2000, 58: 141-186.

John, T. and K. John, Top-management compensation and capital structure, *Journal of Finance*, 1993, 48: 949-974.

Jones, J., Earnings management during import relief investigations, *Journal of Accounting Research*, 1991, 29: 193-228.

Kang, J. and A. Shivdasani, Firm performance, corporate governance, and top executive turnover in Japan, *Journal of Financial Economics*, 1995, 38: 29-58.

Kang, J. K. and A. Shivdasani, Firm performance, corporate governance and top executive turnover in Japan, *Journal of Financial Economics*, 1995, 38: 29-58.

Kaplan, S. N. and L. Zingales, Do investment-cash flow sensitivities provide useful measures of financing constraints? *Quarterly Journal of Economics*, 1997, 112: 169-215.

Kaplan, S. N., M. M. Klebanov and M. Sorensen, Which CEO characteristics and abilities matter? *Journal of Finance*, 2012, 67: 973-1007.

Katherine, A. G., The relation between earnings management using real activities manipulation and future performance: Evidence from meeting earnings benchmarks, *Contemporary Accounting Research*, 2010, 27: 855-888.

Kato, T. and C. Long, CEO turnover, firm performance, and enterprise reform in China: Evidence from micro data, *Journal of Comparative Economics*, 2006c, 34: 796-817.

Kato, T. and C. Long, Executive compensation, firm performance, and corporate governance in China: Evidence from firms listed in the Shanghai and Shenzhen stock exchanges, *Economic Development and Cultural Change*, 2006a, 54: 945-983.

Kato, T. and C. Long, Executive turnover and firm performance in China, *American Economic Review*, 2006b, 96: 363-367.

Katz, R., The effects of group longevity on project communication and performance,

Administrative Science Quarerly, 1982, 27: 81-104.

Khanna, T. and K. Palepu, Why focused strategies may bewrong for emerging markets, *Harvard Business Review*, 1997, 75: 41-54.

Kimberly, J. R. and M. J. Evanisko, Organizational innovation: The influence of individual, organizational and contextual factors on hospital adoption of technological and administrative innovations, *Academy of Management Journal*, 1981, 24: 689-713.

Kish-Gephart, J. J. and J. T. Campbell, You don't forget your roots: The influence of CEO social class background on strategic risk taking, *Academy of Management Journal*, 2015, 58: 1614-1636.

Klein, A., Audit committee, board of director characteristics, and earnings management, *Journal of Accounting and Economics*, 2002, 33: 375-400.

Koh, P. S., Institutional investor type, earnings management and benchmark beaters, *Journal of Accounting and Public Policy*, 2007, 26: 267-299.

Kothari S. P., A. J. Leone and C. E. Wasley, Performance matched discretionary accrual measures, *Journal of Accounting and Economics*, 2005, 39: 163-197.

Koyuncu, B., S. Firfiray, B. Claes and M. Hamori, CEOs with a functional background in operations: Reviewing their performance and prevalence in the top post, *Human Resource Management*, 2010, 49: 869-882,

Krueger, P., A. Landier and D. Thesmar, The wacc fallacy: The real effects of using a unique discount rate, *Journal of Finance*, 2015, 70: 1253-1285.

Laeven, L. and R. Levine, Complex ownership structures and corporate valuations, *Review of Financial Studies*, 2008, 21: 579-604.

Lambert, R. A. and D. F. Larcker, An analysis of the use of accounting and market measures of performance in executive compensation contracts, *Journal of Accounting Research*, 1987, 25: 85-125.

Lamont, O., C. Polk and J. Saaá-Requejo, Financial constraints and stock returns, *Review of Financial Studies*, 2001, 14: 529-554.

La Porta, R., F. Lopez-de-Silanes, A. Shleifer and R. Vishny, Investor protection and corporate governance, *Journal of Financial Economics*, 2000, 58: 3-27.

La Porta, R., F. Lopez-de-Silanes, A. Shleifer and R. Vishny, Law and finance, *Journal of Political Economy*, 1998, 106: 1113-1155.

La Porta, R., F. Lopez-de-Silanes, A. Shleifer and R. Vishny, Legal determinants of external finance, *Journal of Finance*, 1997, 52: 1131-1150.

La Porta, R., S. F. De Lopez and A. Shleifer, Corporate ownership around the world, *Journal of Finance*, 1999, 54: 471-518.

Lauterbach, B., J. Vu and J. Weisberg, Internal vs. external succession and their effect on firm performance, *Human Relations*, 1999, 52: 1485-1504.

Leary, M. and M. Roberts, Do firms rebalance their capital structures? *Journal of Finance*, 2005, 60: 2575-2619.

Lee, H. U. and J. H. Park, Top team diversity, internationalization and the mediating effect of international alliances, *British Journal of Management*, 2006, 17: 195-213.

Lehmann, E. and J. Weigand, Does the governed corporation perform better? Governance structures and corporate performance in Germany, *European Finance Review*, 2000, 4: 157-195.

Lemmon, M. L., M. R. Roberts and J. F. Zender, Back to the beginning: Persistence and the cross-section of corporate capital structure, *Journal of Finance*, 2008, 63: 1575-1608.

Lenski, G. E., *The Religious Factor: A Sociological Study of Religion's Impact on Politics, Economics, and Family Life*, Doubleday, Garden City, N. Y. 1961.

Lerner, J. and D. Keltner, Beyond valence: Toward a model of emotion-specific influences on judgment and choice, *Cognition & Emotion*, 2000, 14: 473-493.

Lerner, J. and D. Keltner, Fear, anger and risk, *Journal of Personality and Social Psychology*, 2001, 81: 146-159.

Leuz, C., D. Nanda and P. D. Wysocki, Earnings management and investor protection: An international comparison, *Journal of Financial Economics*, 2003, 69: 505-527.

Levin, I., M. Snyder and D. Chapmen, The interaction of experiential and situational factors and gender in a simulated risky decision-making task, *Journal of Psychology*, 1988, 122: 173-181.

Lewellen, W. G. and B. Huntsman, Managerial pay and corporate performance, *American Economic Review*, 1970, 60: 710-720.

Lindenberg, E. B. and S. A. Ross, Tobin's q ratio and industrial organization, *Journal of Business*, 1981, 54: 1-32.

Lipton, R. M. and J. W. Lorsch, A model proposal for improved corporate governance, *Business Lawyer*, 1992, 48: 59-77.

Liu, M., Analysts' incentives to produce industry-level versus firm-specific information, *Journal of Financial and Quantitative Analysis*, 2011, 46: 757-784.

Liu, Q. and Z. J. Lu, Corporate governance and earnings management in the Chinese listed companies: A tunneling perspective, *Journal of Corporate Finance*, 2007, 13: 881-906.

Liu, Q. and Z. Lu, Earnings management to tunnel: Evidence from China's listed companies, EFMA 2004 Basel Meetings Paper, 2004.

Liu, Y. X. and P. Jiraporn, The effects of CEO power on bond ratings and yields, *Journal of Empirical Finance*, 2010, 17: 744-762.

Louis, H., Earnings management and the market performance of acquiring firms, *Journal of Financial Economics*, 2004, 74: 121-148.

Louis, H., R. Dahlia and A. Andrew, An integrated analysis of the association between accrual disclosure and the abnormal accrual anomaly, *Review of Accounting Studies*, 2008, 13: 23-54.

Love, I., Financial development and financing constraints: International evidence from the structural investment model, *Review of Financial Studies*, 2003, 16: 765-791.

Lowenstein, L., *Sense and Nonsense in Corporate Finance*, Addison-Wesley, MA. 1991.

Malmendier, U. and G. Tate, CEO overconfidence and corporate investment, *Journal of Finance*, 2005, 60: 2661-2700.

Malmendier, U. and G. Tate, Who makes acquisitions? CEO overconfidence and the market's reaction, *Journal of Financial Economics*, 2008, 89: 20-43.

Malmendier, U., G. Tate and J. Yan, Overconfidence and early-life experiences: The impact of managerial traits on corporate financial policies, NBER Working Paper No. 15659, 2010.

Malone, D., C. Fries and T. Jones, An empirical investigation of the extent of corporate financial disclosure in the oil and gas industry, *Journal of Accounting, Auditing & Finance*, 1993, 8: 249-273.

March, J. G., Power of power, in D. Eston (ed.), *Varieties of Political Theory*, Prentice Hall Press, 1966.

Mathieu, J., M. T. Maynard, T. Rapp and L. Gilson, Team effectiveness 1997-2007: A review of recent advancements and a glimpse into the future, *Journal of Management*, 2008, 34: 410-476.

Matsunaga, S. and E. Yeung, Evidence on the impact of a CEO's financial experience on the quality of the firm's financial reports and disclosures, University of Oregon and University of Georgia Working Paper, 2008.

Maury, B. and A. Pajuste, Multiple large shareholders and firm value, *Journal of*

Banking and Finance, 2005, 29: 1813-1834.

Maury, B., Family ownership and firm performance: Empirical evidence from Western European corporations, *Journal of Corporate Finance*, 2006, 12:321-341.

Mayer, C., Corporate governance, competition, and performance, *Journal of Law and Society*, 1997, 24: 152-176.

McAnally, M., C. Weaver and A. Srivastava, Executive stock options, missed earnings targets and earnings management, *The Accounting Review*, 2008, 83: 185-216.

McCahery, J. A., Z. Sautner and L. T. Starks, Behind the scenes: The corporate governance preferences of institutional investors, AFA 2011 Denver Meetings Paper, 2011.

McConaughy, D. L., C. H. Matthews and A. S. Fialko, Founding family controlled firms: Performance, risk, and value, *Journal of Small Business Management*, 2001, 39: 31-49.

McConnell, J. and H. Servaes, Additional evidence on equity ownership and corporate value, *Journal of Financial Economics*, 1990, 10: 595-612.

McConnell, J. and H. Servaes, Equity ownership and the two faces of debt, *Journal of Financial Economics*, 1995, 39: 131-157.

Megginson, W. L., R. C. Nash and M. Randenborgh, The financial and operating performance of newly privatized firms: An international empirical analysis, *Journal of Finance*,1994,49:403-452.

Mehran, H., Executive incentive plans, corporate control and capital Structure, *Journal of Financial & Quantitative Analysis*,1992,27:539-560.

Mian, S., On the choice and replacement of chief financial officers, *Journal of Financial Economics*, 2001, 60: 143-175.

Michel, J. C. and D. C. Hambrick, Diversification posture and top management team characteristics, *Academy of Management Journal*, 1992, 35: 9-37.

Miller, A. S. and J. P. Hoffmann, Risk and religion: An explanation of gender differences in religiosity, *Journal of the Scientific Study of Religion*, 1995, 34: 63-75.

Miller, A. S., Going to hell in Asia: The relationship between risk and religion in a cross-cultural setting, *Review of Religious Research*, 2000, 40: 5-18.

Miller, D., I. Le Breton-Miller, R. H. Lester and A. A. Cannella, Are family firms really superior performers? *Journal of Corporate Finance*, 2007, 13: 829-858.

Milliken, F. J. and L. L. Martins, Searching for common threads: Understanding the multiple effects of diversity in organizational groups, *Academy of Management Review*,

1996, 21: 402-433.

Mirrlees, J., The optimal structure of incentives and authority within an organization, *Bell Journal of Economics*, 1976, 7: 105-131.

Mitra, S. and M. Cready, Institutional stock ownership, accrual management and information environment, *Journal of Accounting, Auditing and Finance*, 2005, 20: 257-286.

Modigliani, F. and M. H. Miller, Corporate income taxes and the cost of capital: A correction, *American Economic Review*, 1963, 53: 433-443.

Morck, R. and B. Yeung, Agency problems in large family business groups, *Entrepreneurship: Theory and Practice*, 2003, 27: 367-382.

Morck, R., A. Shleifer and R. Vishny, Management ownership and market valuation: An empirical analysis, *Journal of Financial Economics*, 1988, 20: 293-315.

Morck, R., B. Yeung and W. Yu, The information content of stock markets: Why do emerging markets have synchronous stock price movements? *Journal of Financial Economics*, 2000, 58: 215-260.

Morck, R., D. A. Strangeland and B. Yeung, Inherited wealth, corporate control, and economic growth: The Canadian disease, in P. Morck (ed.), *Concentrated Corporate Owernship*, 319-369, University of Chicago Press, Chicago, 2000.

Murphy, K. J., Corporate performance and managerial remuneration: An empirical analysis, *Journal of Accounting and Economics*, 1985, 7: 11-42.

Murphy, K. J., Executive compensation, in: Ashenfelter, O. and D. Card, Eds., *Handbook of Labor Economics*, Elsevier Science North, Holland, 1999: 2485-2563.

Murphy, K. J., Incentives, learning, and compensation: A theoretical and empirical investigation of managerial labor contracts, *RAND Journal of Economics*, 1986, 17: 59-76.

Myers, S. C., Determinants of corporate borrowing, *Journal of Financial Economics*, 1977, 5: 147-175.

Natarajan, R., Stewardship value of earnings components: Additional evidence on the determinants of executive compensation, *The Accounting Review*, 1996, 71: 1-22.

Nenova, T., The value of corporate voting rights and control: A cross-country analysis, *Journal of Financial Economics*, 2003, 68: 325-351.

Nesbitt, S. L., Long-term rewards from shareholder activism: A study of the calperseffect, *Journal of Applied Corporate Finance*, 1994, 6: 75-80.

Neumann, R. and T. Voetmann, Top executive turnovers: Separating decision and control rights, *Managerial and Decision Economics*, 2005, 26: 25-37.

Nickell, S., D. Nicolitsas and N. Dryden, What makes firms perform well? *European Economic Review*, 1997, 41: 783-796.

Nofsinger, J. R. and K. A. Kim, *Infectious Greed: Restoring Confidence in America's Companies*, New Jersey: Financial Times Prentice Hall, 2003.

Ocasio, W. and H. Kim, The circulation of corporate control: Selection of functional backgrounds of new CEOs in large U. S. manufacturing firms, 1981-1992, *Administrative Science Quarterly*, 1999, 44: 532-562.

Oliner, S. D. and G. D. Rudebusch, Is there a broad credit channel for monetary policy? *Economic Review-Federal Reserve Bank of San Francisco*, 1996, 1: 3.

Opler, T. C. and J. S. Sokobin, Does coordinated institutional activism work? An analysis of the activities of the council of institutional investors, SSRN Working Paper Series, 1995.

O'Reilly, C. A. and F. F. Sylvia, Executive team demography, organizational innovation, and firm performance, Paper presented at the Academy of Management Meeting, 1989.

O'Reilly, C. A., R. C. Snyder and J. N. Boothe, Executive team demography and organizational change, in G. P. Huber and W. H. Glick (eds.), *Organizational Change and Redesign: Ideas and Insights for Improving Performance*, Oxford University Press, New York, 1993.

Ortiz-Molina, H., Executive compensation and capital structure: The effects of convertible debt and straight debt on CEO pay, *Journal of Accounting and Economics*, 2007, 43: 69-93.

Osma, B. G., Board independence and real earnings management: The case of R&D expenditure, *Corporate Governance: An International Review*, 2008, 16: 116-131.

Osoba, B., Risk preferences and the practice of religion: Evidence from panel data, Western Virginia University Working Paper, 2003.

Oxtoby, W. and R. Amore, *World Religions: Eastern Tradition*, 3rd ed., Oxford University Press, Cambridge, UK. 2010.

Palia, D., The endogeneity of managerial compensation in firm valuation: A solution, *Review of Financial Studies*, 2001, 14: 735-764.

Parrino, R., CEO turnover and outside succession: A cross-sectional analysis, *Journal of Financial Economics*, 1997, 46: 165-197.

Perez-Gonzales, F., Inherited control and firm performance, *American Economic Review*, 2006, 96: 1559-1588.

Petersen, M., Estimating standard errors in finance panel data sets: Comparing approaches, *Review of Financial Studies*, 2009, 22: 435-480.

Pfeffer, J. and G. Salancik, *The External Control of Organizations: A Resource Dependence Perspective*, New York: Harper and Row, 1978.

Powell, M. and D. Ansic, Gender differences in risk behaviour in financial decision-making: An experimental analysis, *Journal of Economic Psychology*, 1997, 18: 605-628.

Rajan, R. and J. Wulf, Are perks purely managerial excess? *Journal of Financial Economics*, 2006, 79: 1-33.

Rajan, R. and L. Zingales, What do we know about capital structure? Some evidence from international data, *Journal of Finance*, 1995, 50: 1421-1460.

Raman, K. and H. Shahrur, Relationship specific investments and earnings management: Evidence on corporate suppliers and customers, *The Accounting Review*, 2008, 83: 1041-1081.

Richardson, A. and M. Welker, Social disclosure, financial disclosure and the cost of equity capital, *Accounting, Organizations and Society*, 2001, 26: 597-616.

Rokeach, M., *Beliefs, Attitudes, and Values*, Jossey-Bass, San Francisco, 1968.

Rosenbaum, M. E., The repulsion hypothesis: On the non-development of relationships, *Journal of Personality and Social Psychology*, 1986, 51: 1156-1166.

Rosenbaum, P. R. and D. B. Rubin, The central role of the propensity score in observational studies for causal effects, *Biometrika*, 1983, 70: 41-55.

Rosenstein, S. and J. G. Wyatt, Outside directors, board independence, and shareholder wealth, *Journal of Financial Economics*, 1993, 26: 175-191.

Roychowdhury., S., Earnings management through real activities manipulation, *Journal of Accounting and Economics*, 2006, 42: 335-370.

Sah, R. and J. Stiglitz, The architecture of economic systems: Hierarchies and polyarchies, *American Economic Review*, 1986, 76: 16-27.

Scharfstein, D. and J. Stein, The dark side of internal capital markets: Divisional rent-seeking and inefficient investments, *Journal of Finance*, 2000, 55: 2537-2564.

Scharfstein, D., Product market competition and managerial slack, *Rand Journal of Economics*, 1988, 19: 147-155.

Schmidt, K. M., Managerial incentives and product market competition, *Review of*

Economic Studies, 1997, 64: 191-213.

Scott, J., A theory of optimal capital structure, *Bell Journal of Economics*, 1976, 7: 33-54.

Shivdasani, A. and D. Yermack, CEO involvement in the selection of new board members: An empirical analysis, *Journal of Finance*, 1999, 54:1829-1853.

Shleifer, A. and R. Vishny, Politicians and firms, *Quarterly Journal of Economics*, 1994,109:995-1025.

Shleifer, A. and R. W. Vishny, A survey of corporate governance, *Journal of Finance*, 1997, 52: 737-783.

Shleifer, A. and R. W. Vishny, Large shareholders and corporate control, *Journal of Political Economy*, 1986, 94: 461-488.

Shleifer, A., State versus private ownership, *Journal of Economic Perspectives*, 1998, 12:133-150.

Shores, D., The association between interim information and security returns surrounding earnings announcements, *Journal of Accounting Research*, 1990, 28: 164-181.

Sloan, R. G., Accounting earnings and top executive compensation, *Journal of Accounting and Economics*, 1993, 16: 55-100.

Smith, C. W. and R. L. Watts, The investment opportunity set and corporate financing, dividend and compensation policies, *Journal of Financial Economics*, 1992, 32: 263-292.

Smith, D. G., Corporate governance and managerial incompetence: Lessons from Kmart, *North Carolina Law Review*, 1996, 74: 1038-1139.

Smith, K. G., K. A. Smith, J. D. Olian, H. P. Sims, D. P. O'Bannon and J. A. Scully, Top management team demography and process: The role of social integration and communication, *Administrative Science Quarterly*, 1994, 39: 412-438.

Sonali, H., M. Jonathan and Karpoff, Internal corporate governance, CEO turnover, and earnings management, *Journal of Financial Economics*, 2012, 104: 44-69.

Song, J. H., Diversification strategies and the experiences of top executives in large firms, *Strategic Management Journal*, 1982, 3: 377-380.

Stein, J. C., Agency, information and corporate investment, *Handbook of the Economics of Finance*, 2003, 1: 111-165.

Stigler, G., Public regulation of the securities market, *Journal of Business*, 1964, 37: 117-142.

Stigler, G., The economies of scale, *Journal of Law and Economics*, 1958, 1: 54-71.

Stulz, R. M. and R. Williamson, Culture, openness, and finance, *Journal of Financial Economics*, 2003, 70: 313-349.

Sun, Q. and W. H. Tong, China share issue privatization: The extent of its success, *Journal of Financial Economics*, 2003, 70: 183-222.

Taylor, R. N., Age and experience as determinants of managerial information processing and decision making performance, *Academy of Management Journal*, 1975, 18: 74-81.

Tihanyi, L., A. Ellstrand, C. Daily and D. Dalton, Composition of the top management team and firm international diversification, *Journal of Management*, 2000, 26: 1157-1177.

Tirole, J., *The Theory of Corporate Finance*, Princeton University Press, 2005.

Tsui, A. S., L. W. Porter and T. D. Egan, When both similarities and dissimilarities matter: Extending the concept of relational demography, *Human Relations*, 2002, 55: 899-929.

Tyler, B. and H. Steensma, The effects of executives' experiences and perceptions on their assessment of potential technological alliances, *Strategic Management Journal*, 1998, 19: 939-965.

Uysal, V., Deviation from the target capital structure and acquisition choices, *Journal of Financial Economics*, 2011, 102: 602-620.

Volpin, P. F., Governance with poor investor protection: Evidence from top executive turnover in Italy, *Journal of Financial Economics*, 2002, 64: 61-90.

Vroom, V. H. and B. Pahl, Relationship between age and risk taking among managers, *Journal of Applied Psychology*, 1971, 55: 399.

Wagner, W. G., J. Pfeffer and C. A. O'Reilly, Organizational demography and turnover in top management groups, *Administrative Science Quarterly*, 1984, 29: 74-92.

Wahal, S., Pension fund activism and firm performance, *Journal of Financial and Quantitative Analysis*, 1996, 31: 1-23.

Wallace, R. O. and K. Naser, Firm-specific determinants of the comprehensiveness of mandatory disclosure in the corporate annual reports of firms listed on the stock exchange of Hong Kong, *Journal of Accounting & Public Policy*, 1995, 14: 311-368.

Waller, M. J., G. P. Huber and W. H. Glick, Functional background as a determinant of executives' selective perception, *Academy of Management Journal*, 1995, 38: 943-974.

Wang, K. and X. Xiao, Controlling shareholders' tunneling and executive compensation: Evidence from China, *Journal of Accounting and Public Policy*, 2011, 30: 89-100.

Warfield, T., J. Wild and K. Wild, Managerial ownership, accounting choices and informativeness of earnings, *Journal of Accounting and Economics*, 1995, 20: 61-91.

Warner, J. B., R. L. Watts and K. H. Wruck, Stock prices and top management changes, *Journal of Financial Economics*, 1988, 20: 461-492.

Watts, R. L. and J. L. Zimmerman, Positive accounting theory: A ten year perspective, *The Accounting Review*, 1990, 65: 131-156.

Watts R. L. and J. L. Zimmerman, *Positive Theory of Accounting*, Englewood Cliffs, NY: Prentice-Hall, 1986.

Watts, R. L. and J. L. Zimmerman, Towards a positive theory of the determination of accounting standards, *The Accounting Review*, 1978, 53: 112-134.

Weber, M., *The Protestant Ethic and the Spirit of Capitalism*, Allen & Unwin, London, 1905.

Whited, T., Debt, liquidity constraints, and corporate investment: Evidence from panel data, *Journal of Finance*, 1992, 47: 1425-1460.

Wiersema, M. F. and K. A. Bantel, Top management team demography and corporate strategic change, *Academy of Management Journal*, 1992, 35: 91-121.

Williamson, O. E., Corporate finance and corporate governance, *Journal of Finance*, 1988, 43: 567-591.

Williamson, O., *The Economics of Discretionary Behavior: Managerial Objectives in a Theory of the Firm*, Englewood Cliffs, N. J., Prentice-Hall, 1964.

Wooldridge, J. M., *Introductory Econometrics: A Modern Approach* (4th edition), South-Western College Publishing, 2008.

Xie, B., W. N. Davidson III and P. J. DaDalt, Earnings management and corporate governance: The role of the board and the audit committee, *Journal of Corporate Finance*, 2003, 9: 295-316.

Xu, L. P., Large shareholder type, corporate governance and corporate performance: Evidence from Chinese listed companies, Doctoral Dissertation, 2004.

Xu, N., Q. Yuan, X. Jiang and K. C. Chan, Founder's political connections, second generation involvement, and family firm performance: Evidence from China, *Journal of Corporate Finance*, 2015, 33: 243-259.

Yermack, D., Higher market valuation of companies with a small board of directors, *Journal of Financial Economics*, 1996, 40: 185-211.

Yu, F., Analyst coverage and earnings management, *Journal of Financial Economics*,

2008，88：245-271.

Zenger，T. R. and B. S. Lawrence，Organizational demography：The differential effects of age and tenure distributions on technical communication，*Academy of Management Journal*，1989，32：353-376.

Zwiebel，J.，Block investment and partial benefits of corporate control，*The Review of Economic Studies*，1995，62：161-185.

后　　记

本书的完成和顺利出版得到了诸多人士的帮助。

首先，感谢曾经的同事 Kenneth A. Kim 以及中国人民大学会计系张敏副教授，多年的合作研究让我从你们身上学到了很多。感谢已毕业和在读学生黄磊、黄继承、朱冰、马云飙、王运通、唐凝、张晓亮、蔡文婧、夏晓雪、申艳艳、陈娅杰，感谢你们付出的辛勤劳动。

其次，感谢北京大学出版社的林君秀老师和李娟老师。正是她们的帮助，才使得本书能够快速、顺利出版。

最后，感谢我的妻子刘福英和我的女儿姜智宏。你们是我前进的动力。

姜付秀

2017 年 10 月于中国人民大学商学楼